집字집宙

집宇집宙

지상의 집 한 채,
삶을 품고 우주와 통하다

서윤영 지음

궁리
KungRee

어린 시절 최초의 기억은 갖가지 옷감들의 화려한 변주로부터 시작된다. 이른 봄의 목련 꽃잎 같던 아이보리색 새틴과 여름 하늘의 구름처럼 가볍게 너풀거리던 쉬퐁, 낙엽으로 뒤덮인 가을 들판처럼 투박한 홈스펀, 밀크 초콜릿처럼 부드럽던 울 저지. 내겐 도저히 이해되지 않던 기이한 형태의 옷본들, 초오크와 줄자, 가위, 이탈리아제 패션 잡지, '보그(vogue)'나 '모드(mode)'라는 제목의 잡지에 등장하는 모델들은 한결같이 그리스의 여신처럼 당당하면서도 무표정한 얼굴들을 하고 있었다. 그러한 잡지들이 잔뜩 널린 테이블의 한 구석에 앉아 타이트한 검정색 원피스에 검정 샌들을 신은 채 끊임없이 스케치에 몰두하고 있는 사람. 그녀의 작업실에는 10등신이나 12등신쯤 되는 모델의 스케치가 빨래처럼 줄줄이 걸려 있었고, 때로는 그림 속의 옷들을 8등신의 피팅 모델에게 직접 입혀놓고 가봉을 할 때도 있었다. 그리고 며칠 후에는 7등신의 평범한 사람이 나타나 그 옷을 사갔다. 내 어머니는 의상 디자이너였고

그것은 외할머니도 마찬가지였다.

"애가 결국 이런 옷을 사 왔어요, 글쎄."

내가 입던 옷은 대개 어머니가 직접 만든 옷이었고 스커트 길이가 한결같이 무릎 선에 걸리는 '샤넬 라인' 일색인 것이 싫어, 처음으로 옷가게에 가서 무릎 위로 껑충 올라간 미니스커트를 사 가지고 온 날, 어머니는 모처럼 들른 외할머니에게 푸념하듯 말했다. 예순이 넘은 나이에도 재클린 스타일의 투피스를 즐겨 입던 할머니의 스커트 길이도 그때 샤넬 라인이었던가. 옷 같지도 않은 옷을 사왔다고 어머니는 연신 새 옷 흠집 내기에 바빴지만, 할머니는 빙그레 웃으며 곧 이야기를 풀어 놓기 시작했다.

어느 때 영국에서 방적 노조가 총파업을 결행한 때가 있었단다. 2차 대전이 끝난 후였으니 1950년대나 1960년대 초쯤 되었을까, 전국적 파업에 따라 옷감의 품귀 현상이 일어났는데, 얼마나 파업을 오래 했는지 옷감은 전쟁 때보다 더 귀해져서 급기야는 기존의 옷을 되도록 작고 짧게 만들기 시작했단다. 남성들의 바지 폭이 좁아지면서 또 짧아졌지, 연미복같이 길던 양복의 웃옷도 조금 짧아지고, 물자 절약을 위해 모든 것이 미니멀리즘으로 치닫던 무렵, 1964년의 한 패션쇼에서 디자이너 메리 퀀트(Mary Quant)에 의해 미니스커트가 세상에 첫 선을 보였단다. 무릎 위로 껑충 올라간 스커트 길이에 패션쇼를 구경하던 몇몇 귀부인들은 게거품을 물고 짐짓 실신을 하기도 했지. 인간이 옷을 만들어 입기 시작한 이래, 여성이 허벅지가 드러나는 스커트를 입은 것은 정말 그 때가 처음이었다. 얼마 후 노조의 파업은 끝났지만 미니스커트의 유행은 끝나지 않은 채 전 세계를 강타했단다. 그리고 마침내는 수녀복의 스커트 길이까지 짧게 만들었단다. 종교 복식은 가장 보수성이 강한 옷이어서 몇 백 년 동안 전혀 변하지 않은 채 그대로 내려오는 게 보통이지. 하지만 미니스커트의 유행은 발등을 덮을 정도로 길던 수녀복의 스커트 길이마저 종아리께로 짧게 올려놓고 말았단다. 그 후 미니스커트의 유행은 끝났지만 여성복의 스커트 길이는 무릎 선 정도로 정리되어 지금까지 내려오고 있는 거란다. 고교생이던 내게 그것은 놀라운 충격이었다.

19세기 영국에서 처음 산업혁명이 일어났을 때 증기 기관을 이용해 만든 최초의 기계는 방적기다. 목축과 그에 따른 양모 산업이 뛰어났던 영국에서 증기 기관을 이용한 방적기는 생산성을 획기적으로 높여 주었다. 전통적인 농노제 내지는 제국주의에 근거한 식민지 개척과 해상 무역이 아닌 기계와 공장만으로도 부를 축적할 수 있다는 사실은 요즘의 IT 혁명만큼이나 놀라운 것이었다. 이후 영국에서는 맨체스터, 리버풀, 버밍엄 등을 비롯한 신흥 공업도시가 출현하고 농민들이 일자리를 찾아 도시로 대거 몰리기 시작하면서 도시는 심각한 주택난을 겪게 되었다. 인류 역사상 그 유례를 찾아볼 수 없었던 지하셋방이 등장하고, 수도 설비와 화장실이 변변히 갖추어지지 않은 단칸방에서 일가족이 거주하는 가운데 콜레라와 페스트가 창궐하여 가난한 목숨을 숱하게 앗아갔다. 이런 영국의 실상을 접한 청년 마르크스는 이후 『자본론』을 쓰게 되고, 영국 정부에서는 이들에게 양질의 주택을 공급하기 위해 근대적 의미의 아파트를 처음 건설하게 되며, 또한 노동자의 권익을 위한 노동조합이 탄생하게 되었다. 그리고 다시 몇 십 년의 세월이 흘러 그 노동조합이 총파업을 함으로써 직물의 품귀 현상과 함께 미니스커트가 탄생한 것이다. 자본론, 아파트, 미니스커트, 전혀 연관이 없어 보이는 이것들은 모두 19세기 영국의 산업혁명에서 탄생한 쌍생아들이다.

지금 우리는 미니스커트에 대해, 1960년대 어느 여가수가 미국에서 귀국하던 길에 처음 입었으며 무릎이 껑충 드러난 옷차림에 할아버지 할머니가 민망해 고개를 돌렸고, 급기야 1970년대에 경찰이 여성의 치마 길이를 단속했던 것만을 알고 있을 뿐이다. 지나치게 짧은 치마가 미풍양속을 해친다는 미명 아래 경찰은 직접 자를 들고 여성의 치마 길이를 재었고, 그에 대해 남자 경찰이 여성의 꽁무니에 머리를 박고 치마 길이를 재는 것이 과연 미풍양속이냐 라는 비아냥도 받았지만, 영국의 미니스커트는 물자절약을 하기 위해 입었던 옷이지, 당시 우리나라의 여대생들처럼 긴 부츠를 자랑하기 위해 입은 옷이 아니다. 만약 그 때 우리도 물자절약을 위해 미니스커트를 입었다면 경찰도 길이를 단속하지 않았을 것이다. 고작 손수건만한 미니스커트 한 장에도 역사적 층위가 있는데, 하물며 집채만한 건축에 어찌 그 사회적 의미가 없겠는가.

건축물은 벽체와 지붕, 각종 설비로 이루어진 물리적 구조체인 동시에 사회적 의미의 총체이기도 하다. 아파트의 예를 들어 보아도 그것은 산업혁명의 사회적 산물이며, 신흥 공업도시에 몰려든 공장 노동자에게 양질의 주거 환경을 제공하면서 또한 교묘하게 노동자를 통제하는 역할도 했다. 당시 노동자들은 조합을 결성하여 노동 조건의 개선을 요구하며 파업을 결행하곤 해서 여간 골치 아픈 문제가 아니었다. 이에 영국정부는 아파트를 지어 분양하면서 20~30년의 장기 할부제도를 도입하여 단 한 달이라도 할부금을 내지 못하면 집에서 내쫓기도록 만들었고, 무노동 무임금의 원칙을 도입하여 파업을 하면 임금을 받지 못하게 했다. 파업을 하면 임금을 받지 못한다, 임금을 받지 못하면 할부금을 내지 못해 집에서 쫓겨나게 된다, 결국 노조는 정당한 권리로 보장되어 있는 파업을 마음대로 할 수가 없게 된다. 즉 아파트는 철근과 콘크리트로 지어진 물리적 구조물이기도 하지만, 노동자에게 양질의 주거 공간을 제공하면서 동시에 탄압을 위한 수단으로 만들어진 사회적 제도이기도 하다.

건축은 일반인과 전공자 사이의 괴리가 큰 학문이다. 전공자들은 건축을 클래식이나 바로크, 로코코, 모더니즘 등의 예술 사조로 파악하거나 혹은 공학 기술의 발달 과정으로 설명하려 하지만, 일반인에게 있어 그것은 인테리어나 집수리, 부엌 꾸미기 내지는 '서른 살에 아파트 장만하기'나 '경매로 아파트 반값에 마련하기' 등에 관한 세부 지침일 뿐이다. 건축은 예술 사조의 표현물이나 공학 기술의 총아 내지는 부동산이나 재테크의 수단으로 이해될 수도 있지만, 또한 그것은 하나의 문화현상이며 사회를 비추는 거울이기도 하다. 건축에 숨겨져 있는 역사적 의미는 어떠하며, 사회 체제와 시대의 거대담론 아래서 건축은 어떻게 체제에 순응하며 또한 기존 체제를 확대 · 재생산하는 장치로 이용되는가를 살펴보는 것이 이 책의 목적이다. 인류가 처음 집을 짓기 시작했던 구석기 시대의 주거에서 근세에 이르기까지 거의 7,000년에 이르는 주거 건축의 역사를 서술했는데, 절반 이상이 조선 시대에 할애되어 있음이 아쉬운 점이다. 원시 건축과 고대 건축을 비롯하여 삼국 시대와 고려 시대의 건축에서 설명이 부족했음은 사료와 유구의 부족 탓으로 돌리며 그 책임을 모면하려 한다. 또한 천학이면서 차마 감당할 수 없는 크고 어려운 주제를 잡아 단견을 늘어놓았으니, 여러 혜안의 일갈과 질정을 기다릴 것이다.

한 권의 책이 나오자면 많은 사람들에게 빚을 지게 된다. 작은 씨앗이 땅에 떨어져 쓰고 떫은 열매나마 맺기까지 값진 거름이 되어 주었던 많은 선학과 참고문헌의 저자들에게 감사를 드린다. 처음으로 건축을 공부할 때 요람같이 안온한 환경을 만들어준 명지대학교 건축학부의 교수님들, 특히 공간에 대한 민감한 감수성을 기르는 데 큰 도움을 주었던 장성준 교수님께 감사를 드린다. 좋은 원고가 나올 때까지 참고 기다려준 궁리 출판사에 감사를 드린다. 옷은 단순히 신체를 감싸는 수단이 아니라 외부로 확대된 자아이며 사회적 의미의 총체라는 것을 보여줌으로써 건축 또한 그러한 시각에서 바라볼 수 있게 해 준 어머니께 감사를 드린다. 나를 아내이기 전에 먼저 작가로 대해 주었던 남편과, 딸이라기보다 차라리 애인처럼 나를 사랑해 주었던 아버지께 감사를 드린다.

차례

'우宇'와 '주宙'는 원래 지붕의 '처마'와 '들보'를 가리키는
말이었는데, 한漢나라 고유高誘가 『회남자淮南子』에서 상하
사방의 공간을 '우宇'라고 하고 지나간 과거에서 다가올 미
래까지의 시간을 '주宙'라고 주해한 이후에 천지를 비유하는
말로 쓰이게 되었다고 한다.
터를 다지고 방을 나누고 층을 올리고 도시를 이루기까지, 사
람살이를 넓히고 수렴하며 기억하고 내다봐온 역사歷史가 곧
집이다. 우리가 사는 집은 작은 우주다.

1장 터를 닦다
신은 인간을 만들고 인간은 집을 지었나니

옛날 옛 시절에

미륵님이 한쪽 손에 은쟁반 들고 한쪽 손에 금쟁반 들고

하늘에 축원하니, 하늘에서 벌레 떨어져,

은쟁반에 다섯이요, 금쟁반에도 다섯이라,

그 벌레 길러내어

금벌레는 사나이 되고 은벌레는 계집으로 되어서

은벌레 금벌레 자라나서 부부로 마련하야

세상 사람이 되었어라

함경도 지방 무가 「창세가」(김쌍돌 본) 중에서

한반도 지도 위에 구석기 시대의 유적지를 표시해 놓은 것은 박물관에 갔을 때 제일 먼저 만나게 되는 광경이다. 그 옆에는 사람이라기보다 유인원에 가까운 초기 인류의 모습이 보이며 주먹도끼와 돌칼이 있으며, 원시 마을을 복원해 놓은 모형이 있고 움집이 빠짐없이 등장한다. 하여 인류가 최초로 지은 집이 움집이라고 생각하기 쉽지만, 그것은 몇 만 년의 인류 지혜와 문화 발달의 총체다. 우리가 배를 타고 여행을 하다가 불의의 조난 사고로 무인도에 고립되었을 때, 박물관에 전시된 움집조차 짓지 못하는 무력한 자신을 보며 그것이 얼마나 정교하고 아름다운 구조물이었는지를 새삼 느끼게 될 것이다. 초기 인류가 주로 동굴집에서 살았다고 생각하지만, 동굴은 그렇게 흔히 있는 것이 아닐 뿐더러 요행 쓸만한 동굴을 발견했더라도 그런 곳에 살다가는 곰의 습격을 받기 십상이다. 곰은 동굴에서 겨울잠을 자는 습성이 있어서 대부분 동굴은 사람보다 먼저 곰들의 차지였다.

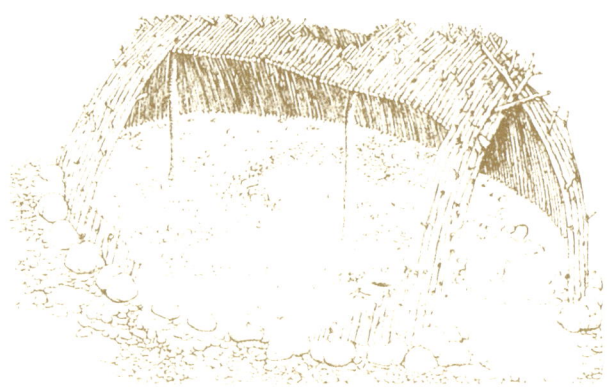

막집
구석기 시대의 막집. 프랑스 니스 부근에서 발견된 주거지를 복원하여 추정도를 그린 것이다. 우리나라에 지어졌던 최초의 집도 이와 비슷할 것이다.

그렇다면 추위와 어둠, 사나운 야생동물의 위협을 피해 오늘 밤을 무사히 넘길 만한 잠자리를 어떻게 만들 수 있을까. 가장 손쉬운 방법은 버드나무나 개나리 관목처럼 가늘고 잘 휘어지는 나무를 찾아 나뭇가지의 끝을 서로 묶어 하늘을 가리고 그 아래 털가죽이나 나뭇잎 등을 깔아 땅에서 올라오는 습기와 한기를 막는 것이다. 구석기인들이 최초로 지은 집이 바로 이것이었는데, 오래 가지는 못했다. 세찬 바람에 엉성하게 묶은 나뭇가지들이 휘어졌고 굵은 비가 내리면 바닥이 젖어 버렸으니까. 겨우 며칠 동안만 유효해서 사나흘마다 새로운 집을 만들어야 하겠지만, 어차피 먹을 것을 찾아 이곳저곳 떠돌아 다녀야 하니까 그 정도만으로도 충분했다. 따라서 필요에 따라 주변에서 손쉽게 구할 수 있는 재료들을 가지고 집을 지으면 되는데 이렇게 마구잡이로 지은 집을 '막

집字집宙

집'이라 한다. 박물관에서 보는 '움집'보다 훨씬 더 원시적이고 조악한 집이다.

곧선사람, 나뭇가지를 엮다

지구상에 인류가 출현한 것은 전기 구석기 시대에 해당하는 300만 년 전이라고 추정되며, 한반도에서 발견된 가장 오래된 인류의 흔적은 60~40만 년 전의 것으로 알려진 평양 상원군의 검은 모루 유적이다. 이 시기의 인류는 호모 에렉투스, 즉 '곧선사람'으로서 주먹도끼와 불을 사용하며 최초의 집을 지었다. 20~30명의 친족으로 구성된 밴드(band) 형태의 이들은 채집과 수렵에 의존하면서 더 나은 환경을 찾아 이동하며 살았다. 박물관에 전시되어 있는 것처럼 크고 내구성 있는 집을 지으려면 하루 온종일이 걸리므로, 자주 이동하는 그들에겐 몇 시간 내에 지을 수 있는 집이 더 긴요했을 것이다. 이러한 집들은 그 흔적이 거의 남아 있지 않지만, 외국에 몇몇 사례가 있다.

아프리카에는 180만 년 전 것으로 추정되는 인류 최초의 주거지 유적이 있다. 최근에 복원된 이것은 큰 돌 수십 개를 둥글게 쌓아 놓고 그 사이에 부드럽고 잘 휘어지는 나뭇가지들을 세운 다음 위에서 서로 묶은 형태로, 막집과 비슷하다. 지붕을 덮기 위해 나뭇잎 묶음이나 짐승 가죽을 이용했을 것으로 추정되는데, 처음에는 단순히 나뭇잎 묶음을 사용하다가 나중에는 점차 내구력 있는 짐승 가죽을 사용했을 것이다. 짐승 가죽을 덮은 막집에서 불을 피우면 그 연기가 위로 올라가면서 가죽이 무두질 되어 부드럽고 물이 잘 스며들지 않으므로 비가 오더라도 걱정이 없다. 아메리카 인디언들의 티피(Tipi)는 비교적 최근까지 이런 식으로 만들어진 집인데, 여러 개의 나무 기둥을 원형으로 세우고 꼭대기 부분을 한데 모아 묶은 뒤 들소 가죽으로 만든 지붕을 덮었다. 인디언들은 집을 짓고 입주하기 전에 미리 불을 피워 연기가 티피 안에 차오르게 하는 것으로 가죽을 무두질하여 내구성을 높였다.

이와 비슷한 주거 형태는 한반도에도 흔적이 남아 있다. 평양 상원군의 검은 모루 유적을 비롯하여 후기 구석기 시대의 것으로 알려진 공주군 석장리 유적(2만 8천여 년 전)과 웅기 굴포리, 제천 창내, 화순 대전 등지에서도 유적이 발견되었다. 이러한 집들은 지표면에 나무 막대를

연기배출구

티피
아메리카 인디언이 지은 집. 나무 기둥을 원형으로 모아 세우고 꼭대기 부분을 묶은 뒤 들소 가죽으로 만든 지붕을 덮는다. 이 안에서 불을 피우면 연기가 위로 올라가면서 가죽을 무두질하게 된다.

원뿔형으로 세우고 그 위에 짚 더미를 덮은 형태로, '막집' 내지는 그 형태가 마치 천막 같다고 하여 '평지 천막형 주거'라 부르기도 한다. 평면의 형태는 원형이며 지름은 7미터 정도로 8~10명의 한 가족이 거주했을 것으로 보이는데, 개, 곰, 새, 멧돼지, 고래 등의 형체를 만든 조각품이 발견되는 것으로 보아 주로 이런 짐승들을 사냥해서 먹었으며 또한 신앙생활과도 관련되었을 것으로 추정하고 있다.

슬기사람, 나무기둥을 세우다

기원전 5000년 즈음이 되면 한반도에 신석기 문화가 발생하는데, 이때의 인류는 현생 인류와 다를 바 없는 호모 사피엔스, 즉 '슬기사람'들로서 박물관에 가장 먼저 전시되어 있던 바로 그 집을 지었다. 땅을 50~60센티미터 정도 파서 바닥을 다진 후 나무기둥을 엮어 지붕틀을 만들고 그 위에 풀잎이나 짚 더미를 덮은 이른바 '움집'인데, 구석기 시대의 막집과 비교해 볼 때 땅을 파고 다져서 바닥을 만드는 과정이 추가되어 여름에 시원하고 겨울에 따뜻하다는 장점이 있다. 이러한 반지하 주거는 습기가 차고 어둡다는 단점이 있지만 겨울의 혹독한 추위를 피할 수 있다는 것이 큰 매력으로, 바닥에 짐승 가죽이나 잔자갈을 깔아서 지층에서 올라오는 습기를 완화할 수 있다. 서울 암사동의 선사시대 주거 유적지에서 실제 실험한 바에 의하면 깊이가 70센티미터 되는 움집은 겨

움집

서울 암사동에는 신석기 시대의 주거 유적이 다수 발굴되어
이를 복원 전시해 놓고 있다. 땅을 파서 기둥을 세우고 그 위
에 풀잎이나 짚 더미를 덮었다.

움집 내부

땅을 조금 파고 들어가므로 겨울에 따뜻하고 여름에 시원하
다는 장점이 있다. 가운데는 불을 놓았던 흔적이 있으며, 가
장자리의 구멍은 토기를 묻었던 자리다.

울의 실내 온도가 바깥보다 5~6도 정도 높은 것으로 확인되었다. 즉 한
겨울에 기온이 영하 6도라 할 때, 난방을 하지 않아도 실내 온도는 0도
로 유지되는 것이다.

겨울에도 따뜻한 집 안에서 슬기사람들은 석기를 갈아 보다 정교한
도구를 제작하고 끝이 뾰족한 빗살무늬토기를 만들기 시작했다. 중·고
등학교 시절, 첫 학기 시작과 함께 국사 교과서의 첫 페이지에 실리는
빗살무늬토기를 보면서 왜 밑바닥이 뾰족하게 생겼을까를 궁금하게 여
기곤 했다. 음식이나 곡식을 저장하려면 밑이 평평해야 할 텐데 저렇게
뾰족해서야 옆으로 쓰러지기 십상일 것이다. 아무도 명쾌하게 대답해

주지 않았던 의문이 풀린 것은 오랜 시간이 지나서였다. 슬기사람들은 토기를 만들어 바닥에 놓은 것이 아니라 마치 김장독을 묻듯 땅을 파서 아랫부분을 묻었던 것이다. 지금은 그릇이 식탁이나 찬장에 놓여 있지만 당시에는 바닥에 놓았기 때문에 쏟아지거나 깨질 위험이 컸다. 하지만 땅 속에 반쯤 묻어 둔 그릇은 쏟아지거나 깨지지 않으며, 땅에 묻고 파내는 동작을 되풀이하기 위해서는 끝이 평평한 것보다 뾰족한 쪽이 더 편리했던 것이다. 이후 그릇은 땅에 묻지 않게 된 청동기 시대가 되어서야 밑바닥이 평평해진다.

그렇다면 이 시기에 견고한 그릇이 필요하게 된 이유는 무엇일까. 무언가 그 안에 귀중하게 담아 두어야 할 것이 생겼다는 것, 즉 농경이 시작되었다는 이야기다. 수렵과 채집이 주종을 이루는 사회에서는 그릇이 반드시 필요하지 않다. 온종일 숲 속을 뒤져 얻을 수 있는 나무 열매라야 그다지 많지 않아서 그날 저녁이면 모두 소비할 수 있는 양이고, 어쩌다 운이 좋아 멧돼지나 사슴을 잡았다 해도 어차피 고기는 이웃과 함께 나누어 먹어야 한다. 양이 많아 혼자 다 먹을 수도 없을 뿐더러 그래야 이웃집도 큰 짐승을 잡은 날에 그 고기를 내게 나누어 줄 테니까. 이런 사회에서는 나무 열매를 주워 모을 수 있는 망태기 정도면 충분하지 견고한 그릇이 필요치 않다. 하지만 농경의 중요성이 점점 커지는 사회에서는 그릇이 필요해진다. 가을에 수확한 곡식을 내년 봄까지 간수하려면 깨지거나 쏟아지지 않는 단단한 그릇이 필수적이다. 슬기사람들은

땅을 파서 집을 만든 다음, 그릇을 만들어 땅 속에 묻고 가을에서 봄까
지 한겨울 내내 간직해야 할 귀중한 곡식을 저장했다.

예전에 시골에 가면 마당 한 구석에 '김칫각' 혹은 '김치광'이라 하여
짚으로 엮은 거적 아래 김칫독을 묻은 시설이 있었는데, 어디서나 흔하
게 볼 수 있었던 이것은 신석기 시대 주거 유적의 흔적이다. 당시 사람
들이 살았던 집들은 크기만 다를 뿐 김칫각과 형태가 똑같았고, 땅을 파
고 그릇을 묻어 오래 보존해야 하는 음식, 곧 곡식을 저장했다. 청동기
시대에 이르리 집 모양이 좀더 세련되어지면서 저장 시설과 주거 시설
이 분리되었지만, 움집은 그 형태가 전혀 변하지 않은 채 곡식과 식품을
저장하는 기능을 계속 수행해왔다. 철기 시대에 이르러 김치의 원형이
라 할 수 있는 침채(沈菜)가 개발되어 곡식과 함께 움집에 저장을 하다

가 이후 곡식은 점점 지상에 저장하기 시작했지만, 김치는 저장 기간 내내 일정한 온도를 유지해야 하는 특성상 반지하의 움집 안에 있을 수밖에 없었고 그 형태는 지금도 남아 시골 농가의 한 구석을 차지하고 있는 것이다. '침채'라는 말 또한 '딤채'가 되었다가 곧 '김치'가 되었다.

서울의 어느 아파트에 살았던 1970~80년대의 내 어린 시절, 초겨울이 되면 아파트 단지 내의 빈 땅을 찾아 김장독을 묻고 가마니로 덮어두는 진풍경이 벌어졌다. 그때의 아파트는 고층이 아닌 5층 높이였고, 자동차가 많지 않던 시절이라 지상의 공간이 모두 주차장으로 이용되는 지금과는 상황이 달랐기에 가능했던 일이다. 김장독은 집에서 조금 떨어진 곳에 묻게 되는데, 저녁 무렵이 되면 아이들에게 김치를 꺼내 오라는 심부름을 시켰다. 그런데 아이들이 하는 일이다 보니 손끝이 야물지 못하다. 바가지에 김치를 담아 오면서 김칫국물을 흘리기 일쑤라 눈이라도 하얗게 내린 날이면 붉은 김칫국물이 김장독에서 아파트 현관까지 이어진다. 어둑해지는 저녁 무렵 5층 복도에서 아파트 마당을 내려다보면 눈 쌓인 마당은 저녁 기운을 받아 푸르게 변하는데, 그 가운데 점점이 그어져 있던 선명한 붉은 선은 뉘 집 김장독이 어디에 묻혀 있는지를 알려주곤 했다. 기나긴 역사의 과정 중에 어느 한 시대를 풍미한 것들은 많은 시간이 흐른 후에도 그 흔적이 남는다. 신석기 시대에 즐비했던 움집은 7천 년의 시간을 장구히 이어 내려와 농가의 김칫각으로 남았고 또한 서울의 아파트에도 그 흔적을 남겼다.

이 시기의 대표적인 유적은 강원도 양양군 손양면 오산리와 서울시 강동구 암사동에 남아 있다. 기원전 6000~5000년의 것으로 판명된 오산리 유적은 평면 형태가 원형이며, 직경이 작은 것은 3미터, 큰 것은 6미터에 이른다. 바닥에서 올라오는 습기를 없애기 위해 모래와 자갈이 섞인 진흙을 5~10센티미터로 깔아 다지거나 불을 지펴 굳힌 흔적이 남아 있다. 기원전 5000~1000년경으로 추정되는 암사동 유적은 오산리보다 형태가 훨씬 세련되어 신석기 주거의 발달 과정을 유추해 볼 수 있다. 내부의 넓이는 대개 30제곱미터로 대여섯 명의 가족이 거주했으리라 추정되며, 빗살무늬토기와 함께 도끼, 화살촉, 그물 추 및 괭이, 돌낫, 보습과 같은 석제 농기구도 출토되어 어로 수렵에서 농경으로 옮아가는 과정을 보여 준다. 이렇듯 신석기 시대에 땅을 파고 들어간 집을 '움집' 또는 수혈주거(竪穴住居)라 한다.

나무집과 진흙집, 신화를 낳다

인류 최고의 베스트셀러인『성서』에 의하면 하느님이 엿새 만에 세상을 창조하고 그 마지막 날에 흙을 빚어 인간 남자 아담을 만들었다고 한다. 흙을 빚어 인간을 만든다는 이야기는『성서』의 발생지인 중동과 메소포타미아 및 인근 이집트 지방의 신화에서 공통적으로 발견되며, 나아가 아프리카와 아시아 및 북미 인디언에 이르기까지 광범위하게 분포되어 있다. 이는 인간의 기원에 대해 궁금증을 갖기 시작하고 그것을 설명하기 위해 신화를 만들어 낼 무렵, 당시의 최고 신기술은 진흙을 빚어 토기를 만드는 것이었다는 점을 유추하게 한다. 흙덩이를 반죽해 모양을 만들어 빚은 뒤 햇볕에 말리거나 불에 굽는 2차 가공을 하면 이전 질료와는 전혀 다른 새롭고 유용한 물건이 만들어지듯, 어떤 절대자가 흙을 빚어 형상을 만든 다음 숨결을 불어 넣는 2차 가공을 하면 인간이 만들어 질 것이라고 상상할 수 있을 만큼, 흙을 빚어 도구를 만드는 일이 매우 놀랍고 혁신적인 기술이었던 것이다.

신이 진흙을 빚어 인간을 만들어 낼 수 있다고 생각했다면, 진흙은 단순히 그릇 정도가 아닌 다른 물건도 만들었을 가능성이 있다. 혹시 진흙을 빚어 집을 만들 수는 없었을까. 한국을 비롯한 동아시아의 전통은 나무를 깎아 집을 만드는 목조 건축이 주류를 이루므로 곧선사람이나 슬기사람이 나무 기둥을 세워 집을 만들었을 거라고 추정하지만, 일찍이 콘크리트나 벽돌 건축이 발달했던 유럽에서는 초기 인류가 진흙으로 집을 지었으리라는 추정이 더 지배적이다. 물론 진흙으로 집을 만드는 것은 그릇을 만드는 것처럼 간단하지가 않다. 부피가 크기 때문에 한꺼번에 만들지 못하고 작은 부재를 먼저 만들고 이를 조합하는 방식, 다시 말해 먼저 진흙으로 벽돌을 만든 뒤 그것을 쌓아 올려 집을 만드는 방법이 사용된다.

진흙벽돌로 지은 집들에 대한 기록은 구약성서에도 나오는데, '예리고' 혹은 '여리고'로 알려진 제리코(Jericho)라는 성곽도시가 그것이다. 기원전 7500년경에 사막 한가운데 세워진 이 도시는 9미터 높이로 만들어진 탑 모양 집과 그 집을 둘러싼 높은 벽을 모두 벽돌로 쌓아 올렸다. 제리코 근처에는 소금기가 많은 사해가 있어 천일염을 쉽게 얻을 수 있었는데, 사막에서 소금은 황금처럼 귀할 뿐 아니라 교환가치가 높아서 약탈의 대상이 되었다. 그 소금을 지키기 위해 사막 한가운데 높은 벽과 망루를 세운 도시가 바로 제리코다. 구약성서 여호수아 제6장 1~5절에 의하면, 약속된 땅을 찾아가기 위해 이집트를 탈출한 이스라엘 백성들이 제리코를 점령했을 때 뿔나팔을 불며 일제히 함성을 울리자 성벽이 무너져 내렸다는 기록이 있다. 벽돌로 지은 성벽은 횡력(橫力, 건축물의 가로 방향으로 작용하는 힘)에 취약하므로 의외로 쉽게 무너질 수 있다. 이

제리코

제리코(혹은 여리고)의 성곽도시 유적. 기원전 7500년경에 사막 한가운데 세워진 이 곳은 집과 성곽을 모두 진흙벽돌로 쌓았다. 하느님이 진흙을 빚어 인간을 만들었고, 그 인간은 진흙을 빚어 도시를 건설했다.

集字集苗

밖에도 메소포타미아와 이집트, 고대 인도 문명의 발상지인 드라비다 유적에서는 진흙벽돌로 지은 집터가 지금도 많이 발굴되고 있다. 고대 문명은 대개 진흙으로 집을 지었는데, 이러한 문화권에서 신이 진흙을 빚어 인류를 창조했다는 신화가 공통으로 발견되는 것은 우연이 아니다.

　세계 4대 문명의 발생지 가운데 메소포타미아, 이집트, 인도는 지리적으로 가까워 교류를 통해 영향을 주고받았지만, 중국은 히말라야 산맥과 우랄 산맥으로 막혀 있어 독자적으로 발전한 것으로 알려져 있다. 대지가 광활한 중국은 황토가 풍부해 진흙으로 집을 짓는 지역도 있고 나무를 베어 집을 짓는 지역도 있어 건축적 특성을 단적으로 말하기 힘들다. 중국의 영향을 직접 받은 한국의 경우, 인류 창조의 기원을 설명하는 전승 신화에 두 종류가 있다. 하나는 신이 황토를 빚어 남자와 여자를 만들었다는 전승으로 분명 여와(女媧)가 황토를 빚어 인간을 만들었다는 중국 신화의 영향을 받은 것으로 보이고, 또 하나는 신이 양손에 은쟁반과 금쟁반을 들고 하늘에 축원을 했더니 쟁반 위에 벌레가 다섯 마리씩 떨어졌는데, 은쟁반에 떨어진 벌레는 여자가 되고 금쟁반에 떨어진 벌레는 남자가 되었다는 전승이다. 한반도에는 북방계열의 문화와 남방계열의 문화가 혼재하는데, 황토를 빚어 인간을 만들었다는 이야기는 북방 지역에서, 쟁반 위에 떨어진 벌레가 인간이 되었다는 이야기는 남방 지역에서 채록된다. 마찬가지로 집을 짓는데 있어서도 진흙을 빚어 짓는 방법과 나무를 베어 짓는 방법이 있는데, 일반적으로 목조 건축의 전통이 더 우세해서 지붕틀을 비롯한 구조체는 목조 건축이고, 벽체는 진흙 건축의 특성을 띤다. 벌레가 떨어져 인간이 되었다는 이야기는 아무래도 목조 건축과 관련이 있을 것이다. 나무 밑에 앉아 있으면 가끔 벌레가 떨어지고, 초가 지붕 아래서도 구더기가 떨어지니까.

　신이 어떤 방법으로 인간을 만들었나를 설명하는 신화는 당시 사람들이 세계를 어떻게 이해하고 있었나를 엿볼 수 있는 중요한 단서가 된다. 집을 지을 수 있는 진흙이 전혀 없고 기후가 한랭하여 침엽수가 울창한 노르웨이, 스웨덴, 덴마크 등 북유럽에서는 인간의 기원에 대해 신이 나무를 깎아 만들었다고 설명한다. 북유럽 신화의 세계관에 의하면 세상의 한가운데에 '이그드라실(Yggdrasil)'이라는 거대한 물푸레나무가 세계를 떠받치고 있는데, 어느 날 신이 물에 둥둥 떠내려 오는 물푸레나무를 깎아 남자를 만들고 느릅나무를 깎아 여자를 만들었다고 한다. 북유럽에는 통나무를 베어다가 집을 짓는 방법이 발달했으며, 가구와 그릇을 비롯한 대부분의 생활용품도 나무를 깎아 만들었다. 이 전통은 지금도 이어져 의자와 테이블, 책상을 비롯한 목재 가구는 핀란드·노르웨이·스웨덴의 상품이 가장 유명하며, 세계적인 장난감 '레고'도 이러한 요람에서 탄생했다. 한없이 길고 추운 북유럽의 겨울, 아이들은 집 안에서 나무토막으로 장난감 집과 성을 쌓으며 노는 일이 흔했다. 겨울에 우리 할아버지들이 연과 팽이를 만들어 주듯 북유럽의 부모들은 아이들에게 나무토막을 잘라 주었는데, 1932년 덴마크의 한 목수가 작은 공장을 세워 나무토막 쌓기와 나무 인형을 만들기 시작한 것이 오늘날 세계적인 장난감 회사로 도약한 레고의 시초다. 1955년에는 나무토막을 색색가지 플라스틱으로 대체하고 요철 모양을 넣어 지금의 레고 블록이 탄생했으며, 테디 베어·바비 인형과 함께 세계에서 가장 많이 팔리는 장난감 중 하나가 되었다. 신이 나무를 깎아 인간을 만들고, 그 인간은 나무를 깎아 만든 장난감으로 세계 시장을 석권했다.

건축, 역사를 만들다

진흙으로 만든 벽돌을 햇볕에 말리면 단단해지기는 하지만 비에 씻겨 내려갈 위험이 있다. 물론 메소포타미아와 이집트 지방은 비가 많이 내리지 않는 건조한 기후이긴 하지만, 오랜 시간이 지나면 점차 집은 없어져 버린다. 그래서 후대에는 진흙벽돌의 강도를 강화하기 위해 불에 굽는 방법을 사용했다. 벽돌을 굽기 위해서는 가마와 화로, 땔감이 있어야 하는데, 집을 지을 수 있을 만큼 많은 양의 벽돌을 굽자면 땔감을 비롯하여 많은 시간과 인력이 동원되어야 한다. 때문에 주로 왕궁이나 신전만 구운 벽돌로 짓고 일반 서민의 집은 여전히 햇볕에 말린 벽돌로 지었는데, 서민의 집이 비에 쓸려 내려가 유실되는 동안 구운 벽돌로 지은 신전과 왕궁은 훌륭히 남아 지금도 세계 문화유산으로 길이 보전되고 있다.

고대 바빌론의 역사 유물을 소개할 때 빠짐없이 등장하는 '이슈타르의 문'은 '바빌론 유수'로 유명한 네부카드네자르(구약성서의 명칭으로는 느부갓네살) 2세에 의해 세워졌다. 기원전 586년 바빌론의 네부카드네자르 2세는 예루살렘에 침입하여 성지와 궁을 파괴하고 시민들을 끌고 가 60년 동안 노예로 부렸는데, 그 승리의 기쁨으로 이슈타르 여신에게 봉헌한 문이다. 이 문은 고급 도자기처럼 유약을 발라 구운 벽돌로 지어졌는데, 푸른색 바탕에 간간이 갈색과 흰색의 벽돌을 사용하여 사자, 용, 황소의 동물 부조를 만들었다. 사자는 풍요와 사랑의 여신 이슈타르(Ishtar)를, 용은 만물의 창조주이자 지배자인 마르두크(Marduk)를, 황소는 날씨를 관장하는 신 아다드(Adad)를 상징하며, 이들은 모두 고대 메소포타미아의 신들이다. 메소포타미아를 비롯하여 이집트와 인도 등 찬란했던 고대 문명이 흔적도 없이 사라져 버린 이유에 대해 많은 학자들이 의견을 제시하고 있지만, 무분별한 벌목으로 인한 환경 파괴가 중요한 이유로 손꼽힌다. 불에 구워 단단하게 만든 점토 벽돌은 수림의 벌목을 전제로 한다. 특히 왕궁이나 신전 같이 기념비적인 대형 건물은 많은 양의 벽돌을 필요로 하며, 이 과정에서 많은 나무가 베어질 수밖에 없기 때문에 고대 문명의 몰락을 자초하게 된 것이다.

　　한편 진흙으로 집을 짓는 데에는 벽돌을 먼저 만든 뒤 그것을 쌓아 올려 짓는 방법만이 전부는 아니어서, 중국을 비롯한 동아시아에서는 벽돌 대신 진흙을 다져 쌓아 올리는 방법, 즉 '판축법'이 주로 사용되었다.

집宇집宙

이슈타르의 문

기원전 600년경 네부카드네자르(혹은 느부갓네살) 2세에 의해 세워져 이슈타르 여신에게 봉헌되었다. 고급 도자기처럼 유약을 발라 구운 벽돌로 지어졌으며, 푸른 바탕에 흰색과 갈색 벽돌을 사용하여 사자, 용, 황소의 모습을 나타냈다. 특히 사실감 넘치는 사자의 모습은 사랑과 풍요의 여신 이슈타르를 상징한다.

양쪽에 널빤지를 대고 진흙과 짚, 석회를 한데 버무려 다져 넣은 다음, 몽둥이나 돌로 다지고 마르기를 기다렸다가 다시 널을 대고 흙을 다지는 과정을 서너 차례 되풀이하는데, 백제의 몽촌토성과 중국의 만리장성이 이 방법으로 지어졌다. 우리나라에서는 주로 성벽이나 담을 세우는 방법으로 사용되었을 뿐이지만 고대 로마 제국에서는 일찍이 이런 방법이 광범위하게 사용되었는데, 여기서 더 발달하면 콘크리트가 된다.

콘크리트란 시멘트에 물·모래·자갈을 일정 비율로 섞고 소량의 화학재를 첨가한 것으로, 짚·석회·진흙을 버무려 다졌던 판축법과 원리가 같다. 시멘트란 석회석과 점토의 혼합물을 가열한 후 가루로 빻은 것으로, 혼합 비율과 가열 온도에 따라 다양한 시멘트가 만들어진다. 현재

판축법으로 집 짓기
양쪽에 널빤지를 대고 그 안에 진흙과 석회,
짚 등을 넣은 다음 몽둥이나 돌로 다지는 방법
으로 서너 번 되풀이하여 높은 벽을 쌓는다.

는 19세기 영국에서 개발된 인공 시멘트를 사용하고 있지만, 로마 시대에는 석회로 만든 천연 시멘트가 이용되었고, 이 방법으로 만든 콘크리트를 오푸스 케멘티쿰(opus camenticum)이라 불렀다. 로마 건축의 정수로 손꼽히는 판테온과 콜로세움은 모두 콘크리트로 만든 것이며, 당시 거리에는 콘크리트로 지은 8층 아파트까지 있었다. 뿐만 아니라 콘크리트 안에 철근을 넣으면 강도가 더 증가된다는 것까지 알고 있었으니, 오늘날 아파트를 지을 때 사용되는 철근 콘크리트 공법이 그때부터 사용되었다고 볼 수 있다.

일반적으로 집을 만드는 방법은 크게 두 가지로 나눌 수 있는데, 진흙을 주재료로 이용하는 방법과 나무를 이용하는 방법이다. 또한 진흙을 이용하는 방법도 크게 두 가지로 나눌 수 있으니, 콘크리트 혹은 판축법과 벽돌이다. 중국과 우리나라에서는 부분적으로 흙벽돌이 사용되기도 했지만 판축법이 주류를 이루었으며, 고대 로마에서는 판축법의 변형이라 할 수 있는 오푸스 케멘티쿰이 발달하였다. 반면 메소포타미아와 이집트, 인도에서는 벽돌 건축이 발달하였다. 또한 흙을 쉽게 구할 수 없는 지역에서는 목재를 써서 집을 지었다. 나무로 지붕틀을 세우고 그 위에 짚단을 덮는 방식은 주로 우리나라에서 사용되어 이후 목조 건축과 초가집으로 발전하게 된 반면, 북유럽에서는 통나무를 쌓아 만드는 귀틀집이 발달하였다.

모든 문화권에서 공통적으로 발견되는 것은 어떠한 재료를 써서 집을

판테온

로마의 판테온 내부. 고대 로마에는 콘크리트의 시초라 할 수 있는 오푸스 케멘티쿰이 있었다. 벽돌과 비교했을 때 콘크리트의
장점은 건축물의 형태를 자유자재로 만들 수 있다는 점으로, 이는 판테온과 콜로세움 등의 건축을 가능하게 했다.

짓는가 하는 것과 신이 인류를 어떻게 창조했는가 하는 것 사이에 존재
하는 관련성이다. 다시 말해 진흙을 이용해 집을 지은 문화권에서는 신
이 진흙을 빚어 인류를 창조했다고 설명하는 신화가 주류를 이루는 반
면, 목재를 이용한 문화권에서는 신이 나무를 깎아 인류를 창조했다고
하는 점이다. 이는 비단 4대 문명에만 국한된 것이 아니라, 아메리카 인
디언과 아프리카 부족의 신화에 이르기까지 매우 광범위하게 발견되는

현상이다. 반복해서 말하건대, 신화란 당시 사람들이 자신을 둘러싼 우주 환경을 이해하고 해석하던 하나의 방법이다. 도처에 진흙이 흔해 그것으로 작은 그릇을 비롯해 인간이 만들 수 있는 가장 큰 도구인 집까지 만드는 사회에서는 인간 또한 신이 흙으로 빚어 만들었다고 밖에는 달리 생각할 도리가 없는 것이며, 진흙 대신 나무가 풍부한 사회 역시 마찬가지다.

대개 건축은 그 사회를 지배하는 거대담론을 따를 수밖에 없다고 한다. 불교가 흥성했던 통일신라와 고려 건축의 백미는 불국사와 부석사를 비롯한 사찰 건축이었다. 유교가 국시였던 조선에서는 사찰이 아닌 서원과 향교, 종묘, 궁궐 등이 주류를 이루었으며 그 속에는 유교가 지향한 이상적인 사회 질서가 건축적으로 해석되어 구현되고 있다. 즉 시대의 거대담론이 건축의 형태를 지배한다고 할 수 있지만 정반대의 경우도 생각해 볼 수 있다.

남자가 진흙을 이겨 집을 만들었고, 여자는 그 집 앞에서 역시 흙을 빚어 그릇을 만든다. 그 때 아이가 엄마에게 아기는 어떻게 생기고 만들어지느냐고 묻는다면, 진화의 원리를 설명하거나 임신과 출산의 생리학적 메커니즘을 설명하는 것이 아닌, 신이 진흙을 빚어 사람을 만들었다고 설명할 것이다. 아버지가 진흙으로 집을 짓고 어머니가 그릇을 빚는 것을 항상 보고 자란 아이는 그 설명을 매우 당연하게 받아들일 것이다. 그리고 그 이야기를 후세에 전하면서 신화는 형성되기 시작한다. 즉 진흙을 빚어 도구를 만드는 기술이 신화를 만드는 것이다.

일반적으로 기술이나 도구는 담론에 의해 만들어진다고 생각하지만, 때로는 도구에 의해 담론이 만들어질 수도 있는 것이다.

집字집宙

2장 마을을 이루다 | 삶터가 나뉘니 권력이 달라지다

앞집에 김대목아 뒷집에 박대목아
집을 삼간 지어주소
대목장군 거동 보소 연장망태 가추릴 때
옥도끼로 가리옇고 금도끼로 가리옇고
서른세 가지 연장망태 왼어깨에 들러메고
찾아가자 찾아가자 남산을 찾아가자

지신밟기 노래 중에서

우리의 신화에 대해 말한다면 대개 단군신화를 떠올린다. 고조선의 건국에 대한 이야기를 담고 있는 단군신화는 묘하게도 고려 말인 13세기에 이르러서야 기록에 등장하기 시작하므로, 학자에 따라서는 단군신화가 이때 윤색된 것이 아니냐는 의문을 제기하기도 한다. 그 전까지는 이렇다 할 기록이 없다가 이 시기에 이르러 갑자기 여러 권의 책에서 단군신화가 쏟아지며, 더욱이 『삼국유사(三國遺事)』나 『제왕운기(帝王韻紀)』 등 주로 재야학자가 편찬한 사서에 집중되어 있으니 그런 이야기가 나올 만도 하다. 13세기는 중원에서 몽고라는 신흥 강대국이 일어나 고조선과 고구려를 자신의 역사 속으로 편입하려는 계획을 벌이던 때였다. 마치 요즘 중국이 동북공정 프로젝트라 하여 고구려를 자신의 역사 속으로 편입하려 하자 새삼 우리가 고구려에 관심을 갖고 그에 대한 연구 논문과 서적 출판이 봇물을 이루듯, 당시 고려에서도 잊어버린 역사를 되찾기 위한 사서 편찬 작업이 벌어졌다. 그 과정에서 구전으로 전승되던 신화가 채집되어 기록되기 시작한 것이다.

단군신화가 본디부터 전승되어 왔다는 증거는 고구려의 고분 벽화에 많다. 각저총(角抵塚)을 비롯한 고분 벽화에는 신단수로 보이는 큰 나무를 중심으로 곰과 호랑이가 서로 등을 돌린 채 서 있는 그림이 자주 등장하며, 또한 곰은 굴 안에 있고 호랑이는 굴 밖으로 뛰쳐나오는데 이를 사냥꾼들이 활로 쏘는 그림도 자주 등장하여 단군신화를 표현한 것으로 해석하고 있다. 신화는 수많은 상징과 은유로 되어 있어 그 해석이 여러 가지로 나올 수 있으나, 곰을 토템으로 하는 부족과 호랑이를 토템으로 하는 부족이 한반도의 주도권을 놓고 다툼을 벌이다가 마침내 곰

각저총의 벽화

씨름하는 남자들 옆에 커다란 나무 한 그루가 있는데, 가지마다 온갖 새들이 앉아 있고 특히 나무 아래에는 곰과 호랑이가 서로 등을 돌리고 앉아 있다. 이 나무가 바로 신단수이며 단군신화를 나타내는 것으로 보인다. 씨름하는 장면만이 부각되어 이름조차 '각저총'이라 불리고 있지만, 이 벽화는 씨름보다 더 중요한 단군신화의 증거를 담고 있다.

집字집宙

부족이 승리하여 고조선을 건국했다는 것이 가장 일반적인 해석이다. 하지만 여기에는 청동기 시대의 잊혀진 모습들이 숨어 있다.

청동기 시대, 두 개의 화덕을 놓다

기원전 1000년경이 되면 한반도에 청동기 문화가 확산되는데, 농경이 본격적으로 시작되면서 생산량과 인구가 늘고 그에 따라 생활과 주거 양식에 몇 가지 변화가 생긴다. 땅을 파고 지었던 움집은 이제 땅을 얕게 파거나 혹은 아예 파지 않는 '반(半)움집'으로 발전하게 된다. 과거에는 음식을 조리할 때만 간신히 불을 피우던 것이 이제는 땔감이 풍부해져 난방을 위해 불을 피우게 되었고, 사냥 기술이 늘어 짐승의 털가죽이 흔해지면서 겨울의 한기도 이겨낼 수 있었기 때문이다. 환기와 채광을 위해 땅을 파지 않고 집을 짓기 시작하면서 주택 내에서 수직 벽체가 생기게 되고, 주거 공간과 저장 공간을 비롯하여 각종 공간이 점차 기능별로 분리되기 시작했다.

신석기 시대의 움집은 마치 삿갓을 덮어 놓은 모습과 같아서, 지붕만 있을 뿐 벽체라는 것이 없었다. 하지만 땅을 얕게 파는 반움집으로 발전하면서 수직의 벽체가 필요하게 되었다. 울산시 다운동과 옥현 지구의 청동기 시대 유적에는 10센티미터 간격으로 말뚝 기둥을 촘촘히 박은 흔적이 발견되었는데, 이는 수직 기둥을 세워 벽체를 만들기 위한 것으

움집과 반움집

신석기 시대의 움집은 청동기 시대에 들어 반움집으로 발전하게 된다.

둥근 형태이던 움집은 이제 점차 사각형과 지붕의 형태를 갖추기 시작한다.

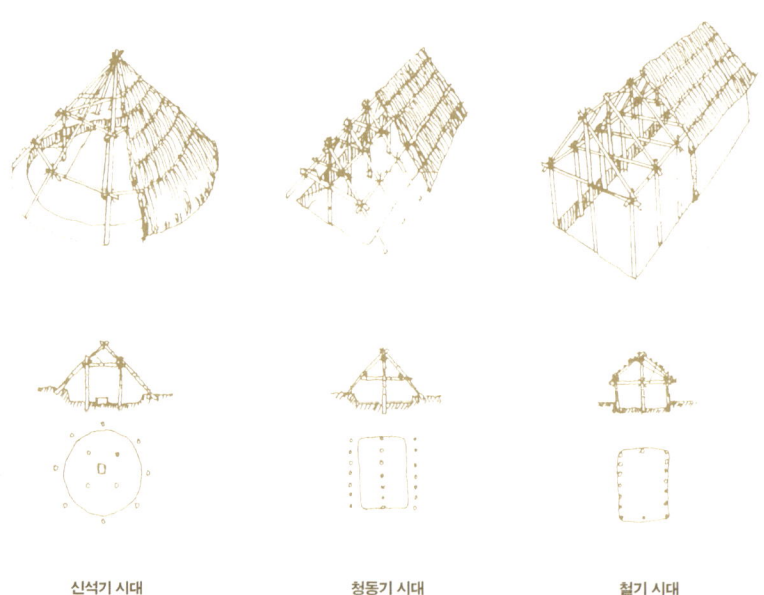

신석기 시대   청동기 시대   철기 시대

집宇집宙

로 기원전 1000년경에 수직 기둥과 벽체가 사용되었음을 알 수 있다.

한편 집의 규모가 점차 커지면서 공간이 분화되기 시작한다. 집 안에 토기를 묻어 음식을 저장하던 신석기 시대와는 달리, 농경이 본격적으로 시작되면서 한 번에 수확할 수 있는 곡식의 양이 많아지고 그것을 따로 보관하기 위해 주거 공간과 저장 공간이 분리되어야 했다. 그와 함께 토기의 모양도 변하게 된다. 점토를 빚어 그늘에서 건조시키는 방법으로 만들었던 신석기 시대의 토기는 건조 과정에서 갈라지는 것을 막기 위해 빗살무늬를 그려 넣어야 했다. 하지만 이제 가마에 넣어 구운 토기를 만들기 시작하면서 빗살무늬를 그려 넣을 필요가 없어지고, 신석기 시대를 특징짓던 빗살무늬 대신 무늬 없는 토기가 등장하게 된다. 저장을 위한 공간이 따로 마련되어 굳이 땅을 파고 그릇을 묻을 필요가 없어졌으므로 바닥에 세워 놓을 수 있도록 그릇의 밑바닥도 평평해졌다. 고온에서 구워 잘 깨지지 않고 바닥에 세워 놓을 수 있는 그릇에 곡식과 씨앗을 담아 집의 한 구석에 쌓아 둔 것은 마치 항아리 속에 곡식을 담아 광에 두는 것과 흡사했다. 청동기 시대에 비로소 곳간이 생긴 것이다.

또한 이 시기에는 한 집에 화롯불을 두 개 놓는 집이 점차 늘어난다. 집이 커지면서 화덕을 하나 더 놓게 되었다고 볼 수도 있지만, 공간이 용도별로 구분되기 시작하는 첫 단계다. 신석기 시대의 원형 집터는 청동기 시대에 점차 사각형으로 변하는데, 후기로 갈수록 장방형으로 변하면서 양쪽에 하나씩 화롯불을 놓았다. 이때 출입구 가까이에 설치된

모닥불 근처에서는 사냥에 사용되는 석제 무기들이, 안쪽에 설치된 모
닥불 근처에서는 토기 그릇들이 발견되어, 성별에 따른 직능의 분화와
공간의 구분이 이루어졌음을 알 수 있다. 주택이 남성과 여성의 공간으
로 나뉘어 사용되는 예는 동서양에 매우 흔하다. 뒤에 더 자세히 다루겠
지만 조선의 사대부가는 남성이 머무르는 사랑채와 여성이 머무르는 안
채 사이에 중문이 막혀 있어 쉽게 내왕할 수가 없었고, 고대 그리스나
로마 시대의 주택에도 여성과 남성의 공간이 따로 마련되어 있었다. 근
대에 들어 주택에서 남녀의 공간 구분이 없어졌지만, 때로 그 구분이 매
우 엄격한 시대도 있었으며 청동기 시대에 그 맹아를 볼 수 있다.

　남녀별 공간 구분이 생긴 이유로는 농업 기술의 발달에 따라 잉여 생
산물이 생기면서 사유재산 개념이 발생하고 도적과 약탈 행위가 생기자
집을 지키기 위해 출입구 가까운 곳에 불을 하나 더 피우고 남자들이 모
여 앉았다는 설이 있다. 이러한 습성은 지금도 흔적이 남아서 카페나 음
식점에서 자리를 잡을 때 남성은 출입구를 잘 볼 수 있는 쪽에 앉기를
원하고 여성은 그와 반대로 출입구를 등지는 쪽에 앉기를 원하는 경향
이 있다. 남성은 출입구 쪽에 앉아 도둑을 감시하던 습관, 여성은 안쪽
에 앉아 아이를 돌보던 습성 때문이라는 이야기를 듣고, 과연 그러한지
궁금해서 사람이 많은 카페에서 남녀가 어떻게 앉는가를 유심히 살펴본
적도 있는데, 100퍼센트라고 할 수는 없어도 대체로 이러한 경향이 발
견되었다. 그런데 드물게 여성인데도 항상 출입구가 바라보이는 자리에

集宇集宙

앉거나, 혹은 남성인데도 언제나 출입구를 등진 채 앉는 사람이 있다. 이는 여성이면서도 내면에는 남성성을 많이 간직한 사람, 혹은 그 반대가 되는데, 아주 좋은 경우인 듯하다. 21세기는 극단적 남성이나 여성보다는 양성(兩性)의 장점을 두루 갖춘 사람이 더 돋보이는 시대가 될 테니까.

마을을 이루고 고인돌을 세우다

청동기 시대는 주거를 비롯하여 사회 내부에서 여러 가지 구분과 차등이 생기며 점차 고대 국가로 발돋움하는 약동의 시기였다. 마을의 형성과 전쟁, 사회 체제 내에서의 직능과 계층의 구분 및 그에 따른 사회적 불평등, 지배 계급과 부권의 출현 및 기존 여성가모장(家母長, great mother) 세력의 퇴거 등, 인류 문화의 근간을 이루는 특징들이 이 시기에 확립되었다고 할 수 있다. 20~30명의 확대 가족이 하나의 밴드를 이루고 살던 신석기 시대에는 특별히 지배 계급이라 할 만한 계층이 출현하지 않았지만, 청동기 시대에 이르러 500~600명이 하나의 마을을 이루고 모여 살게 되면서 세상은 점차 변하기 시작한다. 초기에는 서너 개의 밴드가 모여 100명 내외의 작은 마을을 이루고 살다가, 전쟁을 치르면서 점차 큰 마을로 흡수 통합되기 시작했다. 생산성 향상에 따른 잉여 생산물의 축적 및 약탈의 증가로 여러 명이 모여 사는 것이 안전해졌기 때문이다. 이 시기의 집터는 대부분 강 언저리나 계곡이 내려다보이는 낮은 구릉지에 나타나는데, 마을에는 한결같이 인공으로 깊이 도랑을 판 흔적이 발견되어 마을의 방비가 매우 중요한 문제였음을 보여주고 있다. 마을은 10여 채의 집으로 이루어진 작은 것에서 100여 채로 이루어진 큰 규모에 이르기까지 다양해서, 작은 마을이 흡수 통합되면서 점차 큰 마을로 발전해 나가는 과정을 보여 준다. 규모가 큰 마을일수록 체계적으로 계획되어, 보다 강력한 지배 계급의 출현을 시사하고 있다.

현재 남아 있는 청동기 시대의 대표적인 마을 유적은 울산시 울주군 웅촌면 검단리 유적으로, 인위적으로 도랑을 파서 만든 환호(環濠)가 마을 주위를 둘러싸고 있다. 중세 서양의 이야기를 다룬 영화를 보면 성 앞에 큰 연못이나 도랑이 있어 성문을 열고 다리를 내려야만 통과하는 장면이 자주 나온다. 전쟁이 났을 때 다리를 올리고 성문을 닫으면 주위에서 쉽게 접근할 수가 없으며 혹여 배를 타고 접근하는 사람을 막고자 악어를 키우기도 하는데, 이렇듯 적의 접근을 막고자 성 둘레에 조성한 연못이나 도랑을 해자(垓子)라 하며, 이것의 초기 형태가 청동기 시대의 환호다. 환호는 폭이 2~3미터, 깊이가 0.2~1.1미터 가량으로, 마을 전체를 둘러싸고 있으며 마을의 출입구 부분에는 망루가 있어 외부에서 적들이 쉽게 침입할 수 없는 형태로 되어 있다. 중앙 광장에는 족장의 집으로 보이는 높고 큰 건물이 있고 그 둘레에 일반 민(民)의 집으로 보이는 작은 집들이 들어서 있다. 그런데 환호 안의 집터가 7기, 환호 밖

집宇집宙

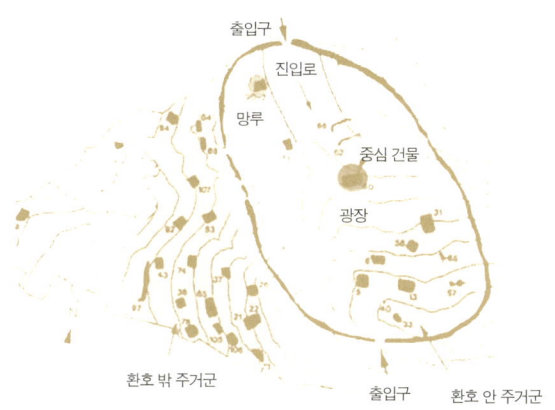

출입구
진입로
망루
중심 건물
광장
환호 밖 주거군
출입구
환호 안 주거군

청동기 시대의 마을

울산시 울주군 웅촌면 검단리 환호 형성기 배치
도(위)와 국립민속박물관의 청동기 마을 복원
모형(아래). 마을 입구에는 망루가 있고 가운데
부분에는 광장과 중심 건물이 있으며 후면에 주
거지가 있어, 매우 조직적인 마을 계획에 따른
것으로 보인다. 더욱이 환호 밖에도 주거지가
있어 계층 구분의 흔적도 보인다.

의 집터가 18기여서, 환호 안뿐만 아니라 환호 밖에도 많은 집이 있었던 것을 알 수 있다. 이를 주거의 계층적 구분으로 보는 것이 일반적인데, 조선시대에 성안 사람과 성밖 사람으로 계층을 구분하듯 청동기 시대에도 '환호 안 사람'과 '환호 밖 사람'의 계층 구분이 있었던 것으로 보인다. 이때 '환호 밖 사람'은 전쟁에 패해서 흡수 통합된 마을의 사람으로, 기존 마을의 사람보다 신분이 낮았을 것이다.

마을 안에는 청동기를 만들 수 있는 가마터가 2개소 발견되었고, 중앙에 커다란 곡식 저장용 창고가 지어진 점으로 미루어 보아 마을 계획과 함께 구성원들의 분업과 공동생활이 이루어졌음을 추정할 수 있다. 마을 한가운데 지은 족장의 집은 보통 집들보다 훨씬 크고 높아서 금방 눈에 띄는데, 단순한 집이라기보다는 마을 회의를 통한 행정과 통치를 담당하던 관청의 성격을 가졌을 것이다. 혹은 제사를 주관하고 신탁을 받는 기능을 했을지도 모른다. 500~600명의 인구를 통솔했을 이곳의 족장은 항상 마을 방위와 전쟁에 신경 써야 했다. 보다 강력한 이웃 마을이 쳐들어와서 전쟁에 패하면, 남자는 모조리 죽고 여자와 아이들은 노예가 되어야 했기 때문이다. 전쟁에 이기기 위해서는 제사를 지내고 신탁을 받는 것도 중요했지만, 보다 현실적으로는 이웃 마을과 연합 관계를 맺거나 혹은 강력한 마을과는 상하 관계를 맺는 것이 현명한 방법이었다. 그리하여 마을의 족장은 평상시에는 자치권을 행사하다가, 때로 상하 관계를 맺은 마을 족장의 명령이 있으면 마을 젊은이를 거느리고

집字집齒

전쟁에 참가해야 했다. 때는 기원전 1000년경, 수많은 부족 단위의 마을들이 차차 통합되면서 고조선이라는 큰 나라를 이루어 가던 시기였다.

최루탄 연기가 매캐하던 1980년대 대학가에서 학생 시위대가 흔히 사용한 방법이 돌 던지기와 화염병 던지기였듯, 청동기 시대의 전쟁에서 주로 사용한 무기도 돌 던지기와 불화살 쏘기였다. 평등하고 민주적인 대학 캠퍼스에서조차 화염병은 주모자들이 주로 던지고 단순 참가자는 돌을 던졌듯이, 당시에도 불화살은 무사나 지배 계급만이 사용하는 무기였고 일반 사람들은 돌 던지기를 했다. 전쟁은 언제 일어날지 모르므로 투석전에 대비해서 마을 어귀에는 항상 돌무더기를 쌓아 두어야 했고, 마을을 나갔다가 돌아올 때는 누구나 돌멩이 하나씩을 보태야 했다. 이러한 돌무더기는 후에 '성황(城隍) 신앙'이라는 마을신앙으로 발전해 자리 잡는다. 지금도 유서 깊은 마을의 입구에는 양쪽에 돌무더기가

마을 입구의 돌 무더기
전통 마을의 입구에는 장승과 함께 돌 무더기를 쌓아 놓은 것을 흔히 볼 수 있는데, 그 기원은 청동기 시대로 거슬러 올라간다. 당시 이것은 **투석전**에 대비해서 마련해 둔 일종의 '무기 저장고'였으며, 마을 주민들은 싸움에 대비하기 위해 항상 그곳에 돌을 올려 놓아야 했다.

쌓여 있는 것을 자주 볼 수 있다. 풍수지리학적으로 약한 곳을 보완한다는 비보(裨補)의 개념으로 해석하기도 하지만, 본디는 청동기 시대에 투석전에 대비해 쌓아 놓은 돌무더기가 변해 자리 잡은 것이다. 그리고 오늘을 사는 우리도 그러한 돌무더기를 보면 저도 모르게 길가의 돌 하나를 올려 놓고 소원 하나 빌고 가길 좋아한다. 1970년대의 초등학교 운동회에서 자주 등장하던 경기 중에 콩 주머니를 던져 박을 터뜨리는 게임이 있었는데, 이는 청동기 시대의 투석전이 전투적 의미를 상실하고 놀이나 축제로 변하여 현재까지 내려오는 것이다. 청동기 시대란 멀리 사라져 버린 과거가 아니라 일상 속에 남아 있는 현재이지만 우리는 그것을 잘 깨닫지 못하고 있을 뿐이다.

이 시기의 집들은 나무와 거적으로 만들어져 지금은 집터 자리만이 남아 있을 뿐이지만 족장의 무덤은 한반도 전역에 고인돌로 흩어져 있다. 죽음은 언제나 커다란 공포의 대상이지만 정확한 모습을 알 수 없는 다소 모호하고 추상적인 것이어서 그 공포는 죽음의 결과물이라고 할 수 있는 사체와 귀신을 대상으로 옮아갔다. 그리하여 귀신이 출몰하지 못하도록 활동을 제약하고 시신을 일정 장소에 묶어 두는 장례 문화가 발달했다. 시신을 큰 바위로 누르는 형태인 고인돌이나 시신을 끈으로 결박하는 장례 방식을 죽음의 공포에서 벗어나려는 생자의 몸부림으로 해석하는 것이 인류학이나 고고학의 일반적인 견해이나, 건축적으로는 조금 다른 견해를 제시할 수도 있다. 산 사람을 위한 집을 짓는 데는 곧

집宇집宙

썩어 없어질 나무와 거적을 사용하면서 죽은 사람이 살 집을 짓는 데 내구성이 훨씬 뛰어난 석재를 사용한 것은, 이승의 삶을 일시적인 것으로 저승의 삶을 영원한 것으로 보았다는 방증이다. 모든 고대 문화권에서 산 사람이 사는 집보다는 죽은 사람의 집이라 할 수 있는 무덤에 더 많은 치장과 공을 들였다. 이는 일시적인 현재의 삶보다 영원한 저승의 삶을 더 동경하여 죽음을 보다 적극적으로 받아들이면서 그 공포를 극복하려 했던 고대 인류의 공통된 믿음이다.

단군 할아버지, 시장을 열다

이 시기에 있었던 가장 극적인 일은 고조선 건국이다. 잘 알려진 단군신화에 따르면 하늘나라 환인의 아들 환웅이 3,000명의 무리를 이끌고 태백산 정상에 있는 신단수(神檀樹) 아래 내려와 신시(神市)를 열었으며, 웅녀와 관계를 맺어 아들을 낳았으니 그가 바로 고조선을 건국한 단군이다. 태백산이란 지금의 백두산을 말하고 신단수란 하늘과 땅을 이어주는 우주 나무로서, 세계 여러 신화에서 두루 나타나는 우주목(宇宙木) 혹은 세계수(世界樹)라 볼 수 있다. 그렇다면 신시는 무엇일까. 시(市)라는 글자는 현재 서울시·부산시 하는 식으로 행정 용어로도 사용되며, 동대문 시장·청계천 시장 등과 같이 시장이라는 뜻으로도 사용된다. 시의 정확한 뜻은 '저자'인데, 이는 시장 곧 물물의 교역 공간을 말함이다. 그렇다면 하늘의 아들인 환웅이 지상에 내려와 하고많은 일 중에 하필 시장을 열었다는 뜻인데, 이를 어떻게 해석할 수 있을까.

고조선의 최고 지배자를 일컫는 '단군왕검'은 종교적 샤먼을 일컫는 단군과 정치적 군장을 뜻하는 왕검이 합친 말로, 고조선이 제정일치 사회였음이 엿보이는 용어다. 단군왕검과 최고귀족들은 중요한 국사가 있으면 신성한 장소에 모여 점을 치거나 하늘에 제사를 지내 신탁을 받았는데, 그 행위가 일어나던 곳이 신시였으며 부차적으로 교역이 이루어졌다. 고대 그리스의 정치·종교적 중심지였던 델포이는 환각 상태의 무녀가 신탁을 내리는 것으로 유명한데, 제례 기간 중 사흘째 되는 날 오전에 시장이 열려 가축·의류·노예·금은 제품 등이 거래되었으며 이곳을 엠포리움(emporium)이라 불렀다는 기록이 있다. 이는 중국 신화에서 농사의 신인 신농씨가 백성들을 광장에 모아 놓고 잉여 농산물을 서로 교환하게 하니 '한낮에는 시장을 이루었다(日中爲市)'는 기록처럼, 사람이 많이 모이다 보니 물물교환에 기초한 상행위가 자연적으로 발생한 것으로 해석할 수 있다. 즉 우리가 지금 사용하고 있는 '시(市)'의 정확한 의미는 제사가 벌어지는 드넓은 광장이며, 그곳에서 부수적으로 상행위가 일어났던 것이다.

당시의 교역이란 지금의 상업 활동과 의미가 조금 달라서, 일반 민들이 필요한 생필품을 사고파는 것이 아니라 국가나 부족 사이의 조공 무역 형태를 띠었다. 국가적 큰 제사가 치러지는 때에는 여러 부족의 대표

집字집宙

가 참석하게 되며 이때 각 지방의 특산물을 중앙 정부에 바치거나 부족 사이에 서로 교환하는 행위가 일어났을 것인데, 이러한 행위가 일어나던 곳이 시였다. 이후 고조선은 국가로서의 체계가 잡혀 가면서 단군과 왕검이 분리되기 시작했다. 정치와 군사를 담당하는 왕검의 역할이 점차 커지면서 제사를 담당하던 단군은 그 역할이 축소되어 왕검의 아내나 누이가 이를 대신하다가 점차 사제 계급이 출현했다. 그리고 이와 때를 같이하여 도시는 차츰 전조후시(前朝後市)의 틀을 갖추게 되었다. 이는 정치를 담당하는 조정은 앞쪽에, 교역을 담당하는 시장은 뒤쪽에 둔다는 뜻으로, 정치가 제사와 공간적으로도 분리되기 시작했음을 말한다. 이러한 전조후시는 중국을 비롯한 동아시아의 전통으로, 우리나라도 고조선 이래 조선까지 모든 도읍은 이 원칙에 따라 계획되었다.

오늘날 시장에서는 정치나 제례 행위가 일어나지 않고 오로지 상거래만이 벌어지지만, 삼국시대에는 시장에서 제례 행위가 벌어졌고 조선시대까지 그 흔적이 남아 있었다. 진평왕 50년(628년) 여름, 신라에 큰 가뭄이 들자 시장에서 용을 그려 놓고 기우제를 지냈다는 기록이 있고, 신라 말 왕위 쟁탈전이 치열하게 벌어지는 가운데 김제륭(金悌隆)과 맞서 싸우던 김양(金陽)이 패하여 달아난 곳이 한기부에 있던 시장인데 그곳에서 김양은 하늘을 보고 재기를 맹세하였다는 기록이 있으니 시장이 제례 공간이었음을 알 수 있다. 또한 백제 삼근왕 때에는 귀족 연신(燕信)이 반란을 일으키매 웅진에 있던 시장에서 그 처자의 목을 베었다는

무당의 지위
국가 체제가 정비되면서 시장에서의 제례 행위는 본래 의
미가 사라지거나 변질되기 시작했다. 그와 함께 천하를
호령하던 샤먼 계급, 즉 무당의 지위도 하락하여 국가적
신탁대신 개인의 점복을 봐주거나 재수굿을 하게 된다.

기록이 있다. 사람이 많이 모이는 곳을 택해 처벌 장면을 보여 줌으로써
일벌백계의 효과를 노린 것이기도 하지만, 고대 국가에서 모반이란 신
의 뜻에 도전하는 불경한 일로 간주되었으므로 신의 노여움을 달래기
위해 시장을 처벌 장소로 택한 것으로 볼 수도 있다. 이러한 관습은 조
선시대까지 이어져 대역죄인은 효수하여 그 목을 시장에 거는 일이 종
종 있었다.

국가 체제가 정비되면서 정치와 군사 행위가 중요해지자, 시장에서의
제례 행위는 본래 의미가 사라지거나 변질되기 시작했다. 그와 함께 천
하를 호령하던 샤먼 계급인 무당의 시위도 하락하기 시작했다. 개중에
는 시대의 흐름에 요행 편승하여 주류 사회에 편입하는 이들도 있었지
만, 그렇지 못한 이들은 본래 생활공간이던 시장에 남아 국가적 신탁 대
신 개인의 점복을 봐 주고 제천 행사 대신 개인의 재수 굿을 하면서 근

근이 먹고 살았다. 그리고 이들은 지금도 재래시장의 어느 귀퉁이에서 청동기 시대 이래 생명처럼 소중히 간직해온 놋쇠 방울과 칼을 흔들며 살아가고 있다. 청동 방울, 청동 거울, 청동 검은 지배자 계급만이 가질 수 있는 귀하디귀한 물건이었다.

웅녀, 잊혀진 그녀의 허스토리

우리는 신화 하면 단군신화를 떠올리고 이것이 가장 오래된 것으로 생각하지만, 이는 비교적 후대에 등장한 건국 신화다. 일반적으로 신화에는 몇 가지 층위가 있으니, 땅과 바다·해와 달을 비롯한 천지 만물이 어떻게 생겨났나를 설명하는 창세 신화, 인류가 어떻게 해서 탄생했나를 설명하는 인류창조 신화, 우리 민족의 기원은 어떻게 되며 그 시조가 누구인지를 설명하는 민족기원 신화, 그리고 국가의 기원을 설명하는 건국 신화 등이다. 시간적인 순서를 따진다면 창세 신화, 인류창조 신화, 민족기원 신화, 건국 신화 순이 될 터인데, 단군신화는 가장 마지막 순서인 건국 신화에 해당한다. 그렇다면 우리에게도 건국 신화 이전의 민족기원 신화가 있지 않았을까. 단군신화는 곰을 토템으로 하고 있다. 곰 토템은 고조선뿐만이 아니라 만주 지방과 일본의 아이누(Ainu)족, 알래스카와 아메리카 인디언에 이르기까지 광범위하게 나타나는데, 대략 1만 8,000년 전의 마지막 빙하기에 몽골 지방의 신석기인들이 얼어 붙은 베링 해협을 건너 알래스카와 북아메리카로 이주했기 때문이다. 곰 토템을 갖고 있는 민족 중에 중국 동북 지역에 거주하는 어윈커(鄂溫克)족이 있는데, 이들은 우리와 유전자 구조가 동일하다고 알려져 있다. 소수민족으로 살아가는 탓에 잘 알려져 있지 않지만 이들의 신화 속에는 흥미로운 이야기가 전한다.

어느 날 사냥꾼이 숲 속으로 사냥을 하러 갔다가 곰에게 붙들려 동굴로 끌려갔는데, 동굴 속에서 곰이 마치 옷을 벗듯이 곰 가죽을 벗자 곧 여자로 변했다. 당시의 곰들은 사람과 다를 바가 없어서 동굴로 돌아와 가죽을 벗으면 사람이 되었다가 동굴 밖을 나갈 때 가죽을 입으면 곰이 되곤 했다. 곰은 사냥꾼에게 함께 살자고 강요했고, 위협에 못 이긴 사냥꾼은 할 수 없이 굴에서 곰과 함께 몇 해를 사는 동안에 곰은 새끼 한 마리를 낳았다. 어느 날 사냥꾼은 기회를 타 동굴에서 도망쳤는데, 곰은 새끼를 품에 안고 바싹 뒤쫓아 왔다. 강가에 이르자 사냥꾼은 뗏목을 타고 마을 쪽으로 달아났고 이에 화가 난 곰은 그 자리에서 새끼를 두 쪽으로 찢어 한쪽은 사냥꾼에게 던져주고 다른 한쪽은 자기가 가져갔다. 곰이 가지고 간 한 쪽은 후일에 곰으로 자랐고, 사냥꾼에게 넌져 순 한 쪽은 사람 손에서 자라 나중에 어윈커 족의 시조가 되었다. 그리고 이 일이 있은 후 사람과 곰 사이의 통혼은 더 이상 불가능하게 되었다.

集字집宙

일견 단군신화와 큰 관련이 없어 보이는 이야기 같지만, 주의 깊게 살펴보면 이것은 곰의 입장에서 쓴 단군신화라 할 수 있다. 즉 단군신화가 환인(할아버지), 환웅(아버지), 단군(아들)으로 이어지는 철저히 부계 중심적인 이야기라면, 어윈커 족의 신화는 곰 여자가 인간 남자를 만나 아이를 낳고 그 아이가 자라 민족의 시조가 되었다는 이야기를 여성인 곰의 입장에서 쓴 것이다. 우리 민족이 곰을 토템으로 한다는 것은 널리 알려진 사실이며, 한반도에도 이와 같은 민족기원 신화가 존재하였는데 후에 고조선을 건국하면서 민족기원 신화를 건국 신화로 바꾸어 놓았을 가능성이 매우 높다. 그리고 그 증거로 제시되는 것이 충남 공주의 곰나루 전설이다. 백제의 고도였던 이곳의 본디 이름은 '곰나루' 라는 뜻의 웅진(熊津)으로, 곰 사당과 함께 전설 하나가 전해진다.

어느 날 나무꾼이 나무를 하러 갔다가 다리를 다쳤는데, 곰이 나타나 동굴로 끌고 갔다. 동굴에서 곰 가죽을 벗어 여자가 된 곰은 나무꾼 다리를 치료해 주면서 그와 결혼하여 두 아이를 낳고 살았다. 그러나 나무꾼은 항상 자신의 마을을 그리워하였고 다리가 완쾌된 어느 날 동굴을 빠져 나와 마을을 향해 달리기 시작했다. 곰은 두 아이를 양팔에 안고 나무꾼을 뒤쫓아 오며 이 아이들과 이곳에서 같이 살자고 소리쳤다. 하지만 뒤도 안 돌아보고 달리던 나무꾼이 금강에 이르러 나룻배를 타고 강을 건너자 곰은 강 건너편에 서서 그 모습을 하염없이 바라보다가

금강

곰나루의 전설을 간직한 금강. 이곳에서 곰은 돌아오지 않는 나무꾼을 부르다가 마침내 자신이 낳은 아이와 함께 물에 뛰어들고 말았다.

곰 사당

공주시 웅진동에 위치한 이곳에서는 얼마 전에 돌로 조각한 곰 석상이 수습되어 사당을 짓고 매년 제사를 지내고 있다.

곰 석상

공주시 웅진동 곰사당 자리에서 수습되었으며 부여시에서도 이와 비슷한 석상이 수습된 바 있다. 단군신화보다 더 오래된 웅녀 신앙의 증거다.

집宇집宙

마침내 자신이 낳은 두 아이를 차례로 강물에 빠뜨린 후 스스로 강물에
빠져 죽었다.

공주에는 지금도 곰 사당이 있어 제사를 지내는데, 그와 함께 전해지
는 이 전설은 놀랄 정도로 어윈커 족의 신화와 닮아 있다. 백제를 세운
세력이 부여의 유민이며, 이들이 북방 민족이라는 것을 감안할 때, 당시
한반도 전역에는 곰을 토템으로 하는 신앙이 널리 퍼져 있었을 것이다.
따라서 청동기 시대에 고조선을 건국하고 그에 대한 건국 신화를 새로
쓸 무렵, 널리 퍼져 있던 곰 토템 이야기를 습합하고 '하늘 신'이라 할
수 있는 환인을 첨가해서 남성의 시각에서 재편성했을 가능성이 매우
높다. 이후 단군신화(건국 신화)는 기존의 곰 시조 신화(민족기원 신화)
를 대체해 퍼지기 시작하고, '곰 어머니'를 주신(主神)으로 하는 곰 시
조 신화는 강력한 가부장권의 출현과 함께 그 세력을 잃고 이야기 구조
가 축소되어 신화에서 전설로 전락한 채 구전으로 떠돌다가, 13세기에
이르러 문자로 신화를 기록할 무렵에는 흔적조차 없이 사라진 것이다.
자신을 버리고 떠나는 남자에게 매달리지 않으면서 다만 아이를 반으로
찢어 던지는 어윈커 족의 곰과는 달리, 웅진의 곰은 매우 비극적이며 소
극적이다. 남자가 떠나가 버리면 자신의 존재 이유를 상실해 아이와 함
께 자살을 할 수밖에 없었던 곰의 이야기는 한없이 씩씩하고 당당했던
신석기 시대의 가모장이 청동기 시대를 거치면서 나약하고 의존적인

'한 남자의 아내'로 변하는 과정을 이야기하고 있는지도 모른다.

20~30명의 밴드가 살아가던 신석기 시대에는 가부장이나 지배 계급이 출현하지 않았다. 청동기 시대에 들어 농업 생산량이 늘고 전쟁이 시작되면서 점차 남성의 역할이 커지기 시작했다. 때를 같이 하여 집도 점차 커지고 두 개의 화롯불을 놓으면서 점점 남성의 자리와 여성의 자리가 분리되기 시작했다. 남성은 자신들의 불에 둘러 앉아 내일 있을 큰 사냥이나 전쟁에 대한 이야기를 하며 어머니나 누이를 따돌릴 때도 있었다. 그리고 이 마을을 지배하는 족장의 집은 마을 한가운데 있었는데, 보통 사람의 집보다 훨씬 컸을 뿐 아니라 제사를 지내고 신탁을 받는 곳이어서 때로 여성의 출입이 금지될 때도 있었다. 제사를 지내고 남자들끼리 둘러 앉아 끊임없는 이야기로 며칠 밤을 새우고 난 후 신화는 날조되었다. 지나가던 남자를 붙잡아 자신의 동굴로 데려와 결혼했던 곰은 마늘과 쑥을 먹으며 참고 인내하며 간절히 소망해야 인간 남자와 결혼할 수 있는 웅녀로 변했고, 떠나는 남자를 붙잡지 않고 다만 아이를 반으로 잘라 던지던 씩씩하던 곰은 남자가 떠나 버린 사실에 절망하여 결국 아이와 함께 죽을 수밖에 없는 한없이 나약하고 의존적인 여자로 변했다. 이 모든 일은 청동기 시대 마을 가운데 있던 키다란 족장의 집에서 이루어졌다.

3장 온돌을 놓다 |
집이 변하매 사람살이가 바뀌더라

길이는 일곱 자 아홉 자로 하니
위로는 북두칠성을 본뜨고 아래로는 구주에 대응함이요
너비는 넉 자이니 사시四時(춘하추동)를 본뜬 것이요
높이는 석 자이니 삼재三才(천지인)를 본뜬 것이다
아궁이의 폭은 한 자 두 치이니 십이시를 본뜬 것이요
두 개의 솥을 앉힌 것은 해와 달을 본뜬 것이요
부엌 고래의 크기가 여덟 치인 것은 팔풍八風을 본뜬 것이다

서유구의 『임원경제지』 중 부뚜막 만드는 법에서

영화나 드라마에서는 고급 레스토랑에서 식사하는 것을 세련되고 부유한 것으로 표현하는 경우가 많으며, 현실에서도 그러한 곳에서 식사를 대접하는 것이 상대를 정중히 대하는 거라고 생각할 때가 많다. 하지만 유럽이나 영미권의 영화에서는 중국 식당이나 일본 식당에서 식사를 하는 것이 멋지고 세련된 것으로 그려지고 있다. 동양 문화권에서만 사용하는 젓가락을 얼마나 능숙하게 사용하느냐가 그 사람의 문화 자본을 가늠해 보는 척도가 되기도 하는데, 마치 한국에서 와인의 종류와 맛에 대해 많이 알수록 문화 수준이 높고 세련된 것으로 생각하는 것과 같다 하겠다. "서양 사람들은 겉만 살짝 익혀 피가 설핏한 생고기를 아무 거리낌 없이 먹더라"라고 1970~80년대에 우리가 수군거릴 무렵, 지구 반대편에서는 "일본과 한국에서는 생선을 익히지 않고 날것으로 먹는다"라는, 그들의 입장에서는 도저히 믿을 수 없는 이야기를 수군거렸을 것이다. 그로부터 한 세대가 지난 지금은 반쯤 익힌 스테이크를 아무렇지도 않게 잘 먹을 수 있는지와 톡 쏘는 고추냉이와 어우러지는 투명한 생선회 맛을 얼마나 즐길 수 있는지가 문화 수준과 사회 계층을 견주어 볼 수 있는 척도가 되고 있다. 그리고 이는 주거 문화에서도 마찬가지다.

온돌은 우리나라의 대표적 난방 장치며 지금도 서민부터 부유층에 이르기까지 폭넓게 사용한다. 하지만 상류층이나 별장을 배경으로 하는 영화와 드라마에서 빠지지 않고 등장하는 것은 장작을 태우는 벽난로다. 얼마 전까지만 해도 인테리어 잡지나 하우징 페어에 가면 장작이 아닌 가스를 이용한 벽난로가 흔히 눈에 띄었다. 붉은 벽돌로 만든 벽난로 모양에 서너 개의 통장작이 있고 그 위에는 이글거리는 불꽃까지 모양새는 영락없이 벽난로이지만, 장작과 불꽃은 플라스틱으로 정교하게 만든 것일 뿐 실제로는 가스 불로 난방을 하는 눈속임 장치다. 벽난로가 상류층을 상징하는 명확한 기호인지라 얼마나 갖추고 싶었으면 플라스틱으로 모양까지 만들어 내었는지, 극명하고도 열렬한 욕망이 엿보인다. 오늘날 우리나라에서는 온돌 난방이 서민층이요 벽난로 난방이 부유층이라는 인식이 있지만, 지구 반대편에서는 벽난로가 서민층의 것이요 온수 파이프에 의한 바닥 난방이 부유층의 상징이다. 유럽에서는 로마 시대 이래로 가난한 사람들이 벽난로를 이용하면서 '히포카우스툼'이라는 로마식 온돌을 소망해왔다.

집우집宙

철기 시대, 구들이 처음 출현하다

고구려와 신라, 백제가 국가의 모습을 갖추게 되는 원삼국 시대에 이르면 집은 점차 요즘의 모습과 흡사하게 되고 시원적이긴 하나 온돌이 출현한다. 온돌이란 우리 주거 문화의 정체성으로 제시될 만큼 독자적인 것이어서 침대와 식탁을 놓고 입식 생활을 하면서도 여전히 이것을 고집하고 있지만, 초기 철기 시대에 나타나기 시작한 온돌은 요즘과는 달리 방바닥 전체가 아닌 일부를 데우는 이른바 '쪽구들' 형식이다. 온돌에 대한 최초의 기록이 남아 있는 것은 중국 문헌인 『신당서(新唐書)』로서, 동이전 고구려 조에 "고구려의 가난한 백성들은 겨울에 장갱(長坑)을 만들어 불을 때고 난방한다"라는 기록이 있다. 현재 만주 지방의 집들 중에는 '캉(坑)'이라 하여 방의 일부에 구들을 놓는 집이 있는데, 이것을 장갱 곧 쪽구들로 보고 있다.

그렇다면 쪽구들이란 어떤 것인지, 그림을 통해 구체적으로 알아보자. 청동기 시대에는 집 한가운데 화롯불을 피우고, 불이 번져 생기는 화재의 위험을 막기 위해 주변에 돌을 둘러쌓았다.^{그림 1} 이후 돌 대신 황토로 불 둘레를 감싸는 틀을 만들면서 화덕이 생겼다.^{그림 2} 그런데 불을 피우면 연기가 나므로 굴뚝을 설치하여 연기를 밖으로 빼야 한다.^{그림 3} 이때 최초의 부뚜막이 만들어지는데, 이 위에 앉아 있으면 따듯할 뿐더러 잘 식지도 않아서 불이 꺼진 뒤에도 온기가 남아 있다. 때문에 저녁

만주 지방의 캉
방의 일부에 구들을 놓고 그 위에서 잠을 잘 수 있도록 만든 시설인데, 온돌의 시원적 형태인 쪽구들과 비슷하다.

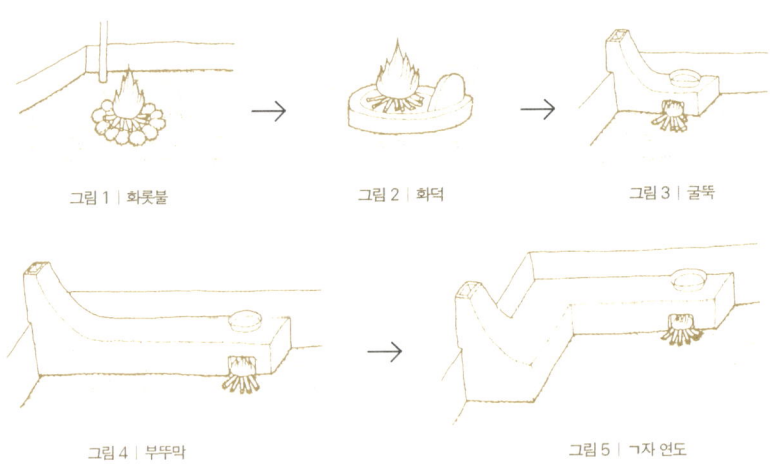

그림 1 | 화롯불   그림 2 | 화덕   그림 3 | 굴뚝

그림 4 | 부뚜막   그림 5 | ㄱ자 연도

쪽구들의 발달 과정

에 한번 불을 피우고 나면 다음 날 아침까지도 제법 따듯했다. 그렇다면 이 연도(煙道)를 길게 만들어 여러 사람이 함께 앉거나 누울 수 없을까. 그림4 연도는 길수록 좋다. 하지만 좁은 집에서 연도를 무작정 길게 만들 수는 없기 때문에 ㄱ자로 꺾어 만든다. 그림5 이것이 바로 고구려 시대에 만들어진 쪽구들이며 『신당서』에 기록된 장갱의 모습이다. 방 전체를 데우는 현재의 온돌과는 다르고, 특히 온돌이 바닥 난방과 음식 조리라 는 두 가지 역할을 수행한 것과 달리 주로 난방을 담당했다는 점이 특징 이다.

한반도에서 가장 오래된 구들의 존재는 북한 지역의 세죽리(細竹里) 집터에서 볼 수 있다. 신석기 시대부터 초기 철기 시대에 이르는 유적의 층위를 보여주는 이곳에는 세 개의 집터 중 두 군데에서 구들로 추정되 는 시설이 발견되었다. 이미 심하게 파손되어 원형이 그대로 남아 있지 는 않으나, 돌로 만들어진 ㄱ자 모양의 외줄고래(고랑) 위에 얇고 조그 마한 구들장이 덮여 있었음이 확인되었다. 남한에서는 춘천 중도(中島) 유적지의 집터에서 기원전 1~2세기 것으로 추정되는 구들이 발견되었 고, 수원시 서둔동 움집터에서도 기원전 3세기의 것으로 추정되는 구들 이 발견되었다. 지금까지 학계에서는 "고구려의 가난한 백성들은 겨울 에 장갱을 만들어 불을 때고 난방한다"라는 『신당서』의 기록만을 근거 로 온돌이 고구려 지방의 하층민을 중심으로 발달하였으며, 고려 중기 이후에 한반도 전역으로 전파된 것으로 보는 것이 일반적 견해였다. 하지만 춘천의 중도 유적지나 수원의 서둔동 유적지 등과 같은 최근의 발굴 조사 결과, 구들은 이미 초기 철기 시대부터 한반도 전역에 퍼져 있었음이 확인되었다.

온돌로 바꾸니 그 낭비가 심한지라

당시 쪽구들의 높이는 40~50센티미터 내외로 소파나 침대 높이와 비슷해서, 낮에는 이곳에 앉아 생활하다가 밤에는 누워 잤을 것으로 추정하고 있다. 실내에서 신을 신은 채 생활하면서 쪽구들 위에서만 신을 벗었는데, 고려 시대에 이르러 쪽구들의 면적이 넓어지면서 신을 벗고 생활하는 면적도 함께 넓어지기 시작하다가 조선 시대에 이르러 현재의 온돌방으로 변화하면서 실내에서는 완전히 신을 벗게 되었다. 따라서 고려 시대에는 실내에서 신을 신고 생활하는 영역과 신을 벗고 생활하는 영역이 공존했으며 이러한 현상은 조선 초까지 계속된 것으로 보인다.

서민들은 신을 신은 채 생활하는 공간을 그냥 흙바닥으로 두었지만 귀족들은 전돌을 깔았다. 이는 가로세로가 15센티미터 정도 되는 보도블록이니 타일과 비슷한데, 백제의 무령왕릉이나 경복궁 근정전의 바닥을 보면 실내에 전돌이 깔려 있음을 알 수 있다. 조선 초기까지도 실내의 일부에 전돌을 깔고 신을 신은 채 생활했을 것으로 추정되는데, 『조선왕조실록』 가운데 세종조의 기록에 "2품 이상의 재상에게 집에서 사

온돌의 초기 형태

최근까지도 강원도나 함경도 지방에는 온돌의 시원적 형태라 할 수 있는 쪽구들이 발견되기도 한다. 혹은 부엌과 방이 완전히 분리되지 않은 채 마루 대신 널빤지를 깔아 놓은 경우도 있어, 지금은 사라진 중세 주택의 흔적을 엿볼 수 있다.

용할 전돌을 국가에서 하사했다"는 내용이 있으며, 세종 12년(1430년)에 전라남도 강진에 세워진 무위사 극락전(국보 제13호)의 바닥도 전돌이 깔린 형태다. 현재는 마루 바닥으로 되어 있지만 이것은 후대에 중수하면서 설치한 것이고, 그 마루 밑에는 지금도 전돌이 깔려 있다. 조선 시대의 사극을 보면 실내에서는 완전한 좌식 생활을 하는 것으로 표현하고 있지만, 실제로는 신을 신는 입식 생활도 공존했던 것으로 보인다.

한편으로는 사찰이나 관공서 같은 건물들은 보수성이 강한 건물이어서 전돌 역시 실용적이기보다는 상징적인 의미로 하사되거나 사용되었을 수도 있다. 이를테면 지금도 사찰은 한옥으로 지으며, 청와대의 모습도 전통적인 색채를 강하게 띠듯, 조선 초기에는 사찰을 비롯한 관청 건물이 고려 시대의 양식을 띠었을 가능성이 매우 높다. 또한 지금도 군장성에게는 대통령이 군검(軍劍)을 직접 하사하는데 이는 실용적이 아닌 상징적 의미가 더 크듯, 2품 이상의 관료에게 하사했다는 전돌 역시 상징적 의미가 더 컸을 수도 있다.

그런데 조선 중기가 되면 온돌의 폐단을 지적한 글들, 예를 들어 온돌의 따뜻한 온기에 젖어 게을러질까봐 그를 경계하는 속담이나 글 등이 눈에 띄게 많아진다. 1661년 정승 이경석이 현종(顯宗)에게 올린 상소에는 "선조들이 집무하는 방들은 모두가 마루방으로서 온돌은 내간용으로 밖에 쓰지 않았는데, 근자에는 모두 온돌로 바꾸니 그 구들을 덥히기 위한 땔감의 낭비가 심합니다"라는 내용이 있다. 18세기 초의 실학자 이익은 "마루방에 잘 때는 병이 없었는데, 온돌에서 살기 시작하면서 병이 생기고 있다"라는 말을 했으며, 19세기 초 실학자 이규경은 "얼마 전까지만 해도 공경귀척(公卿貴戚)의 큰 집에도 온돌이 불과 한두 칸밖에 없어 노인이나 병자의 거처로 쓰였을 뿐, 여타 식구들은 마루방에서 잠을 잤다"라고 썼다. 특히 연암 박지원은 『열하일기(熱河日記)』에서 온돌의 결점을 조목조목 지적하고 있는데, 바닥이 고루 따뜻해지지 않는 점, 벽체가 허약하여 틈새가 생긴 곳으로 역풍이 들어와 연기가 가득 차는 점, 온돌을 난방하기 위해 많은 연료가 소비되는 점 등을 문제점으로 꼽았다. 서유구 또한 온돌이 미치는 사회, 경제적 폐해를 지적하였는데, 연료의 낭비, 수목의 남벌과 그에 따른 홍수와 산사태의 피해, 화재 발생의 우려, 연료를 절약하기 위해 한 방에 많은 가족이 기거하면서 겪게 되는 불편함 등을 꼽았다.

온돌 예찬이 거대담론이 되다시피 한 현재로서는 쉽게 이해되지 않는 점도 많지만, 조선 중기 이후에 들어 온돌의 폐해를 지적하는 글들이 많이 등장하는 것은 바로 이 시기에 온돌이 보편적으로 자리 잡기 시작했다는 방증이다. 현대 사회에서도 1980년대 이후부터 신문과 방송에서 아파트 생활의 문제점과 폐단을 지적하는 내용이 부쩍 많아지는데, 이는 아파트가 보편적 주거 형태로 자리 잡기 시작하는 시기와도 일치한다. 마찬가지로 17~18세기를 전후해 온돌의 폐단을 지적하는 글이 많아진 것으로 미루어, 이 시기에 이르러서야 온돌이 공경귀척에서 서인에 이르기까지 일반화되었다고 보아야 할 것이다. 요즘 온돌 예찬이 등장하는 것은 보일러에 의한 바닥 난방에 밀려 전통 온돌이 사라지고 있기 때문이다. 사회여론은 항상 사라지는 것에 대해 향수를 느끼고, 일반화되는 것에 대해 우려를 표명한다.

온돌이 정확히 어디에서 기원하여 언제쯤 한반도 전역에 퍼져나갔나 하는 것은 아직도 학계에서 의견이 분분하다. 울산대학교 강영환 교수는 철기 시대에 한반도의 한강 유역까지 전파했다고 보고 있으나, 한옥 전문가 신영훈 씨는 고려 시대에 한강 이북까지 전파했고 임진왜란을 전후해서 남부 해안 지방까지 파급되었으며 제주도에 전파된 것은 17세기 이후라고 주장하고 있어, 그 편차가 매우 심하다. 주거 문화란 하루 아침에 바뀌지 않으며 한 지붕 아래서도 여러 시대의 여러 형식이 공존하는 실정이다. 동일한 아파트라 하더라도 침대 생활을 하는 젊은 부부가 있는가 하면 이불과 방석을 놓고 좌식 생활을 하는 노부부도 있다. 같은 집이라도 평소에는 식탁에서 밥을 먹다가 제사를 지낼 때는 병풍을 치고 큰 상을 차리듯이, 조선에도 쪽구들과 온돌, 전돌이 깔린 바닥과 마루방 등 여러 요소가 한 지붕 아래 혼재했을 것이다. 과연 온돌이 언제부터 시작되어 한반도에 어떻게 퍼져 나갔나 하는 것은 앞으로 학계에서 많은 조사와 발굴이 필요한 부분이다.

제정 로마 시대에도 온돌이 있었다

온돌이 우리나라에만 있었다고 생각하지만 원년 무렵의 제정 로마 시대에도 온돌이 있었다. 스토아 철학자이자 정치가로 알려진 세네카가 남긴 기록에는 "몇몇 원로원의 집에는 집안 골고루 부드럽고 고른 열을 전달할 수 있는 관이 벽에 묻혀 있다. 관은 테라코타로 만들어졌고 지하실에서 나무나 석탄 연료를 태워서 생기는 열을 전달했는데, 방바닥을 데우거나 목욕물을 데우는 용도로 사용한다"라는 내용이 있다. 원리와 장치가 온돌과 매우 유사한 이것은 히포카우스툼(Hypocaustum)이라 하는데, 온돌이 바닥을 난방하는 데 사용된 반면 히포카우스툼은 난방과 동시에 목욕물을 데웠다. 주로 원로원이나 부유한 사람들의 집에 설치되었으며, 집 전체가 아닌 가장의 침실 등에만 일부 사용되었다.

　로마의 유명 건축물 가운데 절대 빼놓을 수 없는 공중목욕장과 온천은 히포카우스툼이 있기에 가능했다. 공중목욕장이 단순히 씻기 위한 용도로 사용되었다면 온천은 순전히 오락과 휴양을 위한 시설이었다. 그곳엔 먹을 것과 마실 것이 풍부했을 뿐만 아니라 친구들과 담소를 할 수 있는 대기실, 운동을 할 수 있는 운동실, 마시지를 받을 수 있는 방들이 모두 따로 마련되어 있어서 시민들은 하루 온종일이라도 심심하지 않게 보낼 수 있었다. 서기 216년에 세워진 11헥타르의 카라칼라 테르멘(Terme di Caracalla), 일명 황제 온천은 로마 온천 중에서 두 번째로 큰 규모다. 냉탕과 수영장, 게임실과 체육실, 달리기를 할 수 있는 실내

히포카우스툼
지하실에서 난방을 하면 그 열기가 목욕물을 데우고 그 때 나온 연기가 테라코타로 만든 관을 통해 침실 바닥을 난방하도록 되어 있었던 로마의 온돌이다.

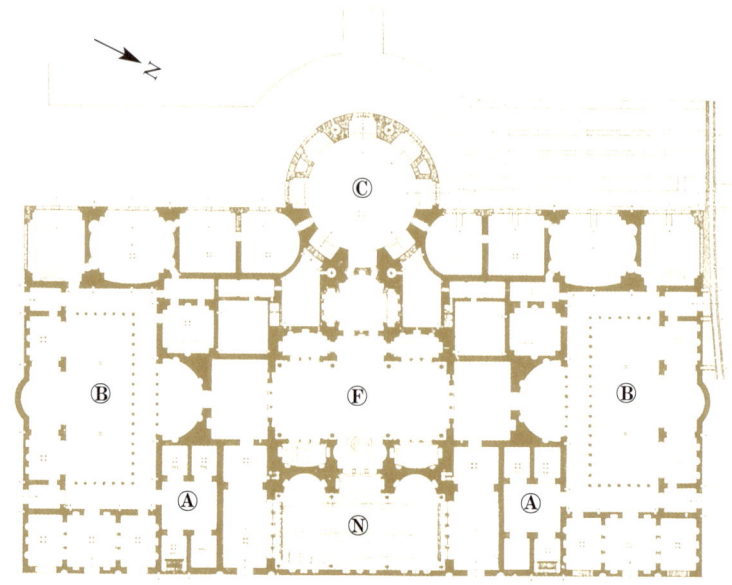

로마의 카라칼라 테르멘
고대 로마의 온천 중 두 번째로 큰 이것은 서기 216년 카라칼라 황제가 개장했다. 모든 입장료는 무료였으며, 히포카우스툼으로 목욕물과 바닥을 데웠다. A:탈의실, B:체육실, C:온천, F:냉탕, N:수영장

트랙에 도서관과 박물관까지 갖추었으며, 이곳에 필요한 80만 리터의 물과 모든 방들은 히포카우스툼에 의해 데워졌다. 입장료를 비롯해 음료와 음식이 모두 무료로 제공되는 온천은 제국의 황제가 시민에게 베푸는 시혜였으며, 그 비용은 식민지에서 올라오는 세금으로 충당했다.

기원전 33년, 아그리파가 자신의 이름을 딴 목욕장을 개설한 이래, 네로 목욕장·티투스 목욕장·트라야누스 목욕장 등 로마의 역대 황제들은 목욕장으로 그 이름을 남겼다. 서기 4세기 무렵이 되면 로마는 11개

집宇집宙

의 황제 온천과 856개의 공중목욕장과 1,325개의 분수를 갖추게 된다. 지금도 로마 시내에는 도처에 크고 작은 분수가 많은 것을 볼 수 있는데, 그 기원은 제정 로마 시대로 거슬러 올라간다. 당시의 분수는 상수도 역할을 했으며, 점령지에 들어선 로마군은 제일 먼저 분수를 설치하여 주민에게 식수를 제공하는 것으로 시혜를 베풀며 제국의 힘을 자랑했다. 히포카우스툼 또한 물을 데워 대형 목욕장을 만들기 위한 시설이었던 걸 생각하면, 서민들의 방을 덥히던 온돌과는 사회적 의미가 사뭇 다르다.

로마의 부자들은 집에 온돌과 목욕실을 설치하긴 했지만 이것은 비용이 많이 드는 일이어서 중류 이하의 계층까지 널리 퍼지지 못했다. 그래서 대형 목욕장과 분수가 더욱 필요했을지도 모른다. 제국은 겉으로 보기에는 화려하고 부유했지만 실상은 빈부격차가 심했다. 황제 온천은 귀족만 이용했고 일반 시민들은 공중목욕장을 이용한 반면, 노예나 가난한 사람들은 이것마저도 불가능하여 분수에서 길어온 물로 몸을 씻는 것에 만족해야 했다. 지나치게 잘 갖추어진 도시 기반시설과 사회보장제도는 실업자와 빈민을 양산하는 모순을 낳을 수도 있다. 로마의 상점 앞에는 보행자가 비를 맞지 않도록 아케이드(arcade)를 설치하였는데, 이는 빈민들이 밤에 잠을 자는 장소로 이용되었으며, 항상 수도가 공급되었으므로 따로 집을 가질 필요가 없었다. 더구나 아우렐리우스 황제는 빈민에게 하루에 2개씩 빵을 무상으로 배급했는데, 이후 황제는 무상배급권의 세습을 선포했기 때문에 자발적 실업자가 많이 증가했다. 조선의 온돌이 목재의 남벌과 그에 따른 산사태, 홍수 등이 문제가 되었다면, 로마의 히포카우스툼은 실업자 양산이라는 사회 문제를 낳았다.

부유층의 독점물이었던 로마식 온돌은 널리 퍼지지 않았지만 조용히 명맥을 이어왔다. 독일의 중세 수도원 건물은 겨울에 공동으로 사용하는 큰 방에 한해서 히포카우스툼을 이용하였고, 겨울 추위가 혹독한 핀란드에서는 최근까지도 온돌 난방을 하는데 바닥이 아닌 벽체에 온수 파이프가 지나간다. 전통적으로 러시아에서도 온돌과 비슷한 구조의 벽체 난방법이 사용되고 있다. 벽난로에 불을 때면 그 연기가 벽체를 통과

로마 아케이드
건물의 1층 부분을 아케이드로 만들어 공공에게 제공하는 것은 로마의 유산으로서, 지금도 유럽에는 이러한 아케이드를 많이 볼 수 있다. 당시 로마에는 아케이드가 줄지어 늘어져 있어 시민들은 비를 맞지 않고 거리를 걸어 다닐 수 있었지만 또한 노숙자를 양산하는 결과를 낳기도 했다.

집宇집宙

러시아의 온돌
전통적으로 러시아에서는 온돌과 비슷한 구조로 된
벽체 난방법이 사용되고 있는데, 마치 우리나라의
전통 온돌을 수직으로 세워 놓은 모습과 같다.

하도록 만든 장치로, 저녁 나절에 한번 불을 때고 나면 밤중까지 그 열기가 유지된다. 쉽게 말하자면 한국의 온돌을 수직으로 세워 놓은 것이라 할 수 있다.

오늘날 아파트에서 사용하는 바닥 난방은 온수 파이프로 바닥을 데우고 목욕물도 함께 데운다는 점에서 로마의 히포카우스툼과 더 비슷하며, 지금도 독일의 일부 부유한 집에서는 이 방식으로 난방을 하고 있다. 엄밀이 말하자면 온돌은 우리나라의 고유한 난방방식이라기보다 한랭지방에서 더러 발견되는 난방방식이다.

한국식 벽난로, 부섭과 고콜

온돌과 벽난로 중 어느 것이 고급인가 하는 질문은 우문이 될지도 모른
다. 초기 시설비를 따져보면 온돌은 처음 설치할 때 많은 비용이 들지만
벽난로는 그렇지 않다. 대신 온돌은 돌에 남은 온기를 이용한 간접난방
이어서 저녁에 한번 불을 때고 나면 밤새도록 부드러운 온기가 집안 골
고루 전해지지만, 벽난로와 같은 직접난방은 불을 때는 동안만 따뜻할
뿐 불이 꺼지면 곧바로 추워진다. 더구나 벽난로는 열효율의 80%가 굴
뚝을 통해 날아가 버리며 불을 피우는 동안에는 누군가 한 사람이 지키
고 있어야 하며 화재 위험도 높다. 이런 점에서 러시아의 온돌은 매우
효용성이 높았지만, 유럽 전역으로 퍼지지는 않았다. 벽난로는 밤에는
불을 피우지 않았기 때문에, 추위 때문에 침대에서도 절대 외투를 벗으
려 하지 않는 무정한 연인에 대한 노래가 중세 연가 중에 자주 등장하곤
한다. 또한 벽난로는 연기를 배출하는 것이 중요한 관건인데, 날이 흐리
거나 기압이 낮은 날에는 집 안에 매캐한 연기가 가득 차기 십상이었다.
직접난방보다는 초기 설치비가 많이 드는 간접난방방식이 더 고급이라
는 것은 이미 알려진 사실이나. 우리나라에서도 조선 시대까지는 강원
도 산간이나 제주도 지방에서는 온돌과 같은 고급 난방방식이 사용되지
못했다.

  제주도에 온돌이 전파된 것은 18세기 이후로 알려져 있는데, 이는 내

제주도의 부엌
솥을 아궁이에 걸지 않고 바닥에 그냥
두었다. 따라서 온돌에 의한 바닥 난
방을 하지 않는다.

륙과 같은 혹독한 추위가 없었기 때문이기도 하고 한반도 북부에서 발
달한 온돌이 바다를 건너 제주도까지 전파되는 데 상당한 시간이 소요
된 까닭도 있다. 제주가 한반도에 합병된 것은 고려 말 공민왕 때 일로
서 그 전까지는 탐라국이라는 독립국을 유지해 왔던 터다. 따라서 주거
문화에서 한반도와는 다른 점이 몇 가지 있는데, 그 중 하나가 부엌이
다. 아궁이에 불을 때면 그 불로 가마솥의 밥도 하고 방의 구들도 덥히
는 것이 일반적인 주거 형태인데 반해, 제주도의 부엌엔 아궁이가 없이
그저 솥이 부엌 바닥에 놓여 있을 뿐 온돌로 바닥 난방을 하지 않는다.
대신 '부섭'이라고 해서 마루 한가운데 바닥을 조금 움푹하게 파고 돌
을 쌓은 다음 거기에 불을 피우는 난방방식을 택했다. 이는 마치 겨울에
보조 난방 기구로 쓰이던 화로를 아예 바닥에 설치해 놓은 것과 같은데,

난방을 하면서 젖은 옷을 말리는 용도로도 사용되었다. 그리고 이것은 마치 일본의 '이로리[爐]'와도 흡사하다.

강원도 두메에서는 '고콜(혹은 코쿨, 코쿠리)'이라는 일종의 벽난로가 이용되었다. 이는 방바닥에서 30~40센티미터의 높이에 판석(板石)을 붙이고 연통을 세운 것으로 마치 서양식 벽난로와 같다. 실내에 이러한 직접 가열 방식을 사용할 때 주의점은 연기가 나지 않도록 하는 것이어서, 생나무 장작보다는 관솔불을 주로 썼다. 밤에 불을 지피면 방을 밝히기도 하고 난방도 하며 때로는 감자나 고구마를 구워 먹을 수도 있다.

구석기 시대의 인간이 처음으로 사용한 불은 세 가지 용도가 뒤섞인 다목적이었다. 실내를 밝히는 조명의 역할, 따듯하게 하는 난방의 역할, 그리고 음식을 구워 먹을 수 있는 조리의 역할이 구분되지 않은 채 사용되다가, 5만여 년 전 크로마뇽인이 최초로 등잔을 사용하면서 화롯불에서 조명의 역할이 분리되었다. 프랑스 알타미라 동굴의 벽화는 조명용 등잔을 사용하여 그린 최초의 그림이다. 그 뒤 청동기 시대가 되어 한 집에 두 개의 화롯불을 놓게 되면서 하나는 조리용, 하나는 실내 난방용으로 구분해 사용하기 시작했다. 다목적으로 사용되던 최초의 불은 점차 그 용도가 분화되어 현재는 조명등, 난방용 보일러, 조리용 가스레인지로 구분되었다. 뿐만 아니라 조리용 연료도 전기밥솥, 커피포트, 전자레인지, 토스터 등 점차 세분화되어 가고 있다. 건축의 발달 과정은 기능의 세분화라고 할 수 있는데, 강원도 두메의 고콜은 최근까지도 불의

부섭
제주도에서는 온돌 난방이 없는 대신 마루에 부섭을 마련해 놓고 간단한 난방을 하거나 젖은 옷을 말리는데, 이는 일본의 이로리와 흡사하다.

고콜
방의 한 모서리에 고콜을 마련해 놓은 것이 마치 서양식 벽난로와 같다. 난방뿐 아니라 실내를 밝히기도 하고 때로 감자나 고구마를 구워 먹을 수 있는 다용도로 사용된다.

기능이 구분되지 않은 채 난방, 조명, 조리 등 다용도로 사용되는 예다. 오늘을 사는 지금도 때로 변하지 않은 채 태고의 모습을 그대로 간직하고 있는 예가 많다. 시골 농가 한구석에 마련된 김칫각이 신석기 시대의 모습이었듯, 고콜 또한 지금껏 남아 있는 구석기 시대의 모습이다.

온돌, 문화를 바꾸다

온돌은 단순히 구들을 데워 겨울을 날 수 있게 하는 것뿐 아니라 많은 면에서 우리 생활을 변화시켰다. 우선 실내에서 신을 벗는 독특한 문화를 낳았다. 이는 고구려의 쪽구들이 점차 바닥 전체를 데우는 온구들로 변화하면서 나타난 현상으로, 인접한 중국에서도 그 유례를 찾아볼 수 없다. 집에 들어갈 때는 항상 신을 벗는 것이 습관이 되어 버린 우리는 사무실에서도 구두 대신 슬리퍼를 신고 생활하며 초등학교에서는 아예 실내화를 신게 한다. 대중음식점에는 신을 신고 식탁에 앉아 먹는 자리와 신을 벗고 방에 앉아 먹는 자리가 함께 마련되어 있는데, 간단히 요기를 할 때에는 식탁에 앉아 먹지만 저녁 회식이나 친구 모임 등 이야기가 길어질 때는 신을 벗고 방안에 들어가 먹는 자리를 더 좋아한다. 현재 아파트는 현관에 신을 벗어 놓는 공간이 마련되어 있지만 본디 한옥에는 각 방마다 댓돌이 있어 그곳에 신을 벗어 놓는다. 때문에 댓돌 위에 올려진 신을 보고 그 방안의 분위기를 짐작하는 독특한 문화를 낳았다. 흙이 묻어 더러운 신발이 여러 켤레 뒤엉켜 있는 댓돌과 깨끗한 구두 몇 켤레가 단정히 놓여 있는 댓돌은 분명 그 분위기가 다르다. 반들반들하게 잘 닦인 남자용 검정 구두 한 켤레와 흰 고무신 한 켤레가 나란히 놓인 댓돌에서 풍기는 정갈한 긴장감을 느껴본 적이 있는가.

둘째로 온돌은 공간의 가변성과 절약성을 낳았다. 민속촌에 가서 옛

집들을 복원해 놓은 것을 보면 방의 크기가 매우 작다는 걸 느끼게 된다. 실제 한 칸 방의 크기는 그 폭이 여덟 자(2.4미터) 정도로, 이는 20평형대 소형 아파트의 가장 작은 방의 크기와도 같다. 하지만 이 방을 좁다고 느끼지 않은 것은 가구가 많지 않았기 때문이다. 현대 주택에서는 식탁, 책상, 소파, 침대를 놓고 살지만, 실내에서 신을 벗었던 탓에 방바닥에 앉아 생활하는 일이 많았던 과거에는 이같이 덩치 큰 가구가 전혀 필요하지 않았다. 옷을 넣어 두는 옷장과 이불을 넣어 두는 벽장,

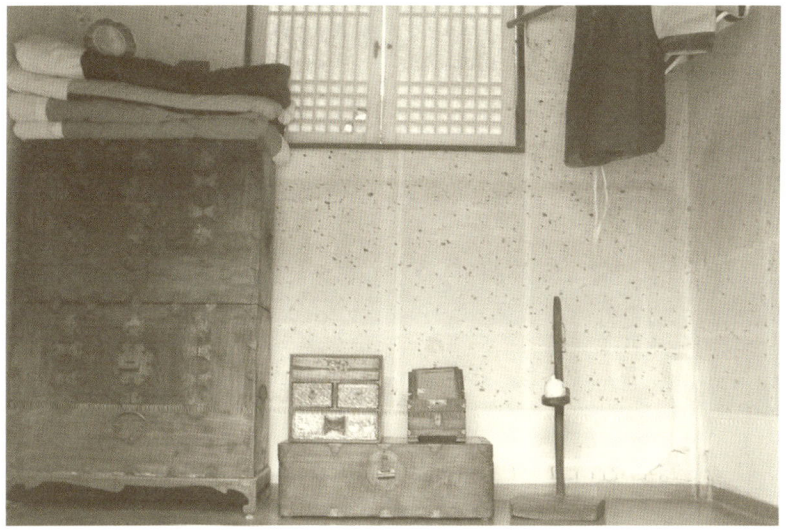

간소한 세간
반닫이와 그 위에 올려진 이불 한 채, 경대와 빗접, 등잔이 세간의 전부이기에 여덟자짜리 작은 방도 좁다고 느끼지 않았다. 실내에서 신을 신는 생활을 한다면 침대와 테이블, 의자가 반드시 있어야 할 것이다.

밥을 먹는 밥상과 공부하는 책상만이 필요했다. 더구나 상 위에서 밥을 먹으면 식탁이고, 책을 펴 놓으면 책상이 되는 공간의 가변성과 그에 따른 절약성은 매우 뛰어난 것으로, 실내에서 신을 신는 주거 형식으로는 도저히 불가능한 일이다.

셋째로 아랫목이라는 자리 구분과 함께 보다 끈끈한 가족 중심주의가 발전했다. 요즘 아파트에서는 온수 파이프로 골고루 바닥을 데우지만, 아궁이 난방을 하면 아랫목과 윗목의 구분이 생기며 겨울에는 이불을 펴 놓았다. 추운 겨울날 아랫목에 펴 놓은 이불 속에 발을 넣어 보지 않고서는 한국의 가족 관계를 완벽하게 이해할 수 없다는 말이 있을 정도로 아랫목은 우리 고유의 정서와 밀접하게 닿아 있다.

넷째로 온돌은 '혜(鞋)'라는 독특한 신발을 만들었다. 본디 기마 민족이던 고구려에서는 목이 긴 장화 형태의 '화(靴)'를 신었지만, 실내에서 신발을 벗는 행위는 이러한 신발을 불편하게 한다. 안방에서 부엌으로, 부엌에서 마루로, 다시 문간방으로 이동하려면 여러 번 신발을 신고 벗어야 하기 때문에 목이 긴 화보다는 신고 벗기에 편하도록 형태가 납작하고 발등이 많이 드러나는 혜를 신게 되었다. 요즘 한복에 신는 신발을 고무신이나 꽃신이라고 하지만, 본디 이름은 혜로서 성별에 따라 태사혜, 운혜, 당혜 등으로 세분된다. 조선 시대 이후로는 남녀 불문하고 납작한 형태의 혜를 신게 되고 다만 남성의 경우 관복이나 대례복처럼 보수성 짙은 복장에서만 화를 신게 된다. 고무신을 보아서도 알 수 있듯이 혜는 발등이 드러나는 형태라서 잘 벗겨지고 오래 걷기 불편할 뿐더러 버선에 때가 잘 탄다. 그에 따라 조신한 걸음걸이와 매일 버선을 빨고 깁는 행위 및 드러난 버선 발등 위에 수를 놓는 일까지 생기게 되었다. 주택이 변하매 의생활도 따라 변한 예라 하겠다.

온돌은 우리 주거 문화의 정체성이라 할 수 있으며 단순히 난방방식 뿐만 아니라, 여러 면에서 많은 것들을 변화시켰다. 그리고 그 시작은 초기 철기 시대 고구려에서 있었다. 물론 당시의 쪽구들은 지금의 온돌과는 그 형태가 다르지만 과거 고구려의 땅이었던 중국 연변에서는 조선족들이 아직도 쪽구들을 놓고 살고 있다.

4장 방을 나누다 | 홀로 그리고 더불어 살아가는 법

앞문에 옥단춘아 뒷문에 매상금아
아버님 자시는 방에 스님 자리보전 해 드려라
아가씨요 아가씨요 아버님 자시는 방에는 누린내가 나서 못 자겠소
어머님 자시는 방에 스님 자리보전 해 드려라
아가씨요 아가씨요 어머님 자시는 방에는 비린내가 나서 못 자겠소
아홉형제 오라버니 자시는 방에 자리보전 해 드려라
아가씨요 아가씨요 오라버니 자는 방에는 땀내가 나서 못 자겠소
그러면 딱한 이 스님네요 저리 가시오 딱한 스님네요
봉당에 자고 가시오, 빈방에 자고 가시오, 마루 방안에 자고 가시오,
뒷간에 자고 가시오, 정지에 자고 가지오, 마당에서 자고 가시오
아가씨요 아가씨요 당금 아가씨요, 그 소리 저 소리 말으시고
아가씨 자는 방안에서 하룻밤만 유해 갑시다

세존굿 무가(일명 당금애기 무가) 중에서

십일월ㅅ 봉당 자리예, 아으 한삼(汗衫) 두퍼 누워,
슬ㅎㅅ라온뎌, 고우닐 스싀옴 녈셔, 아으 동동(動動)다리
십일월 봉당 자리에, 아, 홑적삼 덮고 누워
임을 그리며 살아가는 나는 너무나 슬프구나, 아, 동동다리

고려가요 「동동(動動)」 가운데 한 부분이다. 「동동」은 월령체 가사로서
정월부터 섣달까지 계절별로 남녀간 별리(別離)의 정한과 임에 대한 그
리움을 묘사하고 있는데, 11월의 노래 속에는 봉당 자리에 홑적삼을 덮
고 누웠다는 표현이 눈에 띈다. 요즘은 거의 쓰지 않는 말이라 생소하게
들리는 이 '봉당(封堂)' 이란, 안방과 부엌을 연결하는 부분에 마루를
놓지 않은 채 흙바닥으로 둔 곳을 말하며, 오늘날 우리나라 주거에서는
찾아볼 수 없는 유형이지만 함경도 지방이나 중국 연변의 조선족 자치
구에서는 '정주간' 이란 이름으로 자주 등장한다. 그런데 이 노래의 주

인공은 왜 하필 봉당에 홀로 누워 떠난 임을 그리워하고 있을까.

고려 귀족들의 입식 생활

온돌의 시원적 형태로 철기 시대에 처음 등장한 쪽구들은 고려 시대에
도 그대로 사용되었다. 다만 전 시대에는 걸터앉거나 잠을 자는 용도로
만 사용되던 것이 그 크기가 점차 커져서 밥상을 놓고 밥을 먹는 등의
일상생활이 가능해졌다. 고려 시대의 서민 가옥은 방과 부엌이 명확히
구분된 것이 아니라 마치 요즘의 원룸 주택처럼 방과 부엌이 합친 형태
였는데, 이를 봉당이라 불렀다.

　고려 시대에 봉당이 일상적인 주거 형태였다는 것은 고려가요 「동동」
에도 남아 있다. 요즘도 영화나 문학에서 연인이 떠나버린 슬픔을 텅 빈
침대에 홀로 누운 외로움으로 표현하는 경우가 많듯, 이 노래에서도 별
리의 정한을 봉당에 홀로 누운 쓸쓸함으로 그리고 있어, 서민들이 겨울
에 주로 봉당에서 누워 잠을 잤음을 확인할 수 있다. 또한 100년 전만
해도 함경도나 강원도 두메에서는 '토방(土房)'이라 하여 봉당이 사용
되고 있었다. 조선 시대의 함경도란 변방 지대여서 개발이 거의 되지 않
은 채 과거의 모습을 그대로 간직하고 있었고, 또한 겨울이 길고 혹독했
던 탓에 봉당을 선호했을 것이다. 봉당은 안방과 부엌 사이에 칸막이 벽
이 없이 한데 붙어 있는 형태이기 때문에 겨울에는 아주 따듯하다.

함경도 지방의 정주간
부엌의 아궁이가 바로 방과 연결되어 있음을 알 수 있는데, 함경도 지방에서는 봉당을 '정주간'이라 한다.

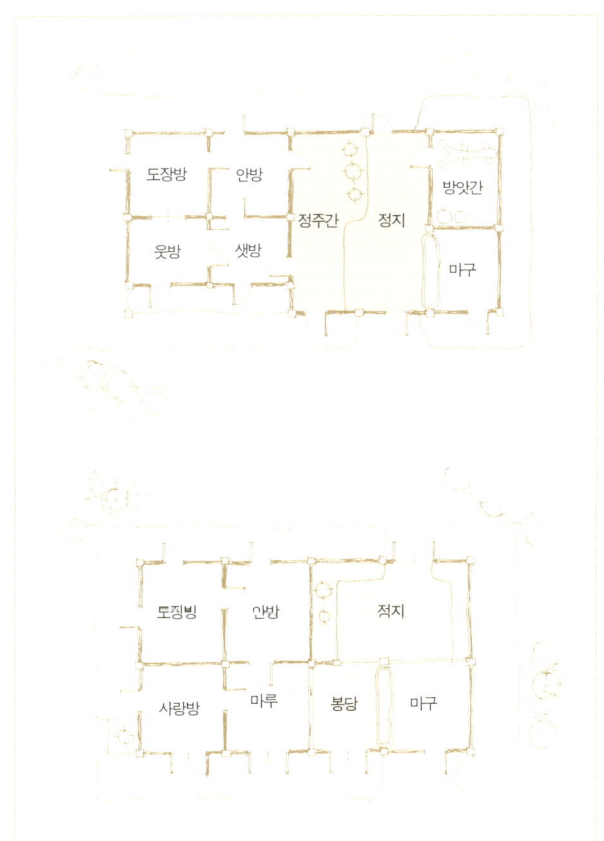

봉당
함경도(위)와 강원도(아래) 지방의 민가. 혹독한 추위와 척박한 환경 때문에 이 지방의 집들은 조금 독특한 모습을 띠고 있다. 커다란 부엌(정지) 옆에는 방앗간과 마구간까지 실내에 함께 두었으며, 부엌 옆에는 봉당과 정주간이 있다.

하지만 함경도 이외의 지방에서 봉당은 조금 불편하기도 했다. 밥을 하기 위해 불을 때면 구들도 함께 데워지므로 여름에는 견딜 수 없는 노릇이어서, 집 안에 마루를 따로 마련하거나 혹은 마당에 큰 평상을 내어 놓고 여름에는 그곳에서 생활하고 잠을 잤다. 지금도 농촌에서는 여름에 마당 한가운데 평상을 놓고 생활하는데, 고려 시대 서민의 생활도 그와 같았을 것이다. 또는 '한뎃부엌'이라 하여 아궁이와 부뚜막을 마당에 두고 이곳에서 음식을 하였다.

혹은 평상이 아닌 여름용 마루를 실내에 두기도 했다. 고려 시대의 주거 문화를 기록한 문헌 중에는 욱실(燠室)과 냉청(冷廳), 혹은 온실(溫室)과 냉재(冷齋), 욱실과 냉헌(冷軒)이라는 표현이 자주 나오는데, 여기서 욱실이나 온실 등은 구들이 있는 방을 뜻하고 냉청이나 냉재, 냉헌 등은 서늘한 마루를 뜻한다. 방과 마루를 항상 구별해서 언급하는 것으로 볼 때, 겨울에는 난방이 되는 방에서 여름에는 시원한 마루에서 지냈던 것으로 추정된다. 따라서 마루와 온돌이라는 이질적인 요소가 고려 시대에 이르러서야 한 지붕 밑에 결합하기 시작한 것을 알 수 있다. 주거 건축의 발달 과정을 헤아려볼 수 있는 요소 중의 하나는 이질적 성격의 공간이 얼마나 효율적이고 유기적으로 결합되어 있는가 하는 것이다. 하나의 집에 부엌과 마루, 방이라는 세 가지 이질적 요소가 공존하게 된 것은 고려 시대의 일이며, 20세기에 들어서는 욕실과 화장실까지 위생적이고 앙증맞게 작아져 실내로 들어오게 된다.

한뎃부엌

아궁이에 불을 때면 구들이 덥혀지는 한옥의 특성 때문에 여름에는 부엌을 외부에 따로 마련했다. 때로는 잔치가 있어 많은 사람을 대접해야 할 때 사용되기도 했다.

서민들이 부엌 봉당에서 생활할 때 귀족의 생활도 이와 같지는 않았다. 고대 국가로 갈수록 계급 차별에 따른 빈부 격차가 심각하며 고려시대도 예외가 아니었다. 『고려사』「열전」에 의하면 "정숙첨(鄭叔瞻)의 집은 면적이 수 리(里)에 이른다"고 했고, "김준(金俊)의 집은 이웃의 여러 집을 헐어서 지었는데 그 높이가 무려 두 길(丈)이나 되고 뜰은 넓이가 100보(步)에 달한다"고 하였다. 또한 "정함(鄭諴)의 집은 대궐의 동남쪽으로 거의 30보 거리에 있었는데, 행랑이 무려 200여 칸이요, 곳곳에 누각이 솟아 있고 채색이 서로 비치어 마치 왕궁과 같다"고 하였다. 더욱이 아라비아인으로 고려에 귀화하여 장순용(張舜龍)이라는 이름을 얻은 이는 "집을 극히 화려하게 지었으며 기와와 자갈로 바깥담을 쌓으면서 화초무늬를 만들매, 이를 두고 사람들이 장가장(張家墻)이라 하였다"는 기록이 있다. 아라비아의 집들은 기하학적 무늬를 넣어 화려하기로 유명한데, 기와와 자갈로 담장에 무늬를 만들어 넣는 '장가장'은 이후 '꽃담'으로 변하여 조선 시대까지 이어지게 된다.

귀족들은 중국의 영향을 많이 받아서 실내에 의자와 침대를 두는 입식 생활을 하였다. 바닥에는 전돌을 깔았는데 중기 이후에는 서역과의 교역이 활발해지면서 페르시아산 양탄자가 수입되어 전돌 위에 깔기도 했다. 또한 각 방 사이를 구분하는 벽체가 아직 발달하지 않아서, 병풍이나 휘장을 써서 구획을 하였다. 뒤에 가사규제를 이야기할 때 자세히 설명하겠지만 신라 시대의 가사규제 내용을 보면 병풍이나 발, 휘장에 비단이나 고급 직물의 사용을 금지한다는 항목이 골품에 따라 세세하게 규정되어 있어, 귀족의 일상생활에서는 화려한 병풍이나 비단 휘장이 많이 사용되었던 것으로 보인다. 고려 시대도 마찬가지여서, 귀족의 집이라도 방이 여러 개 있는 것이 아니라 큰 홀이 하나 있었다. 낮 동안에는 이곳에서 식사와 작업, 독서, 손님 접대 등 모든 행위가 이루어졌고, 밤이 되면 개인 침대에 커튼이나 휘장을 내린 채 잠을 잤는데, 중국에서 수입된 침대를 사용했다. 중국 송나라의 사신으로 고려에 다녀갔던 서긍(徐兢, 1091~1153년)은 『고려도경(高麗圖經)』이라는 책에서 다음과 같이 썼다.

침상 앞에는 낮은 평상을 놓았는데, 삼면에 난간이 둘러있고 각기 비단 보료를 깔았다. 또 큰 자리를 마련하였는데, 편안하기 이를 데 없어 진혀 이풍(夷風)을 느낄 수 없었다. 그러나 이것은 왕이나 귀족 계급의 예이고, 또한 중국 사신을 접대하는 것뿐이다. 일반 사람들의 잠자리는 대부분 흙침상(土榻, 봉당을 가리킴)으로, 땅을 파 아궁이를 만들고 그 위에 눕는다. 그것은 겨울이 몹시 추우나 솜이 적기 때문이다.

중국 위주의 시각으로 고려의 주거 문화를 서술하고 있음을 알 수 있는데, 침상 앞에 낮은 평상을 놓아 삼면에 난간을 두르고 비단 보료를 깔았다는 것은 중국식 와탑(臥榻)을 말하는 것으로 귀족 계급에서 널리 사용되었다. 이는 영화 〈홍등〉에서 볼 수 있는 것과 같이 침대 위에 포장을 드리운 형태여서, 낮에는 포장을 걷고 그곳에 앉아 생활하다가 밤이 되면 포장을 내려 잠을 잤을 것이다. 또한 고구려의 고분 벽화에서도 귀족들이 와탑에 앉아 있는 모습이 자주 묘사되어 있다. 고려 시대의 침대에 포장이나 휘장이 필요했던 이유는 대략 두 가지 정도로 해석할 수 있다. 바닥 난방이 되지 않아 춥기 때문에 포장을 드리워 온도를 유지해야 했고, 또한 개인 침실이 따로 주어지지 않아 프라이버시 보호가 필요했기 때문이다.

고려 시대의 주택은 방과 방이 구획되지 않아 큰 방에서 여러 사람이 생활했고, 밤에도 여러 사람들이 한 방에서 잠을 잤다. 귀족층에서는 남

자 주인 곁에 그의 수행 하인들이 자고, 여자 주인 또한 마찬가지였을
것으로 추정되는데, 이때 주인은 포장을 드리운 침대를 사용하고 하인
들은 흙바닥에서 대충 잠을 잤다. 이러한 침대는 사실 우리나라뿐 아니
라 유럽에서도 널리 사용되었다.

방 한 칸, 무궁한 다목적 공간

개인에게 각자의 침실이 주어지는 것은 사생활과 개인위생에 대한 개념
이 등장하기 시작하는 18세기 이후의 일로서, 그 전에는 거의 모든 문화
권에서 침실을 공동으로 사용하였다. 가장 오래 된 주거 유적 가운데 하

캐노피 침대
인테리어 잡지에서는 침실을 좀더 로맨틱하
게 만들기 위한 방법으로 이러한 침대를 제
안하곤 하지만, 이는 본디 열대의 모기를 쫓
거나 추운 겨울의 난방을 위한 것이다.

나인 메소포타미아의 왕궁(기원전 3500년경)도 전용 침실은 한 곳뿐이어
서, 왕과 왕비만이 침실과 침대를 사용하고 그 밖의 왕자와 공주는 거실
로 사용하던 방에서 각자 알아서 잠을 잤다. 또한 귀족의 집에서도 가장
만이 침실과 침대를 가질 수 있었고 부인과 자녀, 하인, 손님들은 베개
와 이불을 하나씩 가지고 여기저기 적당한 곳에서 잠을 잤던 것으로 알
려져 있다. 기원전 3000년경의 이집트 왕궁도 주침실(主寢室) 안에 왕
이 사용하는 화려한 캐노피(canopy) 침대가 하나 놓여 있고 그 주변에는
왕비와 자녀가 사용하는 작은 침대가 놓여 있었다. 침대만 각기 따로 사
용했을 뿐 하나의 침실에서 잠을 잤던 것이다. 침대 주위에 기둥을 세우
고 휘장을 드리우는 캐노피 침대는 요즘도 볼 수 있다. 인테리어 잡지에

서는 신혼의 침실을 좀더 로맨틱하게 꾸미기 위한 방법으로 이를 제안하곤 하지만 본래는 열대의 모기를 쫓기 위해 만들어진 것이다. 캐노피는 모기를 가리키는 고대 그리스어 코노포스(konopos)에서 유래한 말로, 고대 이집트에서 모기의 접근을 막기 위해 얇은 천을 침대 위에 덧씌우면서 만들어진 것이다. 이것이 유럽에 건너간 뒤 개인의 프라이버시 보호와 겨울의 난방을 위해 이집트의 모기장보다 좀더 두껍고 화려한 천이 사용되어, 오늘날의 캐노피 침대가 되었다. 모기가 기승을 부리는 것도 아니고, 둘만이 사용하는 아파트와 그 안에 더욱 안온한 침실을 갖춘 신혼부부에게 굳이 이런 침대가 필요한지는 의문이지만, 어쨌든 이집트의 왕족들은 이러한 침대를 사용하였다. 물론 하층민의 생활은 더욱 보잘것없었다. 개인 침실이라는 개념 자체가 없었으므로 거실이자 작업실인 커다란 방에서 다 함께 생활하다가 밤이 되면 각자 이부자리를 만들어 잠을 잤다.

전성기 무렵의 로마 제국도 사정이 다르지 않았다. 당시 로마는 빈부격차가 극심하여 부자들은 도무스(domus)라는 고급 단독 주택에 살았는데, 거기에는 거실과 홀에 해당하는 아트리움(atrium), 식당인 트리클리니움(uiclinium), 가장이 기거하는 방인 타블리눔(tablinum)과 부엌이나 창고 등의 부속 공간이 있었다. 이때 가장의 방인 타블리눔에만 부부 침대가 놓여 있었을 뿐, 자녀나 하인들에게는 개인 침실이 주어지지 않았다. 낮에는 각자의 자리에서 가사노동을 하다가 밤이 되면 하인들은 아트리움에서, 자녀들은 식당인 트리클리니움에서 제각기 이부자리를 펴고 잤을 것이다.

기원후 500년경이 되었을 때 유럽인은 커다란 자루에 짚을 넣어 테이블이나 벤치 위에 펴서 푹신하고 따뜻한 침대를 만들기 시작했다. 밤에는 이곳에서 잠을 자다가 다음날 아침이 되면 짚을 다시 꺼내 햇볕에 말렸다. 짚은 마소의 여물로 쓰이는 귀중한 것이었으므로 매일 햇볕에 말려 곰팡이가 슬지 않도록 해야 했다. 외국 영화를 보면 침실의 베개가 유난히 높고 푹신하며 침대를 정리할 때마다 베개를 가로 세로로 툭툭 쳐서 둥글고 예쁘게 모양을 만드는 것을 볼 수 있다. 이렇듯 침대를 정리하고 베개의 모양을 다듬는 것을 'make a bed'라고 하는데, 자루에 짚을 넣어 이부자리를 만들던 습관에서 유래한다. 솜으로 속이 채워져 아침마다 다시 꺼낼 필요가 없는 베개와 침대, 전용 침실이란 당시에는 좀처럼 생각하기 어려운 사치였다.

중세도 마찬가지였다. 중세의 가족은 혈연관계의 친족뿐만 아니라 함께 일하며 살아가는 도제와 노동자, 하인까지 포함되었고 이들은 한 집에 살며 일했다. 또한 가족과 외부인과의 경계도 모호하여 이집 저집으로 자주 놀러 다녔던 터라 집에는 언제나 많은 사람들이 드나들었다. 그렇다고 중세의 집에 방이 몇 개씩 있었던 것도 아니다. 하층민의 집은 부엌과 그에 딸린 하나의 방이 있어서, 작업과 식사, 취침이 시간대별로 이루어졌다. 조금 사정이 나은 집은 방이 두 개 있어서 하나는 작업장으

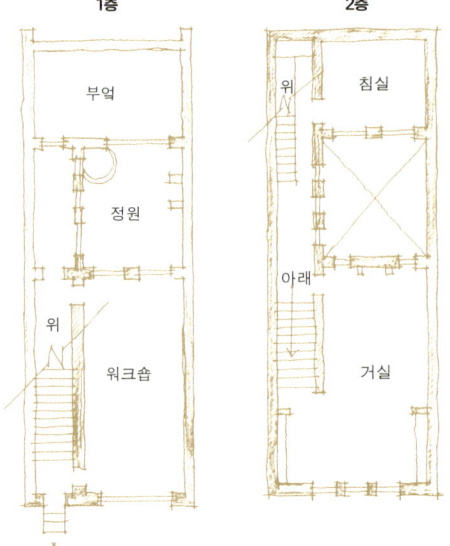

1층

부엌

정원

위

워크숍

2층

위 · 침실

아래

거실

중세 상인의 집
프랑스 클뤼니(Cluny)에 소재한 이 주택은 2층
건물로서 1층에 워크숍과 부엌이 있고, 2층에
거실과 침실이 있다. 장인의 일가족과 도제, 하
인 등 많은 사람이 거주했을 주택에 거실과 침
실이 하나 뿐이지만, 당시에는 이 정도의 주택
을 소유하는 것도 부유한 편에 속했다.

로, 나머지 하나는 가족들의 거실로 사용하였다. 중세 상인들은 엄격한
도제식 수업에 따라 직능을 쌓으며 장인(匠人)으로 성장해 갔는데, 장
인이 되면 독립하여 자신의 작업장을 운영할 수가 있었다. 이때 작업장
과 겸해 있던 상점을 워크숍(workshop)이라 하였다. 지금은 이 말이 산
학협동의 연구발표회라는 뜻으로 쓰이지만, 본디는 장인이 직접 물건을
생산하고 판매하는 일터를 이르는 말이다. 중세 상인의 집은 대개 워크
숍과 하나의 홀로 구성되어 있어서, 남성 일색인 도제와 하인들은 워크
숍에서 잠을 잤고, 가족들은 홀에서 잠을 잤다. 이때 프라이버시를 위해
칸막이 침대와 커튼 등을 사용하였는데 이는 고려 시대와 별반 다를 바

없는 모습이었다. 중상류 계층도 마찬가지였다. 중세에는 침대가 몹시 비쌌으므로 식구 수대로 침대를 갖는 건 불가능했고 부모와 자식, 형제가 침대를 공유하는 일이 흔했다. 또한 손님이 왔을 때도 가족들이 사용하는 방의 침대를 함께 사용했는데, 하나의 방에서 하인과 손님이 함께 자는 것은 17세기 파리의 대저택이나 심지어 루브르에서도 흔한 일이었다. 많은 사람들이 한 방에서 밤을 보내는 것은 예삿일로서, 대개 남자 주인과 하인, 여자 주인과 하녀가 한 방을 사용하곤 했다.

개인의 탄생, 위생의 제국

고려 시대 봉당에서 중세 침실까지 가족이 하나의 침실을 사용한 것에 대해, 현대의 우리는 사생활이 전혀 보장되지 않아 아주 불편했을 거라고 추측한다. 하지만 이것은 현재의 눈으로 과거를 해석한 결과일 뿐이다. 어쩌면 지금 우리의 생활도 중세인의 눈으로 볼 때 매우 이상해 보일 것이다. 식사는 여러 사람이 모여 함께 하면서 때로 파티에서는 모르는 사람과 한데 어울려 먹기도 하면서, 취침만은 원칙적으로 혼자하는 것은 매우 모순 되어 보일 수 있다. 식사는 공적이고 사회적인 일인 반면, 취침은 철저히 사적이고 개인적인 일로 취급되는 이분법의 이유는 사실 우리도 명확하게 설명할 수가 없다. 마찬가지로 가족 모두에게 개인 침실이 주어지고 심지어 나이가 아주 어리거나 노쇠하여 주위의 도움이 필요한 어린이와 노인에게까지 개인 침실이 주어진다는 것은 중세 사람에게 도저히 이해할 수 없는 일일 수도 있다. 중세 사람들은 사생활에 그다지 집착하지 않았을 뿐 아니라 홀로 있으려 하지 않았다. 우리가 지금 '왕따'를 두려워하듯, 당시 사람들에게 있어 홀로 남겨지는 것은 두렵고 피해야 할 일이었다. 물론 현대에도 조금 흔적은 남아 있어서, 교도소에 수감된 재소자에게 내리는 가장 가혹한 형벌은 독방에 감금하는 일이다.

고려나 서양의 중세는 하나의 방에 여러 명의 가족이 함께 어울려 지내다 보니 서로 문화적 접촉이 없었음에도 불구하고 비슷한 생활양식을 낳기도 했다. 가난한 사람들은 밤에 자신의 이부자리를 만들어 적당한 곳에서 잠을 자고 부유층에서는 휘장이 드리워진 개인 침대를 사용한 것은 동서양이 같았다. 중국과 고려의 귀족이 사용한 와탑은 그 용도와 형태가 캐노피 침대와 매우 비슷하다. 15세기에 들어서면 유럽과 아시아 모두에서 집 안에 방이 두 개 내지 세 개로 나뉘기 시작하면서 점차 용도가 구분되기 시작한다. 하지만 복도나 거실이 없다 보니 이 방에서 저 방으로 가기 위해 방을 가로질러 지나가야 했던 것이, 마치 기차에서 식당 칸으로 가기 위해서 객차 안을 가로질러 통과해야 하는 것과 같았다. 하지만 사생활 개념이 싹트는 19세기가 되면 집안 내부에 점차 복도가 생기기 시작한다. 이러한 예를 보여주는 것이 영국의 오들리 엔드 하우스(Audley End House)다.

집宇집宙

1770년대에 지어진 오들리엔드 하우스는 본디 장원주택(Country House, 시골에 장원을 소유하고 주로 도시에 사는 지주가 가끔씩 자신의 영지에 내려와 머물던 주택)으로 지어졌는데, 육십여 년이 지난 1835년에 개보수를 하면서 복도를 새로 만들었다. 처음에는 방과 방들이 서로 연결되어 있어 도서실(library)에서 대식당(dining parlour)으로 가려면 여성전용 거실(drawing room)을 가로질러 가거나, 혹은 가족실(supper parlour)을 가로

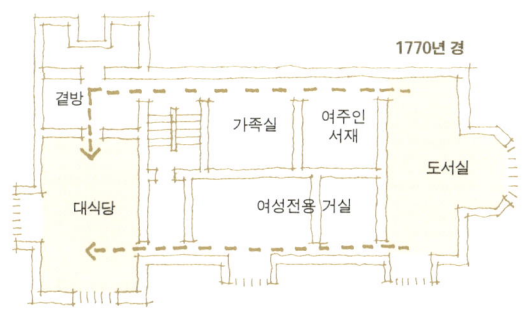

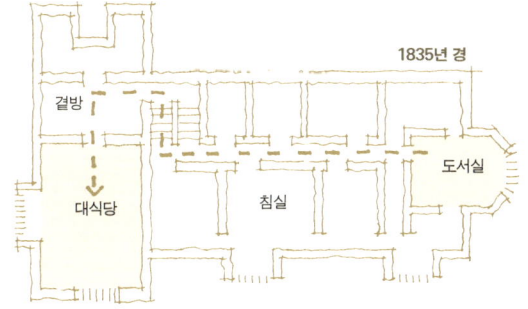

영국의 오들리 엔드 하우스
대농장을 소유한 부재지주가 가끔씩 자신의 영지에 머물 때 사용하던 장원주택으로, 1770년에 신축된 후 1835년에 개보수를 하면서 복도를 새로 만들었다.

107

질러 가야 했다. 당시 영국 주택에서 도서실은 남자 주인의 서재 겸 사랑방으로 쓰이는 공간이었고 대식당은 손님을 초대해서 식사하는 공간이었다. 손님들은 주로 대식당과 도서실을 이용했는데, 이렇듯 두 공간이 양 끝에 있어 도서실에서 담소를 나누던 남자 손님들은 여성전용 거실이나 가족실 내지는 여주인의 서재(writing room)를 통과해 대식당으로 가야 했다. 하지만 1835년에 수리된 평면도를 보면 주택의 한가운데 복도가 생겨 대식당과 도서실이 바로 연결되고, 이에 가족실이나 여주인의 전용 거실과 전용 서재는 프라이버시를 확보할 수 있었다.

유럽에서 개인의식과 프라이버시의 개념이 싹트는 것은 산업혁명과 관련이 있다. 19세기 산업혁명과 함께 공업화로 치닫던 영국은 공장, 대규모 상업시설, 사무소, 학교, 병원 등 새로운 건물 형식이 등장하게 된다. 워크숍이나 하우스처럼 사람이 거주하는 건물이 아닌, 비(非)주거 건물이 들어서기 시작하면서 이러한 형식은 주거 건물에도 영향을 주기 시작했다. 과거의 서민 주택은 노동과 생활, 귀족 주택은 정치와 생활이 혼재된 곳이었지만, 비주거 건물이 등장하면서 주택은 노동과 정치와는 유리된 채 점차 주거전용 건물이 된 것이다. 또한 그것은 중세의 농노제나 봉공제 등을 대체한 새로운 노동 형태, 즉 임금 노동의 출현과 관계가 깊다.

작업장과 집이 구분되지 않았던 과거의 생산형태 대신 주택 외부에 마련된 공장에 나와 생산에 종사하면서 노동은 시간제로 계산되어 매매

집字집宙

되기 시작한다. 따라서 노동 외 시간인 '사생활'을 누구라도 갖게 되면서 프라이버시 개념이 싹트고 이는 건축에도 영향을 미치게 된다. 더 나아가 문학에서 고백록이, 회화에서 자화상이 유행하게 된다. 그 전까지는 개인이 자신의 회고담이나 내면세계의 천착을 책으로 묶어 내는 일이 없었지만, 19세기에 들어 점차 프라이버시라는 개념이 생겨나고 개인에게 관심이 쏠리기 시작하면서 처음으로 루소의 『참회록』이 등장했다. 또한 회화에서 자화상을 그리자면 거울이 있어야 하는데, 이 시기 유리 산업의 발달과 함께 거울이 대중화되면서 자화상이 유행하게 되었다. 당시 거울은 단순한 화장도구가 아닌, 자신의 내면세계를 비춰 보는 역할을 했다. 거울의 등장과 함께 관심이 개인 자신에게 쏠리게 되면서 회고록이나 고백록, 자화상이 등장하고 또한 개인의식과 사생활 및 그에 따른 개인 침실이 주어지기 시작한 것이다.

이렇듯 유럽에서 사생활과 프라이버시가 산업혁명으로 인한 시간제 임금 노동에 의해 발생했다면, 우리나라에서는 조금 다른 방향에서 진행되었다. 이후 조선의 주거 생활에서 자세히 다루겠지만, 고려를 지나 조선 시대에 이르면 유교 이념의 확산과 함께 상류 주택은 성리학적 이상 세계를 구현하는 장소로 기능하게 된다. 삼강오륜의 핵심이라 할 수 있는 부부유별과 장유유서의 원칙에 따라 가족 구성원은 남녀별로 세대별로 공간을 나누어 사용하게 되면서 자연스레 개인 침실을 갖게 된다. 시부모와 아들, 며느리, 그 자녀로 구성된 가족이 있다고 할 때, 사랑채

한옥의 복도
조선 후기에 들어서면서 전통 주거에서도
점차 복도가 생기기 시작한다

와 안채에서 남녀별로 구분이 일어나고 그 다음에는 큰 사랑에 아버지, 작은 사랑에 아들, 안방에 시어머니, 건넌방에 며느리가 기거하는 방식으로 점차 개인 공간을 가지게 된다. 조선 시대에는 부부라 할지라도 사랑채와 안채에서 별침(別寢) 생활을 했다고 알려져 있지만 젊은 부부가 기거하는 작은 사랑과 건넌방 사이에는 비밀 통로가 있었고, 19세기에 들어서면 이 비밀 통로는 아예 공식적인 복도로 만들어진다. 다시 말해 19세기 영국 주택에서 복도가 생길 무렵, 영국 주택과 전혀 교류가 없던 우리나라에서도 복도가 생기기 시작한 것이다.

오늘날에는 갓 태어난 어린아이와 노인에게까지 개인 침실이 주어지지만, 이는 매우 비정상적인 일일 수도 있다. 어린아이는 항상 어른의 보호와 관심을 필요로 하므로 개인 침실에 홀로 두는 것은 자칫 위험을 초래할 수도 있고 노인도 마찬가지다. 하지만 현대 건축을 지배하는 거대담론은 '사생활의 보장'이어서 이를 매우 당연하게 여긴다. 게다가 지금 우리는 기능성과 위생성을 병적으로 추구하고 있다. 19세기 프랑스의 생물학자 파스퇴르가 세균의 존재를 밝힌 이후로 세상은 새하얗게 변했다. 더럽고 불결한 환경에서 번식한 세균이 각종 질병의 원인이라는 이유 때문에 모든 속옷과 침대 시트, 식탁보 등은 때가 타면 금방 눈에 띨 수 있는 흰색으로 통일되었으며, 의사와 간호사의 제복 및 병원 건물도 흰색으로 교체되었다. 뿐만 아니라 일반 가정의 욕조, 변기, 세면대도 모두 흰색으로 만들어지기 시작했으며, 20세기에 들어 생산되기 시작한 냉장고, 밥솥, 토스터 등 주방에서 사용하는 모든 가전제품도 청결과 위생을 위해 흰색으로 만들어졌다. 물론 지금은 더러 색상을 넣기도 하지만 주방에서 사용하는 가전제품은 "백색가전(白色家電)"이라는 이름답게 흰색이 원칙이다. '위생성의 추구'라는 거대담론 아래 이런 일이 벌어지고 있지만, 병원 건물의 페인트 색과 냉장고의 색이 과연 세균의 발생을 억제하는지는 좀 의문이다.

　또한 병원이라 해도 수술실에서는 타일과 바닥을 비롯하여 의사의 수술복에 이르기까지 모든 것이 녹색이다. 혈액이 붉은 색이라 녹색을 사용하면 수술실이나 침대 시트에 피가 묻었을 때 금방 눈에 띈다는 장점이 있지만, 흰색이나 노란색이어도 눈에 잘 띄기는 마찬가지다. 굳이 녹색을 사용한 것은 그것이 붉은 색과 보색 관계에 있기 때문이며, 더 나아가 기능성을 추구하는 현대 건축과 그 기능성의 꽃이라 할 수 있는 병원 건축의 특성 때문이기도 하다.

집이란 삶을 담는 그릇이란 말을 자주 쓰듯, 주택이란 당시의 주거 문화가 민감하게 반영된 하나의 표본이다. 과거의 주택을 바라봄에 있어 현대의 눈으로 해석하려 하면 때로 매우 이상하고 생소하게 보이기도 하지만, 반대로 오늘날 우리 삶의 모습을 과거의 눈으로 혹은 미래의 눈으로 보면 이상하게 보이기도 할 것이다. 사생활과 위생이라는 거대담론 아래 각자에게 독방이 주어지고, 하얀 욕조, 하얀 변기, 하얀 냉장고, 하얀 싱크대가 늘어서 있는 주택에 사는 우리를 보며, 중세인은 20세기에 태어나지 않았음을 다행으로 여길지도 모르는 일이다.

5장 사랑을 두다 |
안채와 사랑채 사이에 작은 샛문이 있었나니

영창문을 반만 열고 침자질 하는 저 큰아가
침자질도 좋거니와 고개만 살큼 들어봐라
파란 봇짐 단봇짐에 친정집에 가는구나
와짜문을 반만 열고 칠보단장 곱게 하네

모심기 노래 중에서

조선의 사대부란 중앙 관료를 말한다. 그 중에 9품에서 5품에 해당하는 관직에 있는 자를 사(士)라 하고 4품에서 1품까지는 대부(大夫)라 하는데, 관직에 오르거나 승진을 하여 임명장을 받을 때 사는 이조에서 발령한 임명장을, 대부는 왕이 직접 쓴 임명장을 받았다. 또한 조선은 여필종부(女必從夫)의 법칙에 따라 남편이 승진을 하면 그 아내도 함께 승진을 하였는데, 품계는 남편과 동일하였다. 하여 5품 이하의 부인은 이조에서 발령한 임명장을, 4품 이상의 부인은 왕이 직접 쓴 교지를 받았다. 예를 들어 남편이 정1품 영의정에 제수되었을 때 두 장의 임명장이 나오는데, 그 하나는 "아무개를 정1품 영의정에 임명하노라"는 내용의 것으로 당사자가 받았고, 나머지 하나는 "아무개의 처 모씨를 정1품 정경부인에 명하노라"는 내용의 것으로 부인이 받았다. 처에게도 임명장을 준 이유는 양성평등의 원칙에 따라 내조를 국가에서 공식 인정했기 때문으로, 처가 먼저 죽었을 때에는 남편의 지위에 따라 죽은 처의 지위도 함께 추승되었다. 조선은 남존여비(男尊女卑)의 나라였다고 알려져 있지만 결코 그렇지 않다. 다만 남녀유별(男女有別)의 나라였을 뿐이며, 이것은 남녀 간에 차이는 인정하지만 차별은 인정할 수 없다는 현대의 페미니즘과도 일치한다.

유교, 조선 사대부의 정체성

유교가 우리나라에 전래된 것은 삼국시대로, 신라 왕실에서 유교를 채용하기 시작하여 고려 왕실에서도 유교를 보급하는 데 힘썼다. 대개 신라와 고려는 불교를 통치 이념으로 삼고 조선에 들어서야 유교가 전파되었다고 생각하지만, 고려 시대 이래로 우리나라의 통치 이념은 유교였고 조선에 들어 보다 강력한 중앙집권과 함께 민의 생활에까지 유교가 확산된 것이다. 유교가 거대 지배담론이던 시대, 양반 사대부 계층에게 그것은 정체성의 문제이기도 했다. 유교 덕목을 잘 지킬수록 완벽하고 올바른 인간으로 사회적 존경을 받았던 탓에, 일상생활과 행동양식이 유교적 도덕주의를 표방하고 주택 또한 유교적 덕목을 표현하는 기제로 작용하기 시작했다. 이제 집은 추위를 피하고 짐승이나 도적의 침입을 막기 위한 수단에서 벗어나 사회적 담론의 지배를 받으며, 또한 그것을 얼마나 잘 지키고 있는가를 과시하면서 거대 담론을 재생산하는 기제로 작용하기 시작한 것이다. 그리고 그 대표적인 예가 조선 중기 사랑채의 발달이다.

조선 시대 사대부 주거에 대한 이야기에서 빠지지 않은 것이 안채와 사랑채의 구별이며, 이는 부부유별과 남녀칠세부동석을 현실로 구현하기 위한 장치였다는 설명이 따라 붙는다. 때문에 조선 왕조 500년 동안 모든 사대부 주택에 사랑채가 있었던 것으로 생각하기 쉽지만 실제 사랑채가 별도의 건물로 독립하여 나타나는 것은 중기 이후의 일이며, 사랑채가 존재했던 기간도 고작 200여 년에 지나지 않는다. 고려 시대까지만 해도 유교 이념이 실생활에 뿌리내리지 않아 남녀간에 내외하지 않았으며 이는 조선 초기도 마찬가지였다. 조선 초기의 가옥은 사랑채가 따로 존재하는 것이 아니라, 주택의 앞 쪽에 사랑방과 그에 딸린 누마루가 한 칸씩 있는 형태다. 우리말에서 '채'는 '집이 한 채다, 두 채다' 할 때와 같이 별도의 독립된 건물을 말하는 것이어서 주택의 일부에 사랑방과 누마루가 설치된 것은 아직 사랑채라 부를 수가 없다. 하지만 조선 중기 이후로 사랑은 점차 독립된 별도의 건물 형식으로 자리 잡으면서 명실상부 '사랑채'가 된다.

사랑채가 만들어지는 과정을 명확하게 보여주는 예가 경북 경주군 강동면 양동리 마을과 안동군 풍산면의 하회 마을이다. 양동리 마을은 명문가 중의 하나인 월성 손씨들이 모여 사는 씨족마을로서 15세기 무렵에 조성되었고, 서애 유성룡의 본향인 하회 마을은 17세기에 조성된 것이어서, 조선 초기와 중기의 가옥 구조를 명확히 보여주고 있다. 양동리

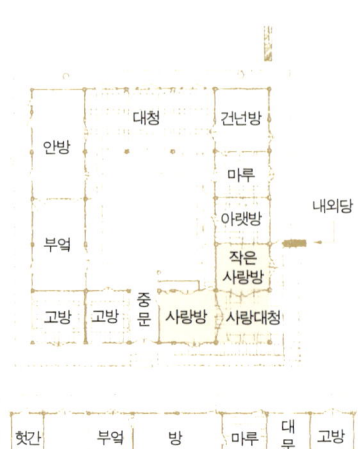

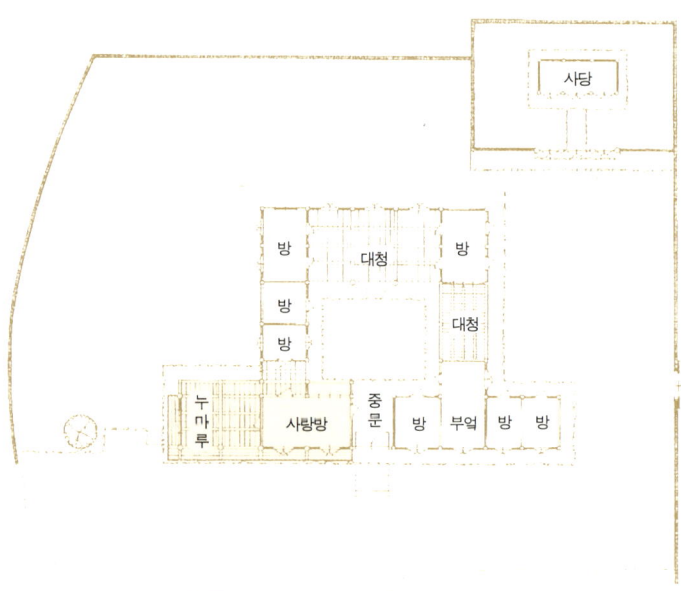

양동리 주택
서백당(위)과 관가정(아래)

경북 경주군 강동면 양동리 소재. 15세기 건립. 아직 사랑채가 분화되지 않은 채 안채의 한쪽 구석에 사랑방과 사랑대청이 마련되어 있다.

집宇집宙

마을의 서백당(書百堂, 월성 손씨의 대종가, 손소의 고택이자 회재 이언적의 생가, 1458년 건립)과 관가정(觀稼亭, 손소의 차남인 우재 손중돈의 고택, 1490년 건립)을 보면, 사랑채를 따로 마련한 것이 아니라 살림채 앞 쪽에 사랑방과 그에 딸린 대청을 두었다. 서백당은 사랑 대청을 끼고 사랑방과 작은 사랑방이 붙어 있으며, 관가정은 사랑방과 누마루로 이루어졌을 뿐이다. 회재 이언적과 우재 손중돈이 태어나 자란 명문 사대부가의 사랑방이 고작 이러했을진대, 다른 집에서도 그저 방 한 칸을 깨끗이 치워 '사랑방'이라 이름 했을 것이다. 하지만 그로부터 200년이 흐른 하회 마을의 사랑방은 양동리 마을의 그것과는 조금 다른 양상을 보인다.

양진당(養眞堂, 겸암 유운룡의 고택, 17세기 초반 건립)과 충효당(忠孝堂, 서애 유성룡의 고택, 17세기 초반 건립)을 보면 사랑채가 완전히 분화하지는 않았으되, 점차 비대해지면서 별도의 건물로 독립하려는 의도가 엿보인다. 이후 경남 함양군의 정병호 가옥은 사랑채가 완전히 별도의 건물로 독립하였다. 정병호 가옥은 성종 때의 성리학자인 정여창 선생의 고옥으로, 안채의 조성 시기는 1690년이지만 사랑채는 1843년에 중수된 것으로 알려져 있어, 사랑채가 별도의 가옥으로 독립하는 시기는 대략 18~19세기 무렵인 것으로 추정된다. 또한 이 무렵 정약용의 『아언각비(雅言覺非)』에는 "옛날 풍속에 의하면 안채[內舍]가 넓고 바깥채[外舍]가 낮고 작으며 별다른 시설이 없으므로 중국의 이름을 따라 사랑(舍廊)이라 불렀다. 그런데 지금 세상에는 사랑채가 더욱 넓고 크므

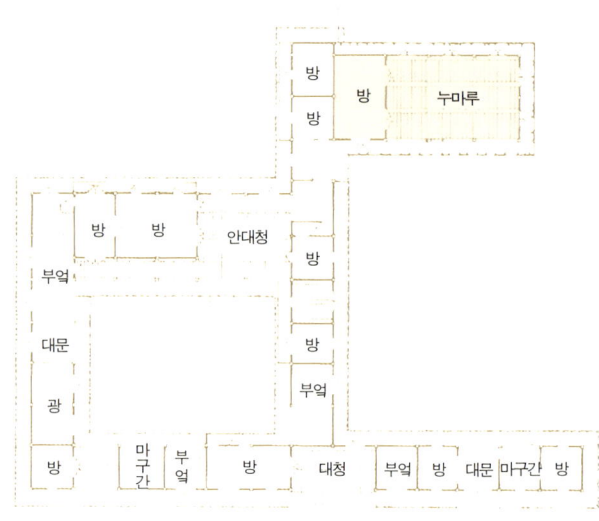

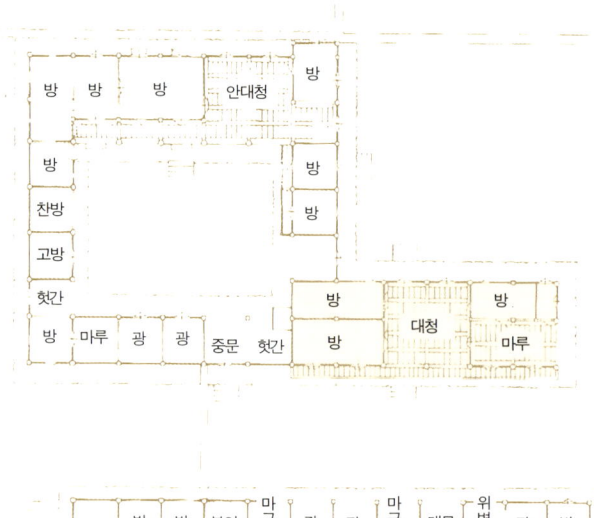

경북 안동군 풍산면 하회리 소재. 17세
기 건립. 사랑채가 완전히 분화하지는
않았지만 점차 비대해지면서 별도의
건물로 독립하려는 형태를 띤다.

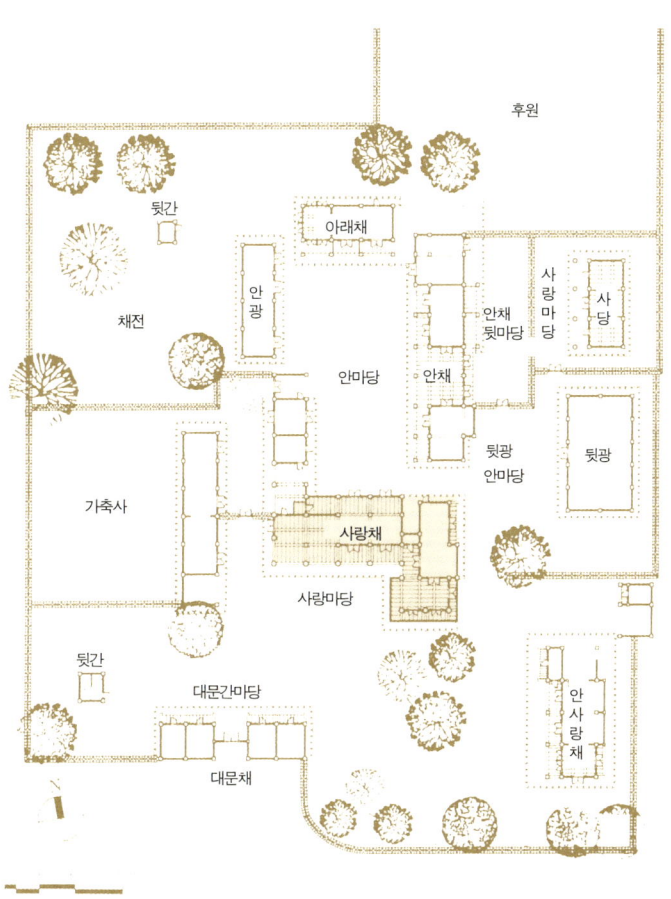

후원

아래채

안광

안채
뒷마당

사랑
마당

사당

채전

안마당

안채

뒷간

뒷광
안마당

뒷광

가축사

사랑채

사랑마당

안
사
랑
채

뒷간

대문간마당

대문채

정병호 가옥

경남 함양군 지곡면 개평리 소재. 사랑채 건립
연대 19세기. 사랑채가 별도의 건물로 완전히
독립하였으며, 또한 '안사랑채(여성전용 사랑
채)'가 눈에 띈다. 안사랑채의 등장은 조선후
기 부농주거에서 나타나는 특징 중 하나다.

로 사랑이란 이름은 합당하지 않게 되었다"라는 기록이 있어 조선 후기에 사랑채가 급격히 비대해졌음을 시사하고 있다. 조선의 사대부 가옥이 사랑채와 안채로 엄격히 나뉘어 있었다고 생각하지만 이는 18세기 이후의 모습일 뿐, 그 전에는 명문 사대부가라 하더라도 안채와 사랑채 사이의 명확한 구분이 있지 않았다.

조선 후기에 급속히 발달하게 된 사랑채는 그 성격이 분화되는데, 손님 접대 · 공부 · 제사 등의 기능 중에 어느 것을 더 중요하게 생각하느냐에 따라 누정형(樓亭型) 사랑채, 서재형(書齋型) 사랑채, 제실형(祭室型) 사랑채로 나뉘게 된다. 서재형 사랑채는 가장 일반적인 형태로서 책방이나 서고를 따로 두어 학문을 닦는 것을 주목적으로 하는데 대표적인 예가 연경당(演慶堂)이다. 연경당은 순조 28년(1828년), 반가(班家)의 생활을 알고 싶다는 효명 세자의 청에 따라 궁궐 안에 사대부가를 모방해 지은 것으로 조선 후기 반가의 모습을 엿볼 수 있는 귀중한 자료다. 건물은 안채와 사랑채를 서로 연결하여 연경당이라 이름 붙였고, 그 옆에는 선향재(善香齋)라는 서재를 따로 마련하여 전체 공간의 반 이상을 서재와 사랑에 할애하였다. 물론 연경당이 궁궐 내에 지어진 일종의 견본 주택이라서 세자를 위한 공간인 서재와 사랑이 특별히 강조되었다고 볼 수도 있으나, 조선 후기에 들어 사랑채가 별도의 공간으로 독립하고 특히 서재의 기능이 강화되는 현상을 보여주는 중요한 단서가 되기도 한다. 서울의 사대부가에 마련된 서재형 사랑채는 중앙 관

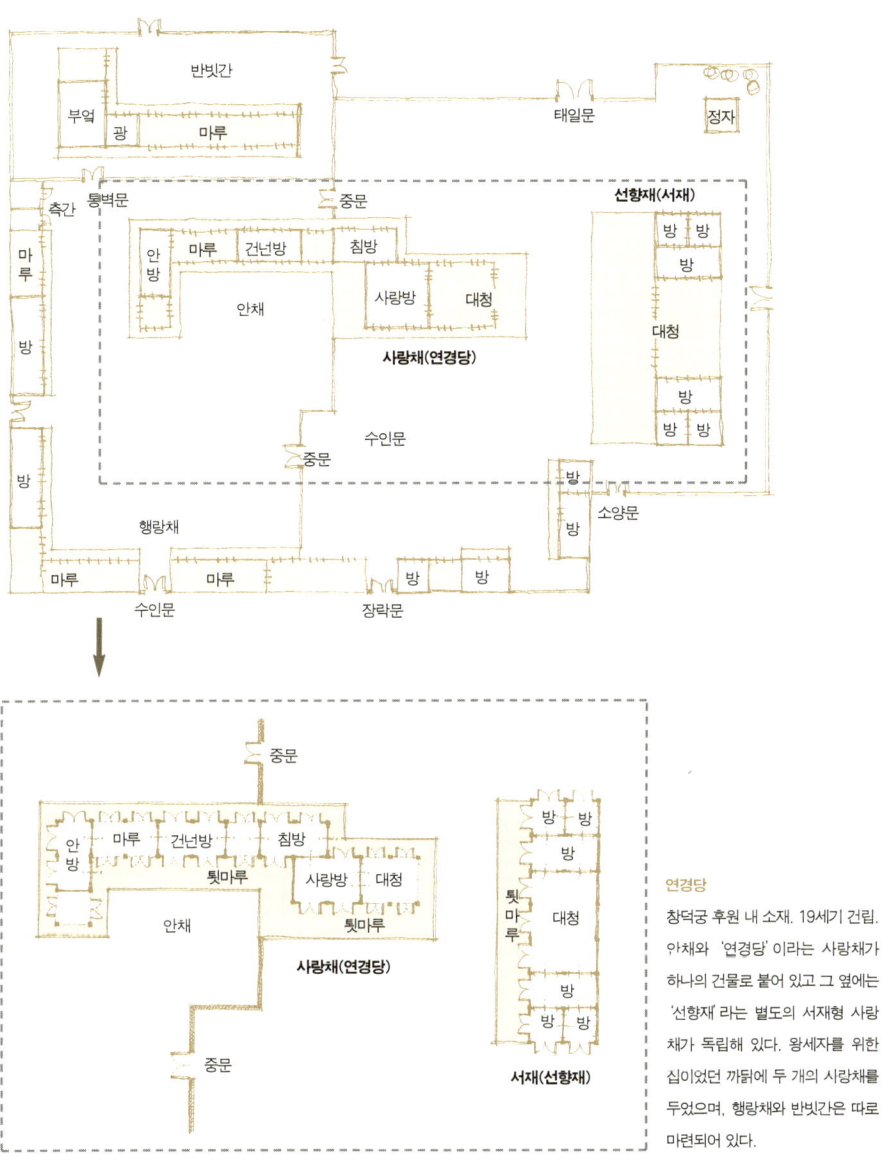

연경당

창덕궁 후원 내 소재. 19세기 건립. 안채와 '연경당'이라는 사랑채가 하나의 건물로 붙어 있고 그 옆에는 '선향재'라는 별도의 서재형 사랑채가 독립해 있다. 왕세자를 위한 집이었던 까닭에 두 개의 사랑채를 두었으며, 행랑채와 반빗간은 따로 마련되어 있다.

료로 진출한 가장이 독서를 하거나 논객을 맞이하는 장소로 사용되었지만, 낙향하여 지방에 거주하는 향반들은 이곳에서 서당을 열기도 했다. 당시에 서당을 연다는 것은 단순한 학문의 전승이 아닌, 학통의 계승과 발전 나아가 붕당의 조성이라는 의미가 더 컸다.

한편 제실형 사랑채란 제사의 기능이 중시되어 사당과 연계되는 사랑채를 말한다. 조선 중기 종법제(宗法制)의 정착과 함께 종가에서 문중 제사를 주관하게 되면서 제사에 참석하기 위해 방문하는 손님의 접대와 각종 모임의 장소가 되는 사랑채의 중요성이 증대되었는데, 경주 최씨 종가인 백불고택(百弗古宅)이 그 대표적인 예다. 누정형 사랑채란 휴식이나 여흥을 위해 경치가 빼어난 곳에 정자 형태로 지은 사랑채를 말하는데 비원의 부용정(芙蓉亭)이 유명하다. 대개 정자와 사랑채가 별도라고 생각하기 쉽지만 주택 내에서 연못 앞이나 경치가 수려한 곳에 정자 형태로 사랑채를 짓고 그곳에서 독서나 손님 접대, 여흥 등이 이루어지는 형태가 일반적이었다. 강릉 선교장의 열화당(悅話堂), 경주 여강 이씨 종가의 귀래정(歸來亭) 등은 모두 연못 앞에 지어진 누정형 사랑채라 하겠다.

안채와 사랑채 사이의 비밀 통로

유교는 본디 현실적이고 합리적인 생활 철학이었으나 중기 이후 지나치게 예학 중심으로 흐르기 시작하면서 주택에서도 내외법(內外法)에 따른 남녀의 영역 구분이 시작되었다. 내외란 성리학적 윤리관에 따라 남녀 사이에 지켜야 할 행동 규범으로, 남녀는 본래부터 주어진 역할이 다르다는 부부유별, 일곱 살이 되면 서로 자리를 같이 하지 않는다는 남녀칠세부동석, 남녀가 함께 음식을 먹지 않는다는 남녀불공식(男女不共食) 등이 구체적 사례다.『예기(禮記)』에 의하면 "예는 부부간에 서로 삼가는 데서 시작하니, 집을 지을 때는 내외를 구분하여 남자는 바깥에 거처하고 여자는 안쪽에 거처하되, 문단속을 철저히 한다. 남자는 내당에 들지 아니하고 여자는 밖에 나가지 아니한다"라는 대목이 있어 여자는 안채에서, 남자는 사랑채에서 지내는 것이 불문율이 되다시피 하였다. 사대부가의 남자아이는 일곱 살이 되면 어머니의 품을 떠나 사랑채에 나와 할아버지의 훈도를 받으며 글공부를 시작했고, 여자아이는 안채에서 기본적인 글공부와 바느질을 익혔다. 또한 부부라 하더라도 별도의 침실을 가져야 한다는 부부별침(夫婦別寢)의 원칙이 점차 명문화되기 시작하면서 안채와 사랑채 사이에는 중문이 놓여 단절이 시작된다.

　조선 여성들이 풍성한 치마 아래에 속치마와 속바지, 고쟁이에 속속곳까지 여러 겹의 속옷을 받쳐 입었듯, 사랑채에서 안채로 가기 위해서는 첩첩 중문을 몇 번이나 지나야 했다고 알려져 있지만, 과문한 탓인지 그러한 예는 여태 보지 못했다. 물론 행랑이나 사랑채에서 안채로 들어가자면 중문을 거쳐야 하지만, 그 중문이라는 것은 사랑마당에서 바로 안마당을 들여다볼 수 없도록 하는 장치로 기능하는 경우가 많다. 엄격한 성리학 질서에 따라 왕궁 안에 지은 견본 주택인 연경당에서조차 안채와 사랑채는 서로 동일한 건물로 연결되어 있고, 안마당과 사랑마당 사이에는 한 겹의 얇은 중문만이 있을 뿐이다. 여성의 옷차림 중에서 가장 은밀하고 에로틱한 상상을 불러일으키는 것이 치마 아래 여러 겹으로 껴입는 속옷인 것처럼, 안채 또한 겹겹의 중문으로 막혀 있다고 생각하는 것이 훨씬 더 신비로웠으리라. 때로 그것은 외간 남자 앞에서 저고리의 앞섶만 벌어져도 바로 은장도를 꺼내 든다는 열부의 톡 쏘는 매운맛처럼, 열다섯에 시집 온 이래 그 집 귀신이 되어 여태 중문 밖을 나가본 적이 없다는 종부의 일생을 더욱 미화했을 지도 모르겠다. 하지만 단언해 말하건대 안채와 사랑채 사이에는 한 겹의 얇은 중문만이 있었을

중문
사대부가의 중문. 안채와 사랑채를 구분하던 문으로 얕으막한 담에 널빤지 문으로 세워져 있다. 하지만 이것은 실재보다 관념 속에서 더 견고하게 존재했다.

뿐 몇 겹의 견고한 단절이 버티고 있었던 것은 아니다.

하지만 이러한 중문은 그 실체보다 더욱 견고한 사회적 의미를 획득한다. 집 안의 남자들도 마음대로 넘을 수 없었던 중문을 외간 남자가 넘기는 더욱 어려운 일이었다. 집을 사고팔거나 임대할 때는 사랑채만 보고 계약을 했는데, 번듯하게 꾸며 놓은 사랑채를 보고 집을 샀다가 형편없이 낡은 안채 때문에 그 수리비용이 집값과 맞먹는 경우도 종종 있었다. 또한 내외법에 의한 남녀의 공간 구분이 유교적 정체성 내지는 신분 과시의 기제로 작용하면서 일반 서민들도 사대부 계층을 따라 주택에서 내외 구분을 하고자 했다. 그런데 이것도 어느 정도 살림에 여유가 있는 집이라야 가능하지, 달랑 초가삼간인 집에서는 안채와 사랑채를 구분하려야 할 수가 없다. 그래서 궁여지책으로 만든 것이 '내외벽'이다. 이는 부엌·방·방으로 이루어진 초가삼간에서 시아버지 방과 며느리 방 사이의 툇마루에 벽을 하나 만들어 놓아 시아버지와 며느리가 직접 부딪히지 않도록 하는 장치다. 때로는 널빤지나 사립짝으로 칸막이를 만들어 놓은 정도로 허술한 것도 있는데 이를 '널벽'이라 하며 용도는 내외벽과 같다. 꼭 초가삼간뿐만 아니라 사랑채와 안채를 따로 마련할 수 없는 집에서는 보통 이런 식으로 가벽을 쌓아 이름을 '내외벽'이라 하였다. 그런 장치로 얼마나 내외법을 잘 지킬 수 있는지는 의문이지만, 건축적 요소들은 반드시 물리적 기능만을 갖고 있는 것이 아니다. 허름한 널빤지나마 한 장 세워놓고 그것을 '내외벽'이라 부르는 것을

서민 주거의 널벽

사랑채를 따로 마련해서 내외를 할 수 없는 서민 주거에서는 며느리 방과 시아버지의 방 사이에 허름한 널빤지를 세우는 것으로 내외를 했다.

사대부가의 내외벽

안채와 사랑채가 하나의 건물로 붙어 있을 때, 안방과 사랑방 사이에 벽을 하나 세워 시선을 차단했다. 하지만 보다 본질적으로는 내외법을 중시하는 가풍을 외부로 드러내는 역할을 했을 것이다.

보면, 안채와 사랑채 사이를 막았던 중문은 현실보다 오히려 관념 속에서 더 굳건히 서 있음을 알 수 있다.

　하지만 내외 구별이 가장 명확한 집은 현재 우리나라에 딱 두 채의 유구(遺構)만이 남은 환관의 집이다. 조선의 내시는 궁궐에 출퇴근하면서 결혼을 하여 가정을 꾸몄는데, 사고나 자의로 불구가 된 소년을 입양하여 대를 이었으므로 겉으로 보기에는 일반 가정과 다를 바가 없었다. 그런데 이들의 집이 여염(閭閻)과는 조금 달랐다. 부녀가 대문에서 곧바로 중문을 거쳐 안채로 들어가게 되어 있는 것이 사대부가라면, 환관의 집은 대문 안에 들어서면 사랑마당이 있고 여기서 다시 안채로 드나들게 되어 있다. 즉 사대부가의 여성들이 사랑마당을 지나지 않고 대문에서 중문을 지나 안채로 들게 되어 있는데 비해, 환관의 집은 반드시 사랑마당을 지나서야 안채로 들 수 있게 하여 사랑채에 앉아서 안채에 누가 드나드는 지를 쉽게 감시할 수 있게 하였다. 하급 관리였던 내시의 집은 집터도 좁았고 또한 사대부가에 요구되던 성리학적 윤리도덕이 엄격히 요구되지도 않았지만, 안채와 사랑채 간에 명확한 구분과 감시 체제는 당시의 사회 기준을 엿볼 수 있는 자료다. 신분적 한계와 신체적 한계를 극복하기 위해 스스로에게 더욱 엄격한 도덕 기준을 적용한 것이다.

조선은 부부별침의 원칙을 국가 정책으로 시행하기도 하였지만, 이는 매우 모순 되는 정책이기도 했다. 당시의 혼인이란 자손을 얻기 위한 목적이 우선이었는데, 부부별침의 원칙을 지키다 보면 자손을 보기가 어려워진다. 하여 좋은 날을 받아 부부가 합방하는 것을 장려하였는데, 합방하기 며칠 전부터 몸과 마음을 깨끗이 하며 좋은 날이라 할지라도 비가 오거나 천둥이 치는 등 일기가 좋지 않으면 합방을 하지 않는다. 하지만 여염에서 흔히 사용된 간편한 방법은 밤늦게 남편이 아내의 방에 들었다가 다음날 새벽에 일찌감치 사랑으로 가는 일이다. 조선 후기의 사랑채는 장유유서의 구분에 따라 아버지가 거주하는 큰 사랑과 아들이

비밀 통로
안채와 사랑채는 겉으로 보기에 분리되어 있었
지만 아들이 머무는 작은 사랑과 며느리가 머무
는 건넌방을 연결하는 비밀 통로가 있었다. 혹
은 작은 사랑의 뒷문을 열면 안채로 통하게 되
어 있기도 했다.

거주하는 작은 사랑으로 나뉘어 있었는데, 작은 사랑에는 안채로 통하
는 비밀 통로가 있었다. 벽장문을 열면 그곳이 안채의 건넌방으로 통한
다든지, 다락으로 올라가 사다리를 통해 안마당으로 내려오는 등의 방
법이 사용되었고, 며느리가 거주하는 건넌방에도 뒷면에 사랑채로 통하
는 쪽문이 있는 경우가 많았다. 대문을 걸어 잠갔어도 발코니를 통해 로
미오와 줄리엣이 서로 만났듯이, 중문을 걸어 잠갔어도 젊은 부부들은
작은 샛문을 통해 밤에만 서로 만날 수가 있었다.

여성에게도 사랑채를

조선은 임진왜란을 전후로 커다란 사회 변동을 겪게 되는데, 그 중 하나가 대동법 실시로 인한 상인 계급의 출현 및 생산법의 발달로 인한 부농계급의 출현이다. 부를 축적한 상인과 농민들은 양반 사대부가처럼 사랑채를 갖추기 시작했다. 대표적인 예로는 경북 월성군의 주사댁(主事宅, 1780년), 경북 청도군의 운강 고택(雲江 古宅, 1824년) 등인데, 특히 운강 고택은 과거 궁궐에서만 볼 수 있던 꽃담, 장대석 기초 등의 고급 건축 요소들이 사용되어 경제력을 기반으로 한 민의 성장을 엿볼 수 있다. 이는 18세기에 들어 건축 장인들이 민간 건축에 투입되어 나타난 현상이다. 과거에는 꽃담이나 장대석 등을 만들 수 있는 기술력을 갖춘 장인이 궁중에만 소속되어 있었으나, 장색제도가 폐지되면서 자유노동자가 되어 부를 축적한 농민이나 상인의 건축에도 관여하기 시작한 것이다. 이는 근대적 의미의 임금 노동의 시초이며, 고급 건축의 요소가 민의 생활에까지 파급되는 효과를 가져왔다.

또한 이 시기에 가장 특징적인 것은 안방과 부엌으로 대표되는 여성 공간의 면적이 커지면서 그 위상도 증가한 것과 나아가 '안 사랑채'라고 하는 여성 사랑채의 등장이다. 대표적인 예가 전북 정읍의 김동수 가옥(1784년)으로, 추수곡이 1,200석에 이르는 부농에 속했던 이 가옥은 대문채, 남자 하인이 머무르는 바깥 행랑채, 사랑채, 여자 하인이 거

월성 주사택
경북 월성군 소재. 1780년 건립. 농민 주거이긴 하지만 사랑채를 갖추었다.
조선후기에 접어들면 부농 주거에서 사랑채를 갖추는 집이 증가한다.

김동수 가옥
전북 정읍 소재. 1784년 건립. 부농 주거로서 사
랑채뿐 아니라 안사랑채를 갖춘 것을 볼 수 있다.

주하는 안 행랑채와 안채, 그리고 안 사랑채 등으로 구성되어 있으며,
안 행랑채와 안 사랑채의 규모가 행랑채와 사랑채의 규모보다 오히려
더 큰 것을 볼 수 있다. 앞서 살펴본 정병호 가옥에서도 안 사랑채가 있
는데, 이는 1843년 바깥 사랑채를 중수하면서 함께 건립된 것으로 보인
다. 또한 김상만 가옥(전북 부안군 줄포면 소재)도 안 사랑채가 있어 조선
후기 안 사랑채의 등장은 매우 보편적 현상이었던 것으로 보인다. 이러
한 예는 사대부가가 아닌 경제적 부를 축적한 부농 주거에서 자주 목격
되는 현상으로, 조선 후기 민의 생활뿐만 아니라 여성의 의식도 성장했
음을 반영하는 것이라 하겠다. 경남 함양군의 허삼둘 가옥(1918년)은

윤대홍이라는 사람이 진양의 갑부 허씨 문중에 장가들어 부인인 허삼둘과 함께 지은 집인데, 부인이 실세였던 탓인지 이름조차 부인의 이름을 딴 허삼둘 가옥이다. 실용성을 중시하는 파격을 보여주고 있는데, 이 집에서 가장 크고 중요한 공간은 부엌으로 안채의 모서리 부분에 위치하여 그 위상도가 매우 높다.

일반적으로 조선은 남존여비의 사회였으며, 조선 초까지만 해도 고려의 영향을 받아 남녀가 평등했으나 중기 이후로 점차 여성이 예속되어 후기에는 그 상황이 더욱 가속화된 것으로 알려져 있다. 그러나 조선 후기에 여성 사랑채가 등장하고 부엌과 안방의 위상이 높아지는 등 여성의 공간이 확대되고 중요해지는 현상은 매우 이례적인 일로 그 이유에 대한 해석이 분분한 실정이나 두 가지로 요약해 볼 수 있다. 첫째는 상

허삼둘 가옥

경남 함양군 소재. 1918년 건립. 일제시대에 지어진 이 가옥은 부엌의 크기가 매우 크고 모서리 부분에 위치해 있어 그 위상도가 매우 높다. 이름 또한 안주인의 이름을 따서 붙였다.

공업과 농업의 발달에 따른 민의 성장과 맞물려 여성의 역할과 신분도 신장되었으며, 둘째는 이용후생과 실사구시의 사회 분위기에 맞추어 주택을 사회적 담론의 표출로 인식하는 단계에서 벗어나 실용적이고 기능적인 측면을 요구하게 되었다고 볼 수 있다.

조선에서는 안살림과 바깥살림이 구분되어 있었고, 특히 여성의 일은 제가치산(齊家治産)이라 하여 남성이 관여하지 않았다. 또한 사대부 남성들은 관직 생활이나 유배 등으로, 서인(庶人) 남성들은 직역이나 군역 등으로 집을 떠나 있는 경우가 많았기 때문에 가정의 실질적 주인은 여성이었다. 더구나 음식이나 의복 등을 집에서 자급자족했으므로 가사노동의 중요성은 현재보다 더 했는데, 어느 사회에서나 하는 일이 중요하고 많으면 대접을 받게 되어 있어서 오히려 여성의 지위가 지금보다 더 높았을 가능성도 있다. 일례로 요즘은 가사노동이 매우 간단해졌다. 의복과 음식을 손수 마련하는 일이 드물고 가전제품이 가사노동의 상당 부분을 대체하므로 여성은 과거보다 노동량이 많이 줄었지만, 그것이 여성에게 반드시 좋은 것만은 아니다. 과거에 비해 맞벌이하는 주부가 많아졌는데, 이는 여성의 고등교육과 그에 따른 전문직 종사 및 사회참여 욕구의 증대로 해석할 수도 있지만 생계를 보조하기 위해 직장을 갖는 경우도 많은 것이 현실이다. 가전제품의 보급으로 여성의 가사노동이 줄자, 남는 시간이 새로운 형태의 생산 활동에 투입된 것이다. 현대사회에서 남성은 은근히 주부가 직장 갖기를 원하고 직장을 갖지 못한

전업주부는 무능하다는 자괴감에 시달리는데, 이것은 가사노동이 과중하여 집안에서 여성의 역할이 중요했던 과거에는 생각할 수 없던 현상이다. 따라서 조선에서도 여성의 지위가 생각보다 높았고 후기에 들어 그 역할의 중요성에 대한 인식이 점점 커지면서 여성 공간의 위상이 높아졌을 수 있다.

혹은 실용적인 의미에서 여성에게도 사랑채가 필요해졌을 수도 있다. 조선의 가정은 지금과 달라서 식구 수가 많을 뿐 아니라 노비를 거느렸는데 웬만한 부농은 노비가 20~30명에 달할 때도 있었다. 이들은 주인집 주변에 살면서 논밭을 경작하는 솔거노비였는데, 많은 식솔을 거느리는 살림은 그 규모가 마치 소규모 중소기업을 운영하는 것과 같다. 기업의 대표가 집무실과 회의실이 필요하듯, 집안의 실질적 주인인 여성에게도 사랑채가 필요했을지도 모른다. 조선 후기 부농 주거에서 여성 사랑채의 출현, 이는 사랑채란 사대부 남성의 전유물이라는 통념을 뒤집는 것으로 민의 성장과 여성 지위의 향상 등에 대해 다시 한번 생각해 보게 한다.

조선 중기 이후에 나타나기 시작하여 부농 주거와 여성 계층에까지 확산되었던 사랑채는 이후 전통가옥이 쇠락하는 현상과 함께 쇠퇴하거나 변화하는 양상을 보인다. 1920~30년대에 가회동을 중심으로 이른바 'ㅁ자 집'이라고 하는 도시형 한옥이 선보였을 때 '사랑방'이란 이름으로 명맥을 유지하다가, 1960~70년대 신설동과 보문동 일대에 개량 한옥이 들어섰을 때는 대청마루에 유리 분합문을 달고 소파 세트를 놓아 '응접실'로 불리다가 이후 점차 아파트가 보편화되면서 소멸되었다.

세상으로 열린 집

사람은 사회적 동물이어서 그 사회의 지배 담론을 따를 수밖에 없으며 현대 사회에서도 그것에서 자유롭지 못하다. 자본주의 사회인 현재 개인에게 요구되는 덕목은 자본의 소유다. 여기서 자본이란 단순히 경제 자본만을 말하는 것이 아니라 학력자본, 문화자본, 사회자본 등을 총괄하는 것으로서 우리는 태어나서 죽을 때까지 이것을 갖추기 위해 살아간다. 중고생들이 새벽부터 저녁 늦게까지 학교와 학원에서 공부에 매달리는 것은 좋은 대학에 가기 위해서인데, 이는 학력자본을 비롯하여 선후배간의 인맥관계를 통한 사회자본까지 창출하며 이 모두는 경제자본으로 환원 가능하다. 쉽게 말해 명문 대학을 나오면 좋은 직장에 취직하여 남들보다 더 많은 봉급을 받을 수 있을 뿐더러 승진이나 이직을 할 때도 동문 선배의 도움을 받을 수 있어 매우 유리하다. 여성이 데이트 상대의 남성을 선택함에 있어 기준이 되는 것 중의 하나가 '세련되다' 혹은 '유머 감각이 있다' 등인데, 이는 문화자본에 해당하는 것이며 학력자본과 경제자본의 뒷받침 위에 가능한 것이기도 하다. 현대 사회에서 자본이 갖가지 모습으로 우리의 일상을 지배하듯, 조선의 사랑채 또

집字집宙

한 당대의 지배 담론 아래서 이해가 가능할 것이다.

당시 사랑채란 남성전용 공간이라기보다는 주택 내에 존재하는 사회적 공간이었다. 현대의 주택은 식사, 취침, 휴식, 가족 단란 등과 같이 철저히 사적인 행위만이 일어날 뿐 손님을 접대하거나 행사를 벌이는 등의 사회적 행위는 일어나지 않는다. 대신 지금은 술집과 찻집, 식당을 비롯하여 각종 행사를 치를 수 있는 연회장, 예식장 등이 즐비하지만 과거에는 그런 것이 없어 모든 것을 집안에서 해결해야 했다. 조선에서 손님을 맞이하고 행사를 벌이는 등의 일은 사회적으로 중대한 의미를 가졌다. 사랑채에서 과객을 맞아 이야기를 나누는 것은 신문이나 언론 매체가 없던 시절 사회여론이나 소식을 알 수 있는 채널 역할을 했으며, 이때 얻은 정보와 지식은 후에 경제자본으로 환원될 수도 있는 귀중한 것이었다. 또한 대갓집의 사랑채에는 식객이나 문객이라 하여 오랜 동안 머무는 손님도 있었는데 이를 대접하는 것은 문화 예술을 후원하는 일이기도 했다. 문화나 예술, 학문이란 그 자체로서는 생산적인 것이 아니어서 자본에 기생할 수밖에 없는데, 사랑채는 마치 17~18세기 프랑스 살롱의 역할을 했다고도 볼 수 있다.

하지만 사랑채에는 역기능이 존재하기도 했다. 우선 부부별침의 원칙에 따라 남성은 사랑채에 여성은 안채에 기거하는 방식은 어색한 가족 관계를 낳았으며 때로 여성을 통제하는 역할을 하기도 했다. 엄밀히 말하자면 사랑채는 처음부터 여성을 통제하기 위해 만든 장치가 아니라

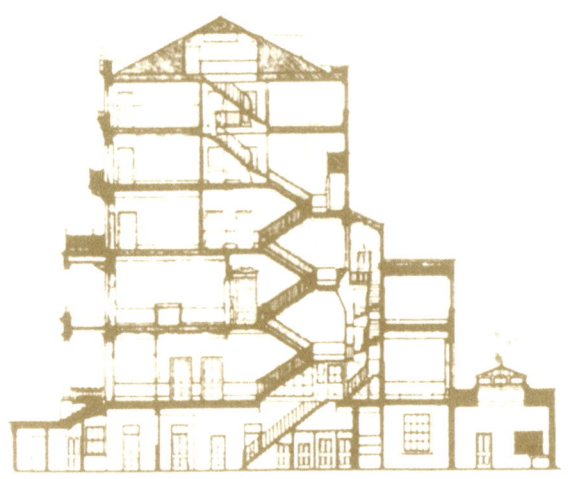

앨버트 하우스
영국 런던 퀸스 게이트 소재. 1860년
건립. 전형적인 영국의 상류주택이다.

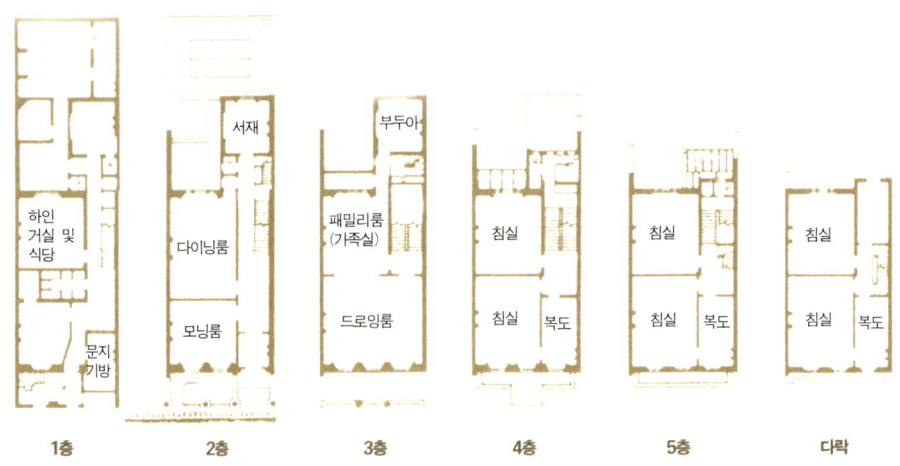

하인 거실 및 식당	서재 다이닝룸 모닝룸	부두아 패밀리룸 (가족실) 드로잉룸	침실 침실 복도	침실 침실 복도	침실 침실 복도
문지 기방					
1층	**2층**	**3층**	**4층**	**5층**	**다락**

남녀의 사회적 역할이 엄격히 달랐던 시기에 존재했던 남성전용 공간이었는데, 점차 그것이 여성을 통제하는 방향으로 기능했다고 볼 수 있다. 기실 공간의 성별 분화는 다른 문화권에서도 나타나는 현상이다. 고대 그리스의 주택은 가장이 머무는 영역과 아내와 아이들이 머무는 공간이 구분되어 있었으며, 이런 현상은 매우 오랫동안 지속되었다. 19세기 영국 런던에 지어졌던 앨버트 하우스(Albert House)는 영국 귀족의 삶을 엿볼 수 있게 해 주는 자료다. 다락 층을 포함하여 여섯 개 층으로 이루어진 이 주택의 1층은 문지기 방과 현관 홀이 있어 한옥의 행랑채에 해당하며, 2층에는 홀과 식당, 서재가 있어 사랑채의 역할을 하는 것을 알 수 있다. 전형적인 영국 상류층답게 2개의 식당을 갖추고 있는데, 다이닝룸(Dining Room)은 손님을 초대하여 저녁 만찬을 먹는 식당이고, 모닝룸(Morning Room)은 아침식사나 가족끼리 점심식사를 하는 방이다. 후면에는 남자 손님들의 담소 장소로 사용되던 서재(Study)가 있어 사랑방의 역할을 했다.

반면 드로잉룸(Drawing Room)과 가족실(Family Room) 그리고 부두아(Boudoir)가 있는 3층은 안채에 해당하는 여성의 영역이었다. 드로잉룸이란 여성들이 모이는 거실을 말한다. 저녁 만찬에 초대된 남녀 손님들이 다이닝룸에서 함께 식사를 한 후, 여성들은 드로잉룸에 따로 모여 가족이나 취미, 노래, 그림 등의 자잘한 이야기로 시간을 때울 동안, 남성들은 다이닝룸에 그대로 남아서 정치와 경제, 군사, 전쟁, 무역 등에 대한 이야기를 했다. 드로잉룸의 어원은 물러난다는 뜻의 withdraw로, 여성들은 다이닝룸에서만 물러난 것이 아니라 사회적인 문제에서도 소외되었다. 심지어 여성은 혼자 격리될 때도 있었다. 후면에 위치한 부두아를 대개 규방(閨房)이라고 번역하지만, 그 뜻을 완전히 전할 수는 없다. 부두아의 어원은 '토라지다'라는 뜻의 bouder로서, 여성은 화가 나는 일이 있으면 이 방에 혼자 앉아 화를 삭여야 했지, 성난 얼굴로 손님과 가족을 상대해서는 안 되었다. 나머지 4층과 5층에는 침실이 있었고 다락 층에는 하녀의 방이 있었다.

조선에서 사랑채와 안채의 구분이나 영국 주택에서 거실의 구분 등을 보면 주택 내에서 여성의 억압은 한 가지 공통점이 있는데, 그것은 바로 정보와 지식의 차단이다. 신문이나 TV와 같은 매체가 없던 시절, 사랑채에서는 과객과 문객들을 통해 수많은 정보가 오고 갔으며 또 공부와 자기 수양을 하는 공간이기도 했다. 유럽 주택에서 남성들은 정치, 경제, 전쟁 등에 대한 이야기는 여성들이 드로잉룸으로 물러간 다음에야 했고, 정말 중요한 이야기를 남자들끼리 따로 서재에 모여서 하는 동안 여성은 부두아에 혼자 앉아 있어야 했다. 그리고 이런 일은 현재에도 그대로 벌어지고 있다.

어느 인테리어 잡지사에서 주택 내에서 가장 마련하고 싶은 공간이 무엇이냐는 설문조사를 한 결과 '남편의 서재'와 '아내의 작업실'이 각각 1위를 차지했다. 그에 따라 제시된 공간은 그럴듯한 책꽂이와 책상,

집字집宙

컴퓨터가 놓인 남편의 서재와 재봉틀과 다리미, 조그만 테이블이 놓인 아내의 작업실이었다. 인테리어 잡지의 주요 독자층은 주부여서 조사 대상 또한 여성들이었는데도 이러한 결과가 나왔다는 것은 놀랄 만한 일이다. 만약 그 상황을 바꾸어서 아내를 위한 방에 책상과 책꽂이, 컴퓨터가 놓여 있고 남편을 위한 방에 가전제품 수리기, 목공 도구 등이 놓여 있었다면 그 잡지의 주요 독자층인 주부들마저 무언가 매우 어색하고 이상하게 생각했을 것이다. 남성에게 정보와 지식 습득의 기회가 주어질 때 여성에게 가사노동의 의무가 주어지는 것은 과거와 지금이 전혀 다를 바가 없이 계속되고 있다. 우리는 지금 안채와 사랑채의 구별이 얼마나 전근대적이었으며 또한 그것이 어떻게 여성 억압의 기제로 작용했는지에 대해 핏대를 세우지만, 한편에서 남편은 서재에서 지식과 정보를 습득하고 아내는 작업실에서 가사에 전념하는 것을 당연하게 그리고 행복으로 여기며 살고 있다.

6장 마당을 들이고 마루를 높이다 |
으 뜸 이 자 높 은 곳

팔도강산 답사하여 이 명당터를 구했나
북망산 내린 혈맥 백두산맥 기운 받고
남방에 산삼봉은 자손만대 성세하고
서방에 재운봉은 부귀영화 점지하고
동방에 필수봉은 수복강영 점지하고
이십사산 혈맥받아 근해용을 내렸나
임간용을 내렸나 측간용을 내렸나
청용으로 내린 용은 개측으로 피했구나

지신밟기 노래 중 집터를 선택하는 부분

얼마 전에 새로 중건되어 서울 시민의 나들이 장소로 사랑 받고 있는 경복궁, 광화문을 지나 근정문을 지나 품계석이 늘어선 앞뜰을 지나 근정전 앞에 이르면 그 속에 과연 무엇이 있는지 궁금해 까치발을 하고 고개를 길게 빼고 들여다보는 사람들이 많다. 그런데 막상 그 안을 들여다본 뒤에 다들 한마디씩 하는 말이 있다. "왜 이렇게 좁아? 한 나라를 다스리는 일을 고작 요만한 공간에서 했단 말이야?" 비단 근정전뿐만 아니라 창경궁의 명정전 앞에서도 똑같은 질문이 쏟아지고 그러면 곧 누군가의 친절하고도 자의적인 해석이 뒤따른다. "조선시대에는 나랏일이 그다지 복잡하지 않았으니까, 요만한 공간도 그리 좁지 않았겠지." 하지만 이것은 우리가 전통 건축을 올바르게 이해하지 못한 소치다. 근정전이나 명정전은 왕이 일상적인 업무를 보는 공간이 아니라 신년 하례나 조회를 하던 행사장이었으므로, 문무백관들은 품계석이 늘어선 마당에 서 있었고 근정전이라 이름 붙은 건물은 왕과 그 측근들만이 거하

근정전 행사도
중요한 행사는 근정전 앞 마당에
차일을 치고 벌였다. 요즘 시각으
로 보자면 근정전이라 이름이 붙
은 건물은 본부석 쯤에 해당한다.

는 장소였다.

운동장 한 구석에는 구령대가 있고 강당 앞
에는 무대가 있지만, 운동장과 강당의 본질은
구령대나 무대가 아닌 넓은 공간과 객석이듯,
근정전의 본질 또한 '근정전'이란 현판이 붙
은 건물이 아니라 품계석이 늘어선 앞뜰에 있
다. 사람들은 근정전에 이미 들어서 있으면서
도 '근정전' 내부만을 들여다보며 왜 이리 좁
으냐고 우문을 하고 있는 것이다.

우리의 전통 건축도 마찬가지다. 민속촌에
마련된 집들을 볼 때 가장 먼저 느끼는 것은
실내 공간이 매우 좁다는 것이지만, 주택의 본
질은 지붕이 덮인 실내 공간이 아니라 마당에
있다. 마당과 정원은 동일한 외부 공간이긴 하
지만 용도와 성격이 전혀 다르다. 전통 건축에
서 마당이 실외로 확장된 생활 공간이었다면,
현대 건축에서 정원은 조망과 휴식을 위해 예
쁘게 꾸며놓은 공간이다. 현재 우리가 살고 있
는 주택이나 아파트, 학교, 사무실 등 서구의
영향을 받은 근대 건축물은 실내 공간과 외부

공간을 명확히 구분하는 것이 특징이다. 현대 건축에서는 마당이 아닌 정원만이 존재하는데, 우리는 현대 건축에 익숙해진 눈으로 과거의 건축을 보며 실내 공간이 좁다고 말하고 있다.

마당은 본디 맏+앙

마당의 본디 어원은 '맏+앙'이다. 여기서 '맏'이란 맏아들이나 맏딸 등에서 쓰이는 것처럼 '으뜸' 혹은 '큰'이라는 뜻이며 '앙'은 장소를 뜻하는 접미사로서, 가장 큰 으뜸 공간을 뜻한다. 중요한 행사는 항상 마당에서 치러졌으며 평상시에도 가장 자주 사용되는 공간이 마당이었다. 또한 씨름 마당이니, 판소리 한마당이니, 마당놀이니 하는 말처럼, 단순히 판소리나 씨름이 행해지는 장소만을 뜻하는 것이 아니라 행위 자체를 이르는 말이기도 했다. 전통 건축에서 마당이 없는 집은 존재하지 않는다. 서양 주거가 4층이나 5층집을 지어 공간을 층별로 수직 구획했다면, 동양에서는 여러 채로 나누어 짓는 수평 구획을 하는데, 마당이 완충 공간이 된다. 마당의 이름은 대문 앞의 앞마당, 사랑채 앞에 붙은 사랑마당, 안채 앞에 놓인 안마당, 안채 뒤에 놓인 뒷마당과 같이 건물과 연계되어 불리며, 뒷마당은 넓지 않고 좁다란 경우가 많아 뒤란이나 뒷곁이란 말을 더 자주 쓴다. 각기 이름이 다른 마당은 그 용도도 조금씩 다르다.

농가의 마당은 그야말로 만앙이다. 추수한 곡식을 가져다가 탈곡하고 저장하고 가공하는 일을 비롯하여 가마니 짜기, 새끼줄 꼬기 등 부산물을 가공하는 행위도 이루어졌다. 특히 마당은 여름철의 주 생활공간이었다. 전통가옥의 특성상 부엌에서 밥을 하면 구들을 데워 방이 더워지므로 여름에는 마당에 한뎃부엌을 놓고 밥을 지어 먹었는데, 잔치 등이 있어 한꺼번에 많은 음식을 조리해야 할 때도 사용되었다. 또한 평상을 놓아 대부분의 생활이 이곳에서 이루어졌다.

이에 반해 사대부가의 사랑마당은 조망과 휴식을 위해 만들어진 공적인 영역으로, 깨끗하게 꾸며지고 조경이 잘 되어 정원과 거의 비슷하다. 안채에 붙은 안마당은 추수한 곡식의 타작을 비롯하여 방아 찧기, 장 담그기, 길쌈 등의 가사 노동이 이루어지는 공간이지만, 뒤편에 있는 뒤란 내지 뒷곁은 매우 사적인 영역이었다. 부엌에서 가까운 곳에 있어서 장독대를 두었고, 여름이면 밤중에 여인들이 몸을 씻는 장소로도 사용했다. 뒷마당은 비록 외부 공간이었지만 그 누구에게도 함부로 보여줄 수 없는 매우 조심스럽고 비밀스러운 공간이었다.

전통 혼례는 항상 마당에서 벌어진다. 요즘은 결혼식을 예식장이나 교회, 성당 등 실내에서 치르고 드물게 야외 결혼식을 하지만, 과거에 혼례를 마루나 방안에서 치르는 것은 매우 이상한 일로 여겨졌다. 뿐만 아니라 생일 잔치, 회갑연, 돌잔치 등도 마당에서 치렀는데, 생일을 맞이한 당사자만 마루에 앉아서 상을 받고 나머지 사람들은 마당에 차일

마당에서 춤추기
혼례나 회갑, 생일 잔치 등 중요한 행사는 모두 마당에서 치러졌고 기생들이 흥을 돋구기 위해 춤을 추는 장소도 마당이었다.
운현궁 고종황제 가례 장면 재현, 2003년 4월.

을 치고 앉아 상을 받는 것이 일반적이다. 마당이 얼마나 중요한가는 조선 후기의 국문소설 「춘향전」에서도 볼 수 있다. 지금도 영화로 드라마로 끊임없이 리메이크되며 국민적 사랑을 받고 있는 「춘향전」의 절정은 암행어사 출두 장면이다. 그날은 마침 본관 사또의 생일날, 질펀한 생일 잔치가 벌어지는 가운데 사또는 춘향을 대령시킨다. 수청 들기를 요구하지만 끝내 이를 거부하는 춘향, 마침내 극형을 명하는 사또, 바로 그때 들려오는 암행어사 출두 소리. 그 장면에서 대청에 앉아 생일상을 받는 것은 사또와 양반들이고 나머지 사람들은 모두 마당에 차일을 치고 앉아 음식을 먹는 것을 볼 수 있다. 흥을 돋우기 위해 기생들이 춤을 추는 곳도 마당이고 죄인인 춘향이 끌려 나와 곤장을 맞는 곳도 마당이며, 이도령과 극적인 해후를 하는 곳도 마당이다. 월매가 정화수를 떠다 놓고 이도령의 장원급제를 기도하는 곳도 마당이지만, 마당이 아닌 방 안에서 중요한 일이 치러진 경우는 딱 하나, 춘향과 이도령이 사랑의 언약을 맺는 장면이다.

조선은 종모법(從母法)에 따라 신분을 어머니로부터 물려 받게 되어 있어서, 기생인 월매의 딸 춘향도 기생이다. 기생이란 지방 관청에 소속되어 지방관이 주최하는 연회에서 여흥을 담당하는 여성 노비를 말하는 것으로, 공식 명칭은 관비(官婢)다. 그런데 여필종부의 법칙에 따라 여성은 혼인을 하면 남편과 신분이 동일해지기 때문에, 춘향은 양반의 자제인 이도령과 혼인을 하여 반가의 부인이 되었으므로 관비의 신분을 면했고, 따라서 사또의 수청을 들 수가 없다는 것이 춘향의 주장이다. 하지만 사또의 주장은 춘향은 관비의 신분으로 지방관의 자제이던 이도령의 수청을 든 것뿐이며, 따라서 여전히 신분은 관비이므로 수령의 수청을 들어야 한다는 것이다. 즉 춘향이 이도령과 혼인을 하였느냐, 아니하였느냐라는 다소 애매한 문제가 이 소설을 이루는 하나의 축이 된다.

사대부가에서 혼인이란 의혼(議婚, 중매를 넣어 정식으로 결혼을 약속함), 납채(納采, 신랑의 사주단자를 신부 집에 보냄), 연길(涓吉, 신부 집에서 혼인 날짜를 정해 신랑 집에 보냄), 납폐(納幣, 신랑이 신부의 옷감과 예물을 함에 넣어 신부 집에 보냄), 대례(大禮, 신부 집 마당에서 혼례식을 치름), 신행(新行, 신부 집에서 3일을 보낸 후 신혼부부가 신랑 집으로 들어감)의 여섯 단계를 거쳐야 하므로 다른 말로 육례(六禮)라고도 한다. 이 과정을 생략한 혼인은 '야합(野合)'이라 하는데, 춘향전에서는 육례의 과정이 없으며 다만 춘향의 그네 뛰는 모습에 반한 이도령이 그 날 밤에 월매의 집으로 찾아가 춘향과 하룻밤을 보내는 것으로 되어 있다. 이때 이도령은 이것이 결코 하룻밤의 헛된 사랑이 아니며 곧 아버님께 말씀 드려 정식 결혼을 할 것이라는 약속으로 언약서를 한 장 적어 준다.

춘향전에서 모든 중요한 장면은 마당에서 대중이 지켜보는 가운데 이루어지지만 단 하나 그렇지 못한 것이 바로 이 장면이며, 이것은 후에 사또와 춘향 간의 주요 대립항으로 작용하게 된다. 만약 이도령이 춘향과 관계를 맺기 전에 육례 중 가장 중요한 행사라 할 수 있는 대례 곧 혼례식만이라도 마당에서 치렀다면 정식 결혼을 한 것으로 인정되었을 테고, 따라서 춘향은 반가의 처로 인정되어 관비의 신분을 벗어날 수 있었을 것이다. 대례를 마당에서 치른다는 것은 이렇듯 중요한 의미를 갖는다. 그날 구경을 온 사람은 결혼의 증인이 되는 셈이며, 아무도 지켜보는 이 없이 방안에서 치른 결혼이란 그야말로 야합이었다.

무릇 뜰을 만듦에 있어

평상시에는 가사 노동이 이루어지는 공간으로 때로는 행사장으로 쓰이는 마당이었기 때문에 만드는 방법부터 관리하는 방법 그리고 피해야할 것들이 몇 가지 있었다. 풍수지리는 마당 또한 하나의 혈로 인식하여, 사방이 산으로 둘러싸여 있는 좋은 형국을 만들기 위해 마당에도 사방에 나무를 심었다. 조선 후기 실사구시 학자 홍만선의 『산림경제(山林經濟)』에는 이에 대한 설명이 나와 있다.

무릇 주택에 있어서 왼편에 흐르는 물과 오른편에 긴 길과 앞에 못, 뒤에 언덕이 없으면, 동쪽에는 복숭아나무와 버드나무를 심고, 남쪽에는 매화와 대추나무를 심으며, 서쪽에는 치자와 느릅나무를 심고, 북쪽에는 벚나무와 살구나무를 심으면 마땅히 청룡, 백호, 주작, 현무를 대신할 수 있다.

동양의 전통적인 음양사상은 주택 내의 공간도 음과 양으로 나누었는데, 방과 마루를 비롯한 실내 공간을 음이요, 마당을 비롯한 외부 공간을 양으로 보았다. 음양이 조화를 이루기 위해서 마당의 존재는 필수였으며, 좋은 양기를 받아들이기 위해 마당은 되도록 비우고 깨끗이 치워야 했다. 이것이 바로 마당 가운데 수목을 심지 않는 우리의 전통 정원이며, 수목과 화초를 가득 심어 조경을 꾸미는 서양의 정원과 다른 점이다. 『산림경제』에는 큰 나무를 대문 바로 앞에 세우거나 뜰 가운데 심으면 그 형국이 한곤(閑困)이 되어 재앙이 생긴다고 하였다. 이는 단순히 글자의 형상만을 따진 미신적 요소로 보이지만, 건축계획적으로도 정원이나 대문 앞에 큰 나무를 심는 것은 좋지 않다고 되어 있다. 마당 가운데 큰 나무가 있으면 마당이 그늘지고 나무에 기식하는 벌레 등이 집 안으로 들어올 수 있으며, 특히 대문 앞에 큰 나무가 있으면 도둑이 숨기에 좋은 장소를 제공한다. 또한 서유구의 『임원경제지(林園經濟志)』에는 마당을 만들 때 좋은 조건과 피해야 할 조건을 설명하고 있다.

> 무릇 뜰을 만듦에 있어 세 가지 좋은 점과 세 가지 피해야 할 점이 있다. 높낮이가 평탄하여 울퉁불퉁함이 없고 비스듬해서 물이 빠지기 쉬운 것이 첫째 좋은 점이요. 담과 집 사이가 비좁지 않아서 햇빛을 받고 화분을 늘어놓을 수 있는 것이 두 번째 좋은 점이요, 네 모퉁이가 평탄하고 반듯하여 비틀어짐이나 구부러짐이 없는 것이 세 번째 좋은 점이다. 이러한 것과 반대되는 것이 세 가지 피해야 할 점이다.

가사 노동이 일어나는 중요한 공간이던 마당을 만드는 데 있어 좋은 곳을 고르고 함부로 다루지 않았음을 알 수 있다. 지금도 농가에서는 비가 내릴 때 마당에 함부로 들어서면 야단을 맞는다. 질척해진 땅에 발을 들여 놓으면 시간이 지나 그대로 굳어져 마당이 울퉁불퉁해지기 때문인데, 이럴 땐 마당 앞에 진흙을 갖다 놓고 이겨서 다시 고르게 바르는 '마당 들이기' 혹은 '마당 맥질'을 해야 한다. 건축 설계를 업으로 하는 사람이 제도판 위에서 간식이나 밤참을 먹으면 선배에게 야단을 맞듯, 중요한 작업공간인 마당은 소중히 다루어야 했다.

마루, 높고도 고귀하구나

마루의 사전적 의미는 "목재의 마루널을 깔아 바닥 난방을 하지 않는 공간"으로 온돌방에 대비되는 개념이며, 지표면에서 50센티미터 정도 떨어져 있어 여름을 나기에 좋은 장소로 알고 있다. 하지만 이것은 물리적 의미일 뿐, 진정한 의미의 마루는 아니다. 마루의 어원은 '말' 혹은 '마리'로서 높다는 뜻을 갖는다. 산의 정상을 산 마루라고 한다. 신체에서 가장 높은 곳은 머리이며, 무리에서 리더 역할을 하는 이를 우두머리라 하는데, 이때의 마루, 머리 등은 모두 그 어원이 같다. 제주도 방언으로 마루를 '마리'라 부르는데, 이는 본디 '말'이다. 한반도의 북동부 지역에 사는 어룬춘 족의 주거 공간 내에는 '말루(malu)' 혹은 '마로(maro)'라 불리는 공간이 있는데, 주택 내에서 위계가 매우 높아 여성들은 접근할 수 없는 신성한 장소다.

　신라 시대 왕을 일컫는 명칭 중 '마립간'은 '마리 칸' 내지는 '머리 칸' 을 음차했을 가능성이 높다. '칭기즈 칸'이 '위대한 왕'이라는 뜻을 갖는 것에서도 알 수 있듯이 '칸'은 우랄 알타이어 계통에서 지도자나 우두머리를 뜻하는 말로, 여기에 '머리'가 붙어 '여러 칸 중에서 가장 우두머리 칸'을 뜻하게 되었다. 신라는 부족 연맹체가 모여 국가를 형성해 나가는 과정에서 점차 강력한 부족의 우두머리가 권력을 세습하기 시작했다. 각 연맹체의 수장인 칸들이 모여 국가의 중요 정책을 의논하였는데, 그 중에 최고의 우두머리 칸을 '마립간'이라 하였다. 마립간 이전에는 박씨, 김씨, 석씨계가 왕위를 돌려가며 승계하다가 마립간 시기부터 김씨계가 단독 승계하게 되었는데, 지증왕은 본디 마립간으로 즉위했다가 재위 4년(503년) '신라'라는 국호와 금관을 처음 사용하면서 왕이 되었다.

'높다'라는 말에 물리적으로 높다는 뜻 말고도 사회적 지위가 높다는 뜻도 포함되어 있듯, 마루 또한 물리적으로 높은 공간과 지배계층의 공간을 동시에 뜻한다. 우리나라 남부 지방을 비롯하여 고온다습한 기후가 계속되는 동남 아시아와 중국 남부 지방에서는 원두막처럼 바닥이 지표 위에 들어 올려져서 사다리를 통해 드나들 수 있게 된 주거형식, 즉 고상 주거(高床住居)가 일반적이고, 양자강 유역의 원시 주거에서도 소거(巢居)라 하여 나무 위에 지어진 새집 모양의 주택이 눈에 띈다. 우리나라에서는 고상 주거의 형태로 만들어진 가형토기(家形土器)가 가야 지역에서 다수 출토되어 이를 가야건축의 특성으로 보기도 하였다.

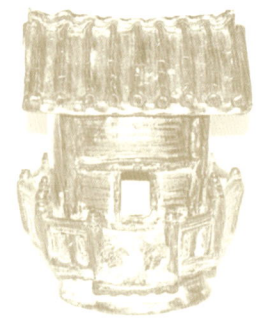

가형토기

경남 김해와 함안 지역에는 고상 주거의 형태를 모방한 가형 토기가 다수 발굴되고 있어, 가야 시대 주거를 엿볼 수 있다.

부경

지금도 만주 지방에서는 원두막과 비슷한 창고를 설치하고 있는데, 이는 분명 고구려 부경의 흔적으로 보인다.

따라서 무더운 기후를 견디기에 알맞은 마루는 신라와 가야를 중심으로 발달하고 온돌은 주로 한랭한 고구려 지방을 중심으로 각각 독자적으로 발달하여, 고려 시대에 이르러 한 집에 마루와 온돌을 함께 두는 주거 방식으로 발전했다는 것이 학계의 정설이었다. 그런데 최근 이러한 학설을 뒤집는 많은 이견들이 제시되고 있다.

청동기 시대의 마을 유적에서 이미 고상 주거의 형태가 발견되는데, 이는 주거 시설이라기보다는 마을의 방어를 위한 망루나 곡식을 저장하는 창고였을 것으로 추정된다. 『진서(晉書)』의 숙신씨조(肅愼氏條)에 의하면 "여름에는 소거에 살고 겨울에는 움집에 산다"라는 기록이 있다. 숙신은 일명 읍루(挹婁)라고도 하며 부여의 동북방에 위치한 나라였으므로 초기 철기 시대의 한반도 북부 지방에도 고상 주거가 존재했다는 증거가 된다. 고상 주거의 모습은 고구려의 고분벽화에도 자주 등장한다. 팔청리 고분에서는 사람 키 높이의 다락집이 그려져 있고 덕흥리 고분에서는 두 채의 고상 주거와 사다리를 타고 오르는 사람의 모습이 사실적으로 그려져 있어, 부경(桴京)이라는 창고를 묘사한 것으로 보인다. 지금도 만주 지방에서는 부경과 동일한 형태의 창고 시설이 있고, 바이칼 호 주변에서도 같은 형태의 창고를 사용하고 있다. 이상의 증거들로 볼 때 고상 주거는 그것이 망루였든 창고였든 청동기 시대에 시작되어 초기 철기 시대에 이르면 한반도 전역에 전파된 것을 알 수 있다.

현재 마루의 기원에 대해서는 북방 기원설과 남방 기원설이 있다. 남방 기원설은 여름철의 더위와 습기를 피해 나무 위에 집을 지었던 것에 기원을 두고 있으며, 마루의 물리적·기능적 측면을 강조하여 여름용 주거 시설로 보는 견해다. 북방 기원설은 고구려의 부경 내지는 '마리', '마루'라는 어원을 가지고 해석하는 것으로 수장 공간이나 지배 계층의 주거 시설로 보는 입장이다. 마루가 북방에서 기원했는지, 남방에서 기원했는지는 아직도 수수께끼지만, 과거에는 남방 기원설이 설득력이 있었던 반면 현재는 북방 기원설을 지지하는 이들이 늘어나는 추세다.

마루를 뜻하는 두 글자, 상과 청

마루를 뜻하는 한자, 상(床)과 청(廳)은 그 의미가 조금 다르다. 상이 물리적인 마루, 즉 남방 기원설에 근거를 둔 고상 주거를 말한다면, 청은 북방 기원설에 근거를 둔 지배 공간 내지는 행정 기관을 뜻한다. 지금도 시청, 도청, 군청을 비롯하며 병무청, 철도청 등과 같이 관청의 명칭에 '청'을 사용하는데, 동사무소나 면사무소, 파출소 등과 같은 하급 관청에는 청을 붙이지 않는다. 인류 역사에서 지배 계급이 출현한 때를 청동기 시대로 보는데, 당시의 집들은 땅을 파고 들어간 움집이었지만 족장의 집에는 가족이 거주하는 움집 외에도 부족민들이 모여 회의를 할 수 있는 큰 집이 따로 있었다. 족장은 마을에서 공동으로 수확하는 농작물과 사냥물을 관리할 권한이 있었으므로 그것을 모아 둘 창고가 필요했고, 주변을 감시하기 위한 망루를 소유하고 관리할 책임도 있었다. 회의용으로 사용되던 큰 집, 창고, 망루 등은 모두 다락집 형태였을 것이고 이는 모두 '높다'라는 뜻의 마루로 불렸다. 이런 시설은 본디 마을 공용으로 사용하는 것이었으나 점차 사유재산이 축적되면서 개별로 갖추는 집이 생기게 되었다. 철기 시대에 들어 개인 주택에 설치된 창고는 부경이라 불렀고, 좀더 후대에는 서민들도 이러한 시설을 갖추게 되면서 크기가 축소되어 뒤주나 도장방으로 변했다.

지금도 농가에서는 뒤주를 마루에 두는 습관이 있다. 마루는 출입문이 따로 없어 방범이 허술한 편인데, 하필 그곳에 중요한 재산인 뒤주를 두는 것이 일견 모순되어 보이기도 한다. 하지만 마루가 본디 망루나 부경에 기원을 둔 것이고 뒤주 또한 부경이 작게 축소되어 변형된 것이라

생각하면 그 의문이 풀린다. 때로 저장해야 할 곡물이 많거나 더 확실한 방비를 위해서는 뒤주가 아닌 도장방을 두기도 한다. 이는 주로 외부의 도적이나 침입을 막기 위해 폐쇄적인 주거 유형을 택한 강원도 민가에서 많이 발견되며, 안방을 통해서만 출입이 가능한 형태다. 일반적으로 곡물을 수장하는 공간은 곳간과 도장방이 있는데, 곳간은 탈곡하지 않은 곡식을 저장하는 곳으로 마당에서 직접 출입할 수 있는 외부 공간인 반면, 탈곡한 후 알곡만을 저장하는 도장방은 안방을 통해서만 들어갈 수 있는 내부 공간이다.

청동기 시대의 망루는 원두막으로 변하여 지금도 시골 농가에 남아 있으며, 회의용으로 사용하던 큰 집은 관청 혹은 개인 주택의 대청으로 변하였다. 청동기 시대의 마루는 상이면서 곧 청이었지만 철기 시대에 들어 상과 청의 역할이 분리되기 시작하면서, 단순히 여름을 나기 위해 만든 마루는 상이 되고 지배 계층에서 아랫사람을 내려다보기 좋게 만든 마루는 청이 되었다.

물론 개인 집에 마련된 마루도 때로 청의 역할을 할 때가 있다. 조선 사대부가에서 가장 중요한 행사인 제사는 마루에서 지내는 것이 원칙이다. 주택 내에서 가장 좋은 곳이 안방이니 이곳에서 지낼 법도 하지만, 기일이 엄동에 들었다 할지라도 제사는 마루에서 지낸다. 전통 건축에서 마루는 따로 출입문을 두지 않는 경우도 있어 겨울의 마루는 한데나 다름없는데도 언제나 이곳에서 제사를 지낸다는 것은, 마루가 지배 공간 혹은 의식을 치르는 공간이라는 방증이다. 명칭 또한 민서의 집에서는 마루라 하지만 사대부가에서는 대청이라 하며, 제사를 지낼 때는 제청, 혼례를 치를 때는 초례청이라 한다. 혼례는 사실 마당에서 치르지만 그 명칭은 초례청이라 하며, 주로 할아버지와 할머니가 앉아서 시집가는 손녀딸을 내려다보는 장소로 이용된다.

사대부가에서는 조상의 신위를 모시는 사당을 주택 내에 마련하였는데, 집터가 좁거나 집안이 한미한 경우에는 따로 사당을 짓기가 쉽지 않다. 그래서 대청 마루 윗부분의 벽을 조금 파낸 곳에 조상의 신주를 모시는데, 이를 사당 벽장 혹은 감실(龕室), 벽감(壁龕)이라 한다. 개화기에 이르러 사진이 보급되면서 일부 개명한 집에서는 신주 대신 사진을 걸기도 했는데, 이 풍습은 지금도 이어져 내려와 시골 농가에 가 보면 대청 마루에 쌀 뒤주가 있고 그 위에 빛 바랜 흑백 사진이 빼곡히 걸려 있는 것을 볼 수 있다. 몇 대조 할아버지, 할머니, 어머니와 아버지의 결

원두막
서리꾼을 감시하는 용도로 사용되는 원두막의 기원은 청동기 시대의 망루로 거슬러 올라간다.

동헌의 마루
마루는 난방이 되지 않는 공간임에도 불구하고 공적인 일과 행사는 항상 이곳에서 치러진다.

사당 벽장
따로 사당을 마련할 수 없는 집에서는 벽을 파내고 작은 문을 달아 조상의 신위를 모시기도 한다.

혼 사진, 그 옆에 때로 장남의 대학졸업 사진이 걸리는 일도 있다. 예전에 장남을 서울로 유학 보내 대학 졸업을 시킨 것은 매우 자랑스러운 일이었다. 청동기 시대 이래 높은 공간이던 마루가 지금도 여전히 그 의미를 간직하고 있는 예다.

이제는 사라진 마당과 마루

근대화, 산업화에 따라 전통가옥이 자취를 감춘 자리에 아파트가 들어서면서 마당과 마루도 점차 사라지고 있지만, 아직도 언어 습관에는 남아 있다. 불과 10~20년 전만 해도 할아버지, 할머니들은 아파트의 거실을 마루라 불렀다. 엄밀한 의미에서 아파트의 거실이 마루는 아니지만 항상 마루라 불렀다.

사회학자 고용복 교수에 의하면 문화에는 용구적 문화(用具的文化, material culture), 규범적 문화(規範的文化, behavioral culture), 가치적 문화(價値的文化, spiritual culture)의 세가지 층위가 있다. 가치적 문화란 한 시대의 사회적 가치를 반영하는 것이며, 용구적 문화는 일상 생활에서 주로 어떤 물건을 사용하느냐 하는 것이며, 규범적 문화란 사회 구성원 사이에서 통용되는 관습과 규범이다. 주거를 예로 들어 설명하자면, "현재 서울 도심의 직장인들 대부분이 아파트에서 거주하며, 결혼식이나 돌잔치 · 회갑연 · 장례식 등은 주택이 좁아 전용 예식장이나 식당을 이용한다. 그리고 앞으로 10년 후에는 서울 근교의 전원 주택에서 살기를 원한다"라고 할 때, 용구적 문화는 현재 거주하고 있는 아파트, 가치적 문화는 미래에 살기를 희망하는 전원 주택, 규범적 문화는 돌잔치나 회갑연 등을 치르기는 해야 하는데 집 안에서 마땅히 치를 만한 장소가 없어 별도의 식당을 빌어 행하는 행위 등이 된다.

세 가지 문화적 층위는 동시에 달성되는 것이 아니라 시간차를 두고 달성되어서, 가치적 문화가 가장 빠르고 그 다음이 용구적 문화, 마지막으로 규범적 문화가 가장 늦게 달성된다. 예를 들어 1950~60년대, 당시 사람들은 전쟁의 폐허 위에 지은 무허가 판잣집이나 낡은 한옥에 살면서도(용구적 문화) 선망하는 주택은 멋진 양옥집(가치적 문화)이었다. 이후 1970~80년대가 되어야 비로소 양옥이나 아파트에 살게 되면서 가치적 문화가 현실로 충족된다. 하지만 이때에도 사람들은 전통적인 생활 양식을 버리지 못해 화장실의 욕조 안에서 목욕을 하는 대신 김장 배추를 재워두고, 베란다에는 꽃을 키우는 대신 장독대를 두었다. 된장, 간장을 슈퍼에서 사다 먹고 김치를 인터넷 쇼핑몰에 주문해 먹는 2000년이 되어서야 비로소 아파트 생활에 완전히 적응했다고 할 수 있다. 규범적 문화까지 달성된 것이다.

우리 모두가 거실을 마루라 부르던 1970~80년대는 용구적 문화는 아파트 생활이지만 규범적 문화는 전통가옥에 머물던 문화 지체의 시기였다. 겨울이면 김장을 할 공간이 없어서 욕조 안에 배추를 절여 두었다가 주방과 거실에 신문지를 깔고 앉아 김치를 버무리면서, 정작 목욕은 일주일에 한 번 대중 목욕탕을 이용했다. 용구적 문화는 근대화를 이루었지만 규범적 문화는 근대화가 아직 이루어지지 않아 절룩거리던 시기, 가장 불편한 것은 마당이 없다는 점이었다. 마당에서 대부분의 가사 노동을 하던 사람들이 별안간 마당이 없는 집에서 살게 된 불편과 그에 따른 갖가지 궁리 끝에, 마침내 현관 앞 복도를 마당처럼 쓰거나 베란다를 이용하기 시작했다.

계단식보다는 복도식이 주를 이루었던 당시의 아파트, 좁다란 복도에 저마다 내 놓은 김장독과 연탄, 자전거, 화분 등은 개인 마당을 방불케 했고, 복도의 양쪽 기둥에 빨랫줄을 매고 널어놓은 빨래는 만국기가 펄럭이는 초등학교 운동장을 연상케 했다. 채소를 많이 이용하는 전통 식단, 하지만 그때는 지금처럼 야채를 깨끗이 다듬고 포장하여 판매하던 때가 아니었다. 하여 현관문을 활짝 열고 앉아 일명 '고무 다라이'라고 부르던 커다란 대야를 앞에 놓고 흙이 줄줄 떨어지는 채소를 다듬는 아주머니를 만나는 일이 흔했다. 혹은 베란다를 개조해 작은 방을 꾸미거나 확장해서 거실을 넓히는 집도 있었다. 전통가옥은 마당 쪽으로 증축하여 방을 꾸밀 수 있지만, 그것이 불가능한 아파트에서는 베란다를 개조했던 모양이다. 그리고 이러한 현상은 지금도 계속 진행중이다. 복도에 물건 내놓기와 베란다 확장은 과거 마당을 사용하던 규범적 문화가 아직 완전히 없어지지 않은 채, 다리를 절며 힘겹게 용구적 문화를 뒤따

집宇집宙

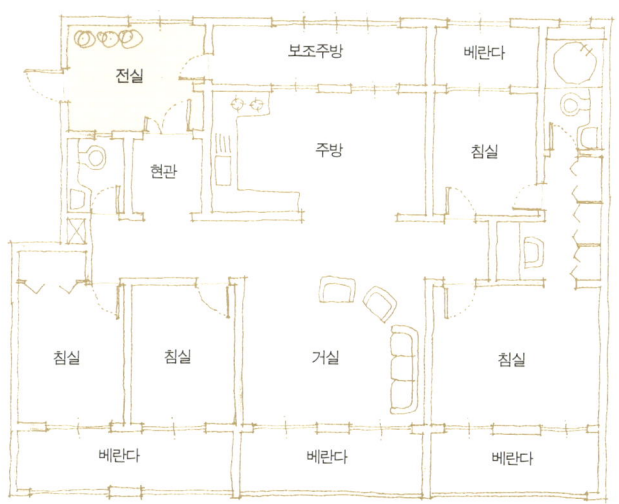

대형 아파트의 현관 앞 마당(전실)

최근 들어 일부 대형 아파트를 중심으로 현관 앞에 '전실(前室)'이라 하여 마당을 두는 사례가 늘고 있다. 화분을 여러 개 두고 테이블 세트를 두어 차 마시는 공간으로 활용하기도 한다. 경우에 따라서는 장독대를 둘 수도 있다.

르는 모습이다. 아파트 복도는 화재 시의 피난 통로이므로 이곳에 개인 물건을 두는 것은 금지 사항이며, 베란다 또한 화재 시 피난 용도로 사용되는 곳이므로 개조하여 실내 공간으로 이용하는 것이 금지사항이라는 공동주택 관리령에도 불구하고, 위반을 할 수밖에 없는 것은 마당이 없기 때문이자 용구적 문화는 충족되었지만 아직 규범적 행동 문화는 그에 따르지 못하고 있기 때문이다.

1990년대부터 일부 대형 아파트를 중심으로 현관 앞에 마당을 두는 예가 선보이고 있다. 중소형 아파트의 경우 현관문을 열면 바로 신발을 벗는 공간이 있지만, 이곳은 현관문을 열면 일정 공간의 복도가 마련되어 있어 자전거와 유모차를 두거나 장독 등의 덩치 큰 물건을 보관할 수 있게 하였다. 때로는 작은 화단으로 꾸미고 벤치를 두기도 하는데, 이 공간을 지나 다시 내부 현관문을 열고 집안으로 들어가게 되어 있다. 아직은 실험적인 상태에 있는데, 이것이 앞으로 어떻게 자리잡을지는 좀 더 두고 봐야 할 일이다.

집字집宙

7장 부엌을 마련하다
부뚜막 위에 솥을 거니 살림의 시작이라

중점은 두말찌 솥에는 서말찌
에이야루 지신아 조왕지신을 누르자
서말찌 너말찌 너말찌 닷말찌
이솥저솥 양솥안에 양만 꽉꽉 채워주소
은드무 놋도 들고 줄줄이도 앉았네
은바가치 놋바가치 줄줄이도 엎혔네
은따배야 놋따배야 줄줄이도 걸었네
조왕님요 조왕님요 사대봉추 점지하소
만대유지를 늘리소 만대유지를 늘리소

지신밟기 노래 중 부엌의 조왕신에 관한 부분

한 무리의 구석기인들이 사냥을 가다가 갑자기 소나기를 만나 근처 동굴로 달려가 비를 피했다. 얼마 뒤 비가 그쳐 모두들 그곳을 떠났지만 며칠 후 그 가운데 한 명이 아내와 아이를 데리고 왔다. 바닥을 다져 사슴 가죽을 깔고 동굴의 입구에도 사슴 가죽을 둘러친 후 가운데에 불을 피우고 둘레에는 불이 번지지 않도록 돌을 둥글게 둘러 놓았다. 남자는 거의 매일 사냥에 나갔고 때로는 무리를 지어 며칠씩 원거리 사냥에 나서기도 했지만 날마다 사냥감을 들고 오는 것은 아니었다. 오히려 빈 손으로 돌아오는 일이 더 많았고 토끼나 꿩이라도 손에 들려 있다면 반가운 일이었다. 그날도 운 좋게 덫에 걸린 토끼 한 마리를 잡은 덕에 남자는 한껏 의기양양해 있었다. 아내는 온종일 숲을 뒤져 주운 도토리의 섭질을 까고 토끼 가죽을 벗겨 꼬챙이에 꿰어 불에 구웠고 남자는 내일 사냥에 쓸 석기를 손질했다. 도토리와 토끼 고기를 배불리 먹은 아이들은 불 옆에서 한동안 장난을 치더니 까무룩 잠이 들었다. 지금으로부터 50

만 년 전, 제주도 애월읍의 한 동굴에서 실제 있었던 일이다.

불을 놓으매 비로소 집이 되었나니

원시 건축의 네 요소는 바닥(mound), 지붕(roofs), 덮개(envelope), 불
(hearth)이다. 원시인의 주거를 보통 동굴 주거라고 생각하지만, 동굴
속이라 해도 땅바닥에 바로 앉거나 누울 수는 없다. 울퉁불퉁해서 불편
할 뿐 아니라 지층의 냉기와 습기가 그대로 전해지기 때문에 평평하게
다지고 그 위에 짐승 가죽이나 풀로 엮은 돗자리를 깔거나 혹은 고운 자
갈을 깔아야 한다. 이때 깔았던 짐승의 가죽은 이후 양탄자로, 풀 돗자리
는 화문석이나 다다미 등으로, 고운 자갈은 전돌로 발전해 갔다[mound].
비를 피하기 위해 지붕은 필수적이지만, 허공에 홀로 떠 있을 수 없으니
벽체와 연결되어야 하고 벽체는 바닥에 단단히 고정되어야 한다. 벽체
를 수직으로 세울 수 있는 기술 및 벽체와 지붕을 연결하는 기술은 이후
갖가지 건축 구조로 발전해 갔다[roofs]. 벽체와 지붕뿐인 뼈대만 앙상
한 건축은 있을 수 없다. 그 위에 무언가를 덮어야 바람을 막고 안온한
주거가 될 수 있으므로 짐승의 가죽이나 풀 엮음 등으로 지붕을 덮었다.
혹은 좀더 견고한 재료를 고안해 내기 시작했는데, 이후 이것은 타일,
벽돌, 흙벽돌 등 외벽의 형태를 결정짓는 갖가지 건축 재료가 되었다. 물
론 지붕을 풀 엮음으로 덮는 가장 오래된 방법은 이후 볏짚을 이용한 초

가 지붕이 되어 최근까지도 지속되고 있다〔envelope〕. 바닥, 지붕, 덮개,
하지만 이것만으로 완전한 집이 될 수는 없다. 그것은 물리적 구조체이
며 가옥(house)일뿐, 진정한 집(housing)이 된 것은 아니다. 한가운데
불을 피워야 구조체는 비로소 집으로 완성된다〔hearth〕.

사냥을 가다가 갑자기 내린 소나기를 피해 동굴에 모여 앉았다고 해
서 집이 되는 것은 아니지만, 가운데 불을 피워 음식을 조리하기 시작하
면 그때부터 집이 된다. 그러한 예는 지금도 볼 수 있다. 아파트의 모델
하우스는 실물의 아파트와 똑같이 생겼지만 아무도 그것을 집이라고 생
각하지 않는다. 하지만 주방에서 실제로 음식을 조리한다면 모델하우스
는 그 순간부터 집이 될 것이다. 신이 진흙으로 그 형상을 빚은 뒤에 숨

을 불어 넣어야만 비로소 사람이 되는 것처럼, 실내에 불을 피움으로써 구조체는 집이 되는 것이니 불이란 집에 생명을 불어넣어 비로소 집을 집답게 하는 것이다. 불은 집 안을 따듯하게 하고 주위를 밝히는 역할도 하지만 가장 중요한 것은 음식을 조리하는 일이다. 최초의 집은 곧 부엌이었으며, 부엌은 집의 정수다. 요즘은 부엌을 단순히 서비스 공간으로 치부해 버리지만 부엌은 주택에서 가장 먼저 생긴 본질적 공간이며 이후 방을 비롯한 여타 공간이 분화해 나간 것에 불과하다. 그리스 신화에서 가정의 평안을 지키는 여신 헤스티아(Hestia)가 hearth와 동일한 어원을 갖는 것에서도 알 수 있듯이, 고대 그리스에서 화롯불은 생활의 중심이었다. 여인이 결혼하여 남편이 사는 시부모집에 들어서면 가장 먼저 화롯불로 안내되었고, 아이가 태어나면 남편은 그 아이를 화롯불 위로 올리며 이름을 지어 주었다. 그리스어로 집은 오이코스(Oikos)라 했는데, 이는 화로가 있는 공간, 즉 부엌을 의미하는 말이기도 했다.

화로를 사용하지 않고 부뚜막을 설치했던 우리나라에서는 부뚜막과 솥이 살림살이를 의미했다. 집을 새로 짓거나 이사할 때는 새집 부뚜막 위에 솥을 걸어 놓는 것으로 살림이 시작된다고 보았다. 그리스의 신부가 시집에서 가장 먼저 만나는 곳이 부엌의 화롯불이라면, 우리나라의 신부가 제일 먼저 만나는 것은 솥이다. 시집에 처음 오면 가마채를 안방 문턱에 걸고 그 앞에 중솥을 거꾸로 엎어 놓는데, 신부는 가마에서 나와 왼발로 이것을 딛는 풍습이 있다. 궁중에서 왕비나 세자빈을 간택할 때도 똑같은 일을 거치는데, 초간택에 참가하는 처녀들이 대궐의 문에 당도하여 궁 문턱을 넘어갈 때는 미리 준비한 솥뚜껑의 꼭지를 밟고 넘어가게 되어 있다. 이에 대해 '다리가 무쇠처럼 튼튼해서 탈이 나지 말도록 하라'는 뜻으로 해석하기도 하고 혹은 평생 솥으로 밥을 해야 하니 첫 상견례를 하는 것이라고도 하지만, 기실은 새로 시집온 여성이 그 가정에 편입되는 과정을 상징한 것이다.

세계 모든 문화권에서 결혼이란 새로운 탄생을 의미하며, 이것을 형상화하는 도구로 가장 자주 쓰이는 것이 알[卵] 또는 알과 모양이 비슷한 바가지다. 알을 깨부수고 태어나는 새 생명처럼 바가지를 깨는 것 또한 새로운 탄생을 의미해서, 결혼식에서 신부가 바가지를 깨는 의식이 동서고금에서 자주 목격된다. 얼마 전까지만 해도 교도소에서 갓 출소한 사람은 바가지를 깨고 두부를 먹는 습관이 있었다. 이제 새 사람이 된다는 뜻으로 파란(破卵)을 상징하는 바가지를 깨뜨렸는데, 요즘은 바가지를 구하기가 어려워져서인지 두부만 먹는다. 신부가 솥을 밟고 지나가는 행위도 본디는 박을 발로 밟아 깨고 들어가는 것이었을 텐데, 살림의 상징인 솥으로 바뀌면서 밟아 깨기가 어려워지고 무엇보다 여성의 다소곳한 면이 강요되면서 밟아 깨는 대신 디디고 지나가는 형식으로 변화하여 내려오고 있다. 세계적으로 보편성을 획득한 문화인류학적 요소들은 강한 보수성을 지니므로 여간해서는 그 형태가 바뀌지 않는다. 그럼에도 불구하고 알이나 생명을 상징하는 바가지가 솥으로 바뀌었다는 것은 주택에서 부엌과 부뚜막 그리고 거기 걸린 솥이 얼마나 중요했는지는 방증하는 예라 하겠다.

일제시대 민중의 수난상을 그리고 있는 나도향 원작의 「땡볕」은 1985년에 영화로도 만들어졌는데, 떠돌이 날품팔이 생활을 하면서도 여자 주인공은 항상 가마솥을 갖고 다닌다. 보따리를 이고 지고 가는 가운데서도 여주인공은 무쇠로 만들어져 무겁기 한량없는 솥을 제일 먼저 머리에 인다. 그까짓 것은 던져 버리고 새로 나온 양은 냄비나 하나 장만해서 가자는 남편의 말도 절대 듣지 않는데, 결국 아내는 아이를 낳다가 죽고 혼자 남은 남편이 등에 아이를 업고 머리엔 솥을 이고 다시 길을 떠나는 것이 마지막 장면이다. 솥은 단순히 밥을 지어먹는 그릇이 아닌 가정의 상징임을 보여 준 작품으로, 베니스 영화제 본선에 진출했다. '한솥밥을 먹는 사이' 라는 말에서도 알 수 있듯이 솥은 곧 가정을 상징한다.

정지와 봉당, 부엌과 안방으로 다시 주방과 거실로

한옥 마을이나 민속촌에서 흔히 볼 수 있는 전통 민가는 부엌과 안방이 나뉘어 있지만, 이런 형식으로 굳어지게 된 것은 조선 시대에 이르러서이고, 고려 시대만 해도 부엌과 안방은 분리되지 않은 채 명칭도 정지와 봉당이라 불렀다. 1900년대 초까지만 하더라도 함경도와 강원도 지방에서는 부엌과 안방 사이에 칸막이가 설치되지 않은 형식이 대부분이었는데, 소설가 최서해(1901~1932년)는 소설 「폭군」에서 1920년대 함경도의 주거 형태를 다음과 같이 천착하고 있어, 고려 시대의 서민 주거를 엿볼 수 있는 단서가 된다.

북쪽은 부엌과 안방 사이에 벽 없이 한데 통하였다. 바당(봉당)이란 부엌이고 정지는 부엌에 있는 안방이다.(……)
정지 윗목에 벽을 의지하여 3층으로 시렁을 매는데, 맨 밑은 공상이라 하여 쌀독같이 크고 무거운 것을 놓고, 가운데 층은 조왕이라 하여 사발, 공기같이 가벼운 것을 얹고, 마지막 층은 덕대라 하여 밥상을 얹는다.

봉당
함경도 지방의 봉당. 함경도 지방의 민가는 안방과 부엌 사이에 칸막이 벽이 없이 이루어져 있다. 솥이 걸린 아궁이 옆에 바로 방이 연결되어 있다.

부엌과 방 사이에 칸막이 벽이 존재하지 않았던 서민 주거는 고려 후기에 들어 생활의 편의와 위생을 위해 칸막이 벽을 치게 되면서 각각 안방과 부엌으로 변화하였다. '안방'이란 말 그대로 '안쪽에 있는 방'을 말한다. 전통 가옥에서 마루, 부엌, 건넌방 등은 모두 마당에서 직접 드나들 수 있지만 안방은 그렇지 못해서 반드시 마루를 통해 들어가도록 되어 있다. 전통 가옥은 지방에 따라 특색을 띠는데, 서울과 경기를 비롯한 중부 지방의 집들은 안채가 ㄱ자로 꺾여 있고 그 꺾인 부분에 안방이 놓인다. 따라서 마당에서 직접 진입이 불가능하고 마루에 올라와서 들어가야 하는 '안쪽에 있는 방'이며, 안방을 중심으로 대청 건너에 있는 방은 건넌방, 안방의 아래쪽에 있으면 아랫방, 위쪽에 있는 윗방 등으로 다른 방들의 이름이 정해졌다. 경상도를 비롯한 남부 지방의 집은 ―자로 이루어진 경우가 많은데, 이때에도 안방은 마당에서 직접 들어가는 것이 아니라 마루를 통해서 들어가도록 되어 있다.

안방 옆에는 항상 부엌이 있는데 그 사이에는 조그만 쪽문이 하나 있어, 부엌에서 상을 차려 쪽문을 통해 안방으로 상을 들이기가 쉽도록 만들었다. 이는 고려 시대에 봉당과 정지가 연결되어 있던 흔적으로 조선에 들어 두꺼운 벽이 안방과 부엌을 갈라 놓았지만 최소한의 소통을 위해 쪽문을 둔 것이다.

부엌과 안방은 맞붙어 있지만 기능은 매우 달라서, 부엌이 음식을 조리하고 난방을 담당하는 노동 공간이라면 안방은 식사와 취침이 이루어

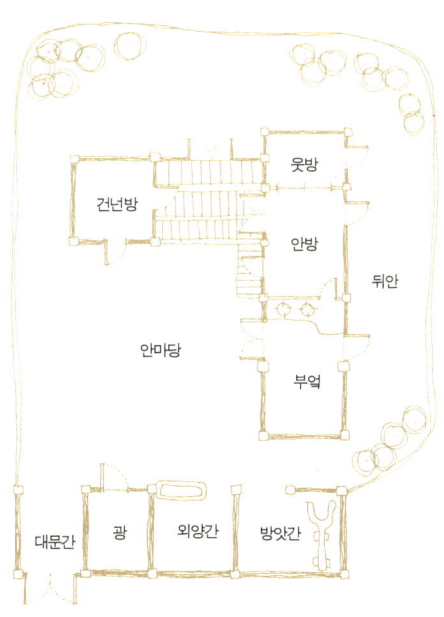

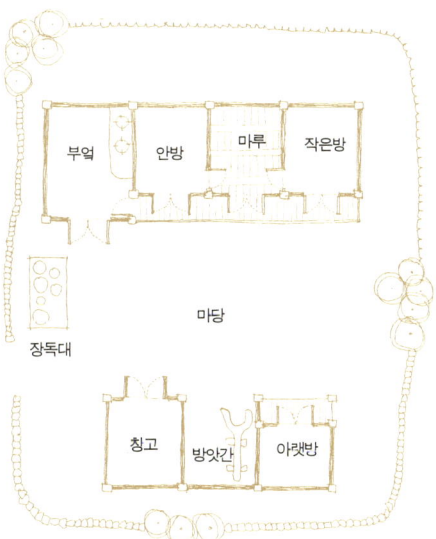

ㄱ자집과 ㅡ자집

서울을 비롯한 중부 지방에는 ㄱ자집(위)이, 남
부 지방에서는 ㅡ자집(아래)이 일반적이다. 이
때 부엌 옆에는 항상 안방이 있고, 이를 중심으
로 웃방, 건넌방, 아랫방 등의 명칭이 정해진다.

지는 주거 공간이다. 전통 주거에서는 노동 공간과 주거 공간을 구분하는 방법이 매우 명확해서 실내에서 신을 벗으면 주거 공간이고 신을 신으면 노동 공간이며, 명칭 또한 노동 공간은 '~간', 주거 공간은 '~방'이라 불러 구분하였다. 예를 들어 부엌, 광, 창고, 외양간, 마당 등은 신을 신은 채 일하는 노동 공간이며, 안방, 마루, 건넌방 등은 신을 벗은 채 생활하는 공간이다. 부엌을 궁중에서는 '수라간'이라 하고 사찰에서는 '공양간'이라 하는데, 만약 '수라방'이나 '공양방'이란 말을 쓴다면 이것은 밥을 하는 공간이 아니라 먹는 공간이다. 부엌에서 상을 차려 안방으로 가져가는 일련의 번거로운 과정은 부엌과 안방 사이를 직접 연결하는 쪽문이 쉽게 해결해 준다. 서민 주거에서는 따로 하녀를 두지 않았기에 주부가 상을 차려 안방에 들이고 자신도 쪽문을 통해 안방으로

부엌에 난 쪽문
서민 주거에서는 부엌에서 상을 차려 바로 방으로 들일 수 있도록 쪽문이 있는 경우가 많다.

들어갈 수 있도록 쪽문이 제법 컸다. 하지만 부엌일을 담당하는 하녀를 따로 둘만한 중간 계층이 되면 쪽문으로 상만 들이면 될 뿐 하녀가 안방에 들어와 함께 밥을 먹는 일은 없기 때문에, 쪽문은 밥상만 들일 수 있을 정도로 크기가 줄어든다.

상류 계층이 되면 쪽문이 아예 없어져서, 부엌과 안방이 붙어 있기는 하되 소통되지 않고 단절된다. 양반 주거에서는 부엌일을 돌보는 하녀도 둘 이상 되며, 밥상을 들고 들어갈 하녀도 따로 있어서 문지방을 넘어 신을 신고 벗는 행위의 불편쯤은 문제 삼지 않았다. 물론 여기에도 불편함은 있다. 우리나라 음식은 국과 찌개가 발달하여 이를 따끈히 데워 먹는 습관이 있는데, 여러 걸음을 하는 동안 국이 넘치거나 식을 염려가 있고 무엇보다 비가 오는 날에는 몹시 곤란하다. 말하자면 하녀의 입장이 아닌 주인의 입장에서 불편함 점인데, 이 때문에 그릇마다 일일이 뚜껑을 덮고 그 위에 밥상보를 덮어서 가져간다. 부엌과 안방 사이에 쪽문이 있어 바로 상을 들이는 서민 주거에서는 뚜껑과 밥상보가 전혀 필요하지 않지만 상류 계층에서는 꼭 필요하여, 집에서 사용하는 그릇 한 가지만 보아도 사회적 지위를 가늠해 볼 수 있었다. 그리고 이 흔적은 지금도 남아 있다.

백화점에서 식기를 판매하는 매장에 가 보면 한 켠에 시부모를 위한 예단용 식기가 놓여 있고, 7첩 반상기 세트가 주류인 그것은 예외 없이 모든 그릇에 뚜껑이 갖추어져 있다. 7첩 반상이란 국, 김치, 찌개를 제

반상기 세트
전통 유기로 만들어져 있고 그릇마다 뚜껑이 있는
것으로 미루어 보아 중류 이상의 가정에서 사용된
것이다.

외한 반찬의 가짓수가 7개인 상차림인데, 그릇마다 뚜껑이 덮여 있다는
것은 부엌과 안방이 분리된 부잣집에 시집을 간다는 뜻으로, 주방이 실
내로 들어온 지금은 그 의미가 없어졌지만 아직도 시부모를 위한 상차
림에는 뚜껑이 달린 7첩 반상을 준비하고 있다. 조선에서는 임금과 왕
비 및 대비가 12첩 반상을 받았고 그 아래 왕세자와 세자빈이 9첩 반상
을 받았으니, 7첩 반상은 반가에서도 특별한 날에나 먹을 수 있는 최고
의 밥상이었다.

　1970년대 새마을 운동과 함께 입식 부엌이 도입되고 이름 또한 주방
으로 바뀌게 된다. 전통 주거에서 부엌은 안방과 단차가 있었다. 아궁이
에 불을 때면 그 열기가 안방의 구들을 데우는 온돌의 특성상, 부뚜막의
높이와 안방의 높이가 같아야 한다. 따라서 부엌은 바닥이 낮고 안방은
높아야 하므로 요즘의 아파트처럼 주방과 거실 바닥의 높이가 같을 수

없었다. 70년대 새마을 운동의 일환으로 농가주택 개량사업이 벌어지면서, 초가 지붕을 슬레이트 지붕으로 바꾸는 것과 함께 아궁이를 헐고 바닥을 높여 석유곤로나 가스레인지를 놓는 이른바 '입식 부엌' 이 선보였다. 마당에서 신을 신고 들어가던 부엌은 이제 마루나 거실에서 바로 드나들 수 있도록 실내로 들어온 것이다.

시꺼먼 부뚜막 대신 하얗게 빛나는 알루미늄 싱크대가 들어선 것도 이 무렵이었고, 얼마 뒤엔 밥상 대신 식탁이 자리를 잡게 되었다. 지금은 온 가족이 다 함께 모여 밥을 먹지만 과거에는 그런 일이 드물었다. 남녀칠세불공식의 원칙에 따라 가족들은 남녀간, 세대간으로 나뉘어 따로 상을 받았고, 웃어른은 독상을 차려 드렸다. 한끼 식사에 크고 작은 밥상을 여럿 차리는 게 예사였고, 귀하고 맛난 반찬은 어른 상에만 올라가는 일도 흔히 있었다. 하지만 식탁은 남녀나 세대별로 따로 차리지 않는다. 식탁과 밥상은 단순히 입식과 좌식의 차이만이 아니라 가족 구성원의 평등을 상징하며, 주방에 식탁이 놓이기 위해서는 먼저 입식 부엌이 도입되어야 했다. 그리고 이것은 가정 내 가사분담을 촉진시켰다. 과거 부엌은 멀고 어둡고 불편한 공간이었기 때문에 남자들은 방안에 앉아 밥 달라 물 달라 소리칠 뿐, 그곳에 직접 들어가는 일은 없었지만, 현대에 들어 거실과 바로 연결된 주방 덕에 남자도 쉽게 드나들 수가 있게 되었다.

부엌이 어디에 있을까

신석기 시대의 움집, 그곳엔 집 한가운데 부엌이 있었다. 집의 가장 주된 기능은 불을 피워 내부를 따뜻하게 하고 실내를 밝히며 음식을 조리하는 일이어서 화롯불을 곧 집과 동의어였다. 하지만 청동기 시대에 들어 집이 넓어지면서 부엌도 점차 전용 공간화되기 시작했다. 화롯불을 두 개 피워 하나는 여자들이 모여 앉아 음식을 조리하고 한 쪽엔 남자들이 모여 사냥에 쓸 석기를 수리하면서, 집은 부엌과 거실로 구분되었다. 철기 시대를 거치면서 부엌은 음식을 조리하고 방을 데우는 일만 전담하면서 구석으로 밀려나기 시작했다. 국가가 발생하고 문명이 은성하면서, 이제 부엌은 숨겨야 할 구석지고 비천한 공간이 되었다.

1970년대 새마을 운동과 함께 입식 부엌이 도입되면서 부엌은 주방으로 이름이 바뀌었다. 거실에서 가족과 함께 TV를 보던 남편이 어색하지 않게 커피를 끓일 수 있는 곳, 때로 시아버지도 손수 차를 끓일 수 있는 곳으로 변하면서, 웃어른을 위한 밥상이 차곡차곡 쌓여 있던 자리엔 식탁이 대신 자리잡았다. 그 후로 다시 한 세대가 지난 요즘, 아파트는 과거 신석기 시대의 움집처럼 집 한가운데 주방이 들어서는 것으로 또한 번 변신을 하고 있다. 주부가 주방에서 일을 하면서도 집안 전체를 통어할 수 있도록 거실과 붙어 있거나 혹은 거실을 제치고 집안의 한가운데 자리잡기도 한다. 여성의 전반적인 지위 향상과 더불어 가정 내 주부의 발언권이 커지면서 아파트 시장에서는 주부가 마케팅의 주요 대상으로 떠오르고, 모델하우스에서 가장 많은 비용을 들이며 꼼꼼하게 신경을 쓰는 곳도 주방이 되었다. 일반적으로 주방은 그 사회에서의 여성의 지위와 역할을 반영한다. 그렇다면 주방의 위치와 성격 변화를 수치적으로 조사할 수 있는 방법은 없을까.

건축에서 각 실(室)들의 위계와 성격을 계량적으로 알아보는 방법 가운데 위상도를 측정하는 방법이 있다. 예를 들어 A-B-C 라고 하는 크기가 똑같은 세 개의 방이 있을 때, 각기 출입구를 어디에 두어 어떻게 연결되느냐에 따라 그 성격이 매우 다르다. 그림 1과 같이 복도에서 각각 A로, B로, C로 곧바로 들어갈 수 있으면 세 방의 성격은 같지만 그림 2와 같이 C는 반드시 B를 통해서만 들어갈 수 있다고 할 때, B와 C는 그 성격이 같지 않다. 이를테면 그림 1은 각 교실이 되겠지만 그림 2의 A는 서무실, B는 교무실, C는 교장실이 될 것이다. 혹은 그림 3과 같이 C로 들어가기 위해서 반드시 A와 B를 거쳐야 하는 경우라면, A는 대기실, B는 비서실, C는 사장실이 될 것이다. 이처럼 같은 조건의 방이라도 출입구를 어디에 두느냐에 따라 각 방의 성격이 달라짐을 알 수 있다. 이때 복도에서 각 방으로 들어가기 위해 몇 번의 공간을 통과해야 하는지 숫자로 세어 통계를 낸 역수를 위상도라 한다. 그림 1에서 각 방들의 위상도는 모두 같다. 하지만 그림 2에서는 B의 위상도가 높은 반면 C의 위상도는 상대적으로 낮다. 그림 3에서 가장 위상도가 낮은 방은 C이며,

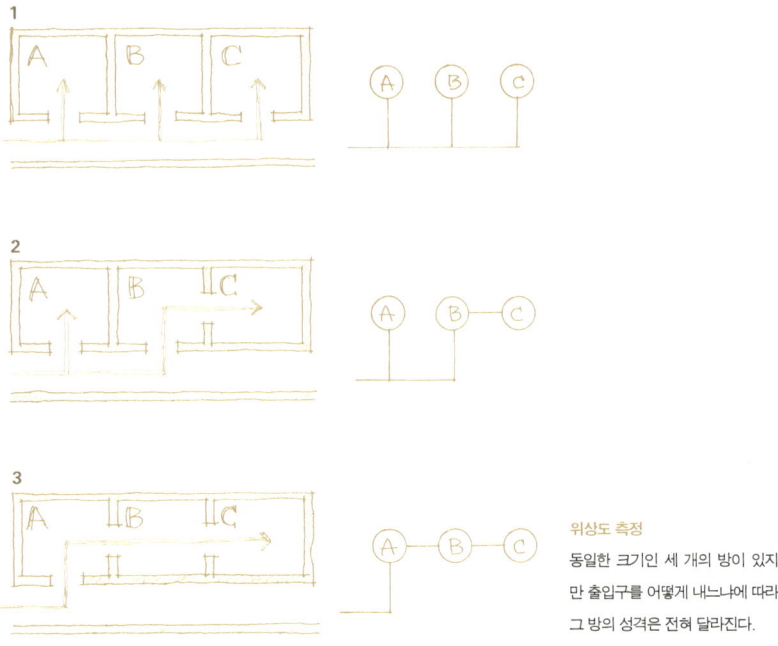

위상도 측정
동일한 크기인 세 개의 방이 있지
만 출입구를 어떻게 내느냐에 따라
그 방의 성격은 전혀 달라진다.

그 반대는 A이다. 즉 위상도가 높을수록 누구나 쉽게 접근이 가능한 곳에 있는 개방된 곳이며 위상도가 낮을수록 접근하기 어려운 곳임을 알 수 있는데, 이처럼 공간의 위계와 성격을 수치적으로 분석하는 걸 공간통사해석(空間統辭解析, space syntax)이라고 한다.

부엌의 위상도는 그 시대 여성의 사회적 지위, 주택 사용자의 사회적 계층, 그 시대의 사회 구조 등을 반영한다. 즉 특정 시대나 사회에서 부엌의 위상도가 평균적으로 낮을수록(부엌이 구석진 곳에 위치할수록) 그 사회의 여성들은 사회적으로 고립되어 집 안에서 가사에 전념하는 경향이 있다. 또한 동일한 시대와 사회에서 어떤 집의 부엌의 위상도가 낮다면(부엌이 구석진 곳에 위치한다면) 그 집은 부유한 상류 계층에 속한다. 그리고 노예제 사회나 노동 임금이 싼 사회에서는 부엌의 위상도가 낮은(부엌이 구석진 곳에 위치하는) 경향이 있으며, 이상의 세 가지 경향은 반대의 경우도 성립한다.

전통 주거에서 부엌의 위상도가 낮았던 반면 요즘 아파트는 주방의 위상도가 높아졌다. 과거 부부유별, 남녀칠세부동석의 가르침에 따라 여성과 남성의 거주 영역이 달랐고, 무엇보다 여성에게는 교육과 사회 참여의 기회가 전무했다는 것을 생각해 볼 때 쉽게 이해할 수 있다. 하지만 새마을 운동과 함께 도입된 입식 부엌은 주방의 위상도를 높이는 데 큰 몫을 했다. 1970년대에는 아파트가 점차 일반화되기 시작하는데, 초기에 지은 아파트보다 최근의 것이 주방의 위상도가 월등히 높은 것을 알 수 있다. 여성의 교육과 사회 참여 비율이 높아지면서 주방의 위상도도 점차 높아지는 것이다.

한편 동일한 시대에서는 하류 계층일수록 부엌의 위상도가 높으며 상류 계층일수록 위상도가 낮아지는 경향을 보인다. 고려 시대 서민 주서에서 부엌과 안방이 바로 연결되어 있어 부엌의 위상도가 높았던 반면, 귀족 주택에서는 부엌이 집 밖에 따로 있어서 위상도가 매우 낮았다. 조선 시대에는 왕가 주택을 제외한 모든 주택에서 한 지붕 아래 부엌과 안방을 함께 둠으로써 상하 계층에 따른 위상도의 편차가 고려 시대보다는 줄어든다. 하지만 서민 계층에서는 부엌과 안방을 연결하는 쪽문이 있어서 위상도가 높았지만 반가에서는 쪽문이 막혀져 있어 부엌의 위상도가 낮아진다. 상류 계층일수록 하인을 두는 비율이 높아지므로 노동 공간인 부엌이 멀리 떨어질수록 주거 생활이 쾌적하여 부엌의 위상도가 낮아지지만, 하인이 없는 서민 계층일수록 주부가 직접 부엌일을 하므로 그 위상도가 높아지는 것이다. 이러한 상하 계층에 따른 부엌 위상도의 편차는 고대에서 현대로 올수록 차차 줄어드는 추세다.

마지막으로 동일한 사회 계층이라도 그 사회의 산업 구조에 따라 부엌의 위상도가 달라져서, 인건비가 비쌀수록 부엌의 위상도가 높아지는 경향을 보인다. 대표적인 예가 조선 후기의 부농 주거다. 앞서 조선 후기의 부농 주거에서 부엌의 위상도가 높아지는 현상을 보았는데, 이는 조선 후기가 여성에게 억압적인 사회로 알려져 있는 것에 비추어볼 때 매우 이례적인 일로, 당시 여성의 지위가 생각보다 높았거나 혹은 실사구시 학풍의 확산에 따라 기능적이고 실용적인 건축 계획을 따랐던 것 등으로 추정해 볼 수 있다. 또한 이 현상은 노비 수의 감소와 연관 지어 해석해 볼 수 있다. 조선은 후기 사회로 접어들면서 화폐 경제의 발달과 함께 민의 성장이 두드러지며 노비가 감소하기 시작한다. 조선 초기 말 〔馬〕보다 쌌던 노비의 값은 후기로 갈수록 비싸진다. 또한 노비도 돈을 모아 관청에 내면 속량할 수 있었는데 그 속량 값이 후기로 갈수록 저렴

해지며, 더구나 임진왜란 직후에는 피폐한 국가 재정을 보충하기 위해 지방관이 직접 노비 속량첩을 가지고 다니며 돈을 받고 노비를 면천해 주기도 했다. 따라서 노비의 감소와 함께 안주인이 직접 부엌일을 하는 횟수가 증가하면서 위상도가 증가한 것으로 추론할 수 있다. 특히 양반 주거보다도 부농 주거에서 부엌의 위상도가 높아지는 현상이 이를 예증한다. 조선 후기 부농들이 소유했던 노비는 주인을 시중들며 심부름을 하는 가내 사환노비가 아니라 농장 일을 하는 솔거노비로서, 불완전하기는 하지만 근대적 의미의 임금노동을 했다. 노비를 둔다는 것은 비용이 많이 드는 일이었고 이들은 가정 내의 잡일보다는 좀더 생산적인 일에 투입되어야 했다.

노동 임금이 비싸지면서 부엌의 위상도가 높아지는 현상은 현대 사회에서도 그대로 확인된다. 1970년대의 아파트는 입식부엌이라 해도 그 위상도가 마치 조선 시대의 부엌과 같이 낮았는데, 이는 가정부가 있었기 때문이다. 당시 아파트 거주자는 중산층에 속했고 인건비가 쌌기 때문에 시골에서 상경한 소녀를 가정부로 두는 것은, 마치 요즘 셋집에 살면서도 승용차를 가지는 것처럼 일상적인 일이어서 주방 옆에는 조그만 가정부 방이 따로 마련되어 있었다. 하시만 1980년대에 들어 점차 인건비가 비싸지면서 가정부가 파출부로 대체되더니 1990년대에 들어서는 집에 행사가 있을 때만 일시적으로 파출부를 부르게 되었다. 가정부 방 또한 1980년대에는 다용도실이란 애매한 이름으로 불리다가 요즘에는 세탁기나 덩치 큰 살림을 두는 보조주방으로 바뀌었다. 주부가 직접 주방 일을 하게 되면서 주방의 위상도가 높아지는 것과 동시에 가사분담을 요구하는 목소리가 커진 것도 거의 이즈음이다.

물론 지금도 60평형대를 넘는 대형 아파트에서는 주방의 위상도가 점차 낮아지기 시작한다. 80평형대부터는 가정부를 의식한 듯 주방 옆에 작은 방이 따로 붙는 경우가 있으며 100평형대로 접어들면 주방용 전용 출입구가 따로 만들어진다. 주부가 주방 일을 직접 하는 경우가 드물기 때문이다. 이렇듯 주방의 위상은 시대적 상황, 여성의 지위, 산업 구조 등을 미묘하게 반영한다.

지금 내가 살고 있는 아파트도 주방의 위상도가 얼마나 높은지, 싱크대 앞에 서서 사방을 둘러보면 거실에 놓인 TV 화면을 비롯하여 안방 침대는 물론이요 큰 방에 놓인 컴퓨터의 모니터 화면과 작은 방에 놓인 책상 위의 책까지 모두 보이는 것이 마치 망루 위에 올라앉은 것과도 같다. 집 전체를 한 눈에 바라볼 수 있는 곳은 주방밖에 없으니, 이곳이 아마 집 안에서 가장 위상도가 높은 곳일 테다. 이렇게 개방되고 위상도가 높은 주방엔 많은 사회적 의미가 함축되어 있다. 지금은 남녀평등과 가사분담이 거대담론으로 작용하는 21세기라는 것이며, 여성의 지위 향상과 함께 가정 내 주부의 위상도 주방의 위상만큼이나 높다는 것이다. 그리고 또 하나, 우리 집은 가정부를 둘 수 없어 주부가 직접 주방 일을 해야 하는 소형 아파트라는 점이다.

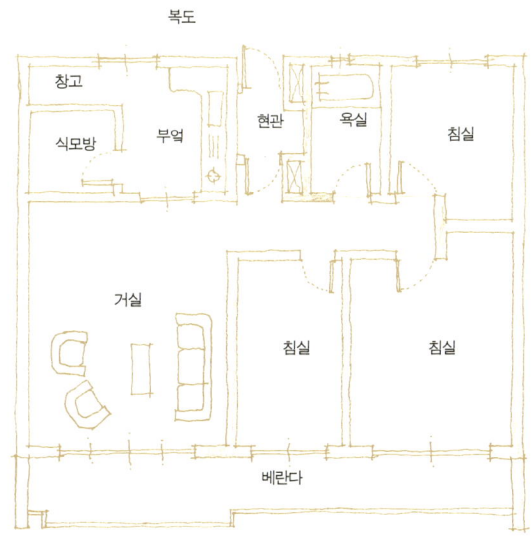

복도

창고

식모방　부엌　현관　욕실　침실

거실　침실　침실

베란다

부엌의 변천

잠실 아파트(1970년대, 위)와 사당동 아파트 (2000년대, 아래)를 비교해 보면 과거에는 주방 옆에 식모방이 있었지만, 요즘에는 보조주방을 둔 다. 명칭 또한 부엌에서 주방으로 바뀌었다.

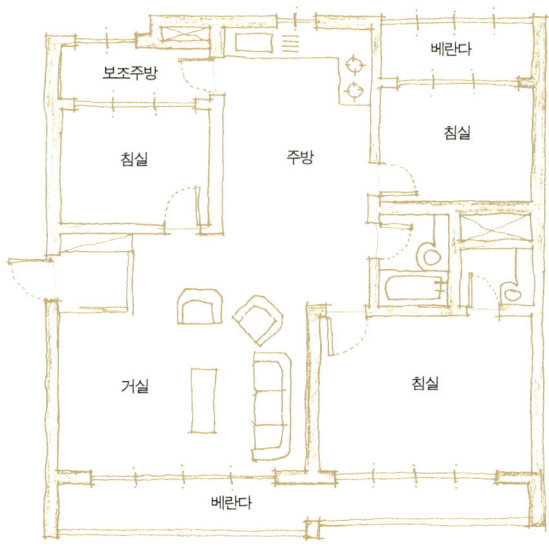

보조주방　베란다

침실　주방　침실

거실　침실

베란다

8장 신을 모시다 |
신비에 싸인 고대 건축을 만나는 길

하늘님이 물을 주서 산신령이 기른 나무
정신없이 베다보니 성주 기둥 빠졌구나
집으로 내려와서 씨근 빨래 갈아입고
상탕에 목욕하고 하탕에 손발 씻어
일단 점심 들은 후에 나무 작발 하러 가자
태산에 올라서니 나무 한줄 서 있구나
그 나무끝 쳐다보니 까막까치 집을 지어
성주님이 어진마무 에라 그 나무 부정하다
그 나무 한줄 왼손치고 또 한등을 너머가니
서 있구나 서 있구나 나무 한줄 서 있구나
그 나무끝 쳐다보니 황새들새 집을 지어
그 나무 한줄 왼손 치고 또 한능을 너머가니
그 나무끝 쳐다보니 이무정이 딱 붙었다
소톱 대톱 걸어라 밀어라 땡겨라 톱질이야

「성주풀이」 중 성주가 집을 지을 나무를 베는 장면

종묘는 조선 역대 임금의 신위를 모신 곳으로, 선왕과 선후의 신주를 모시는 정전(正殿) 및 배향 공신을 모시는 공신당(功臣堂) 외에도 칠사(七祀)의 신주를 모시는 칠사당(七祀堂)이 있다. 이는 왕의 운명과 직결되어 있다고 믿은 일곱 귀신으로, 운명을 관장하는 사명지신(司命之神), 가옥의 문을 관장하는 사호지신(司戶之神), 부엌의 아궁이를 관장하는 사조지신(司竈之神), 지붕을 관장하는 중류지신(中霤之神), 나라의 성문을 지키는 국문지신(國門之神), 국가의 형 집행 그 중에서 특히 사형을 관장하는 공려지신(公厲之神), 국왕의 여행길을 지켜주는 국행지신(國行之神)을 말한다. 이는 단순히 왕의 개인적 운명이 아닌 나라 전체의 안위를 지켜 준다고 믿는 것이 타당한데, 일곱 신 중 과반이 넘는 사호지신, 사조지신, 중류지신, 국문지신 등이 건축물과 관련된 신으로, 문·아궁이·지붕·성문으로 그 신직이 세세하게 구분되어 있는 것이 흥미롭다.

유교를 국시로 여겨 음사(淫祀)를 배제했던 나라에서 다른 곳도 아닌 종묘에 일곱 귀신의 신위를 모시고 국가 차원에서 제사를 지낸 것은 건물에 신이 깃들여 있다는 생각이 얼마나 뿌리 깊은지를 보여주는 예라 하겠다. 하물며 민초들이 살았던 여염에서는 오죽하였으랴. 마당과 마루, 안방과 부엌은 물론이요, 외양간, 장독대, 심지어 측간에도 귀신이 산다고 믿었다. 이들은 집 전체를 관장한 것이 아니라 각 공간을 따로 주관했으며, 마치 그리스 신화의 신들처럼 서로 사랑하거나 미워하기도 하였다.

마당을 지키는 신, 터줏대감

집을 짓기 위해서는 먼저 집터가 있어야 하는데, 집터를 지키는 신이 터주로서 신석기 시대의 지모(地母) 신앙과 연관되어 있다. 땅을 어머니와 동일시하는 지모 신앙은 우리나라뿐만 아니라 전 세계적으로 광범위하게 분포되어 있다. '남자는 하늘, 여자는 땅'이라는 말을 지금도 쓰고 있는데, 이는 하늘에서 비를 뿌려 만물의 생육을 돕는 아버지 남신과 그 생육을 직접 담당하는 어머니 여신을 뜻하는 말일 뿐, 남성의 우월성을 나타내거나 여성을 비하하려는 뜻이 아니다. 단 하나 예외가 있다면 고대 이집트에서만 하늘이 여신이고 땅이 남신이라고 믿었는데, 그곳에서는 천수답이 아닌 나일강의 범람으로 인한 관개농업에 의존했기 때문이

다. 따라서 천수답으로 농경을 하는 모든 문명권에서 공통으로 발견되
는 지모 신앙이 중국에서는 다소 상징적이고 철학적인 음양오행 사상과
습합되어 풍수지리 사상으로 발전했고, 우리나라에서는 산을 지키는 산
신, 땅을 지키는 지신, 집터를 지키는 터주 등으로 분화해 나갔다.

　백제 시대의 무령왕릉에서는 '매지권(買地券)'이 발견되었는데, 이
는 무덤으로 쓰기 위해 지신에게 돈을 지불하고 땅을 산다는 의미의 매
매계약서다. 땅은 본디 지신의 소유이므로 무덤을 쓴다는 것은 지신에
게 잠시 터를 빌려 사용하는 것으로 해석했다. 집을 짓는 것도 지신에게
땅을 빌려 이용하는 것인데, 집을 짓자면 땅을 파거나 터를 다지는 등의
훼손 행위가 동반되었으므로 반드시 먼저 지신을 달래고 고사를 지내야
했다. 지금은 잘 쓰지 않지만 '동티' 혹은 '동티 난다'라는 말이 있다.

이는 '동토(動土)'에서 유래하는 것으로, 집을 지을 때 땅을 잘못 건드려 지신이 노해 말썽이 나는 일을 말한다. 땅을 파헤치는 일은 매우 불경스럽고 위험한 일이어서, 고대 유럽에서는 농경을 위해 쟁기질을 하는 것조차 금기와 두려움의 대상이었다.

그런데 여신인 지신에서 파생, 분화된 것이라 할 수 있는 산신과 터주의 신격이 남신인 것은 무슨 까닭인가. 원래는 산신과 터주의 신격도 여신이었으나 청동기 시대의 도래와 함께 강력한 가부장권이 등장하면서 그 신격이 남성으로 변화한 것으로 보고 있다. 현재 산신은 모두 남신이지만, 고대 문헌에는 여신으로 등장하는 경우가 일반적이다. 『삼국유사』에 의하면 신라 장군 김유신은 고구려를 정벌하러 가는 도중에 산 속에서 아름다운 여인 셋을 만나게 된다. 길을 잃었다며 동행을 청한 여인들은 밤이 되자 김유신을 조용한 곳으로 불러 말하기를, 자신들은 나림(奈林), 혈례(穴禮), 골화(骨火)라 부르는 호국신으로 김유신의 동행 중에 첩자가 있음을 말해 주는데, 학계에서는 이들을 각기 고야촌(高耶村), 이서국(伊西國), 골화국(骨火國)의 산신으로 보고 있다. 이 밖에도 신라 2대 남해왕의 왕비 운제(雲帝) 부인은 본디 운제산(雲梯山)의 성모(聖母)였다고 하며, 18대 실성왕 때의 김제상 부인은 치술령에 올라 돌아오지 않는 남편을 기다리다가 망부석이 되어 치술령 신모(神母)가 되었다는 전설이 있는데, 성모나 신모 등은 가모장(家母長)의 성격을 갖는 지신이나 산신을 뜻하는 것으로 보인다. 현재 굿당이나 사찰의 산신각에 가보면, 산신령은 한결같이 호랑이 등에 올라타고 있는 할아버지의 모습으로 그려져 있는데, 이처럼 여신이 후대에 남신으로 변하는 것은 우리 신화에서 가끔 나타나는 현상으로 부엌을 관장하는 조왕신에서도 이 현상이 나타나고 있다.

이제 이름조차 남성화된 터줏대감에게 텃고사를 지낼 때에는, 집터 가운데에 흙을 적당히 모은 다음 왼새끼를 둘러치고 네 귀퉁이에 술을 조금씩 부으며 동서남북 사방의 신에게 술을 먹인다. 그 다음에는 집 주인의 운세에 따라 특정한 방향의 흙을 뜨는 '첫 삽 뜨기'를 한다. 때에 따라서는 집을 짓고 입주한 뒤에도 해마다 정월에 텃고사를 지내기도 한다. 터주의 신체(神體)는 뒤란이나 장독대에 터주가리를 만들어 모시는데, 작은 항아리에 쌀을 담고 빗물이 스며들지 않도록 고깔 모양의 짚더미를 덮은 것으로 항아리에 담은 쌀은 추석 전날에 햇것으로 바꾸어

터주가리
뒤란이나 장독대의 항아리에 쌀을 담고 그 위에 짚더미를 덮는 것으로 터주가리의 신체를 모시는데, 짚더미는 해마다 덧쌓기 때문에 시간이 지나면 거대한 짚가리가 된다.

넣지만 집안에 우환이 있을 때는 바꾸어 넣지 않는다.

지신 신앙은 지금도 우리 주변에서 흔히 볼 수 있다. 공공 건물이나 기념비적인 건물의 기공식에는 각개 인사가 초청된 가운데 첫 삽 뜨기를 하는 행사가 있다. 이는 텃고사 중의 '첫 삽 뜨기'에서 유래한 것으로, 구청이나 군청에 갔을 때 게시판에 크게 나붙은 사진도 대부분 구청장이 복지 시설의 기공식에 참석하여 첫 삽 뜨기를 하는 장면이다. 요즘도 시골에서는 음력 정월에 지신밟기를 하고 있다. 악귀와 잡신을 몰아내고 가정의 평안과 마을의 번영을 기원하는 굿으로 알고 있지만 본디는 풍양을 기원하는 지모 신앙의 일환으로, 농악대는 각 가정의 대청, 안방, 부엌, 우물, 곳간 등을 두루 돌며 축원을 올린다. 도시에서는 재래시장의 상인들이 정월에 풍물패를 불러 지신밟기를 한다. 지모신의 풍양과 직접 관련이 없는 상인들까지 지신밟기를 하고, 기공식에 참가한 영부인과 귀부인들이 한복에 흰 장갑을 낀 손으로 첫 삽 뜨기를 하는 것에서 지모 신앙이 얼마나 광범위하고 뿌리깊은지를 알 수 있다.

집 안의 지킴이, 성주신

성주신은 집 안 전체를 관장하는 신으로 성주(城主, 成主) 혹은 성조(成造)라고도 한다. 우리나라의 민속 신앙은 대부분 무가로 구전되고 있는데, 성주에 관한 내용은 현재 서로 다른 두 가지 전승이 전한다. 하나는

1920년대에 부산시 동래군 부근에서 채록된 것으로 성주신이 어떠한 방법으로 집을 짓는가 하는 내용을 담고 있으며〔이하 동래본〕, 또 다른 하나는 안성, 오산, 화성을 비롯한 경기도 남부 지방에서 채록된 것으로 성주신이 어떻게 해서 집안 전체를 관장하는 가신(家神)이 되었는지의 내력을 설명하고 있다〔이하 경기본〕. 둘 다 간단히 그 내용을 살펴보기로 하자.

하늘 나라의 천궁대왕(天宮大王)과 땅 나라의 옥진부인(玉眞夫人) 사이에 아들이 태어나 이름을 안심국(安心國), 별호를 성주(成主)라 하였다. 영특하게 자라 열다섯 살이 되어 땅을 내려다보니 인간들은 집이 없어 수풀 속에서 살고 있었다. 이를 딱하게 여긴 성주가 사람들에게 나무를 베어 집 짓는 방법을 가르쳐 주고자 지상에 내려오니, 나무는 대부분 산신들의 차지거나 까마귀와 까치가 둥우리를 틀고 있어 벨 수가 없었다. 이에 성주는 하늘 나라에서 솔씨를 가져다가 민둥산에 심어 놓고 하늘로 올라갔다. 열여덟 살에 황휘궁의 계화 공주와 결혼하여 5남 5녀를 낳았고 일흔 살이 되어 다시 땅으로 내려와 보니 나무들이 모두 아름드리 자라 있었다. 성주는 아이들을 시켜 냇가의 모래를 퍼서 쇠를 일어 풀무를 만들게 하고 도끼, 끌, 칼, 대패를 비롯한 연장을 만들어, 이것으로 나무를 베어 집을 짓는 방법을 사람들에게 가르쳤다. 〔동래본〕

하늘의 천하궁에 사는 천대목신과 땅의 지하궁에 사는 지탈부인이 혼인해 황산들에 살고 있을 제, 아이가 태어나 '황우양'이라 이름지었다. 일곱 살이 되자 집을 짓기 시작하여 스무 살이 되자 아무도 따라올 수 없는 훌륭한 목수가 되었다. 동네 처녀와 혼인을 하여 살고 있을 때, 하늘 나라 천하궁의 궁궐이 무너져 옥황상제는 사자를 시켜 천하제일 목수 황우양을 데려오게 했다. 지상으로 내려온 사자는 당장 황우양을 데려가려 했지만 황우양은 사흘의 말미를 얻는다. 첫날에 황우양의 부인은 쇠를 버려 도끼, 자귀, 톱, 대패 등의 연장을 만들고 둘째 날에는 황우양이 입을 옷을 만들고 셋째 날에는 말 세 마리를 구해 연장과 옷을 싣고서 황우양이 떠날 수 있게 해 준다. 하늘 나라에 도착한 황우양이 천하궁을 짓는 동안, 황산들에는 소진랑이라고 하는 남자가 나타나 부인을 겁탈하려고 한다. 부인은 핑계를 대고 피하다가 소진랑의 하녀가 되어 살면서 누에고치에서 실을 뽑아 비단을 짜는 방법을 배운다. 3년이 지나 천하궁 재건을 마친 황우양이 지상으로 내려와 소진랑을 징치한다. 이후 황우양은 성주신이 되고 부인은 지신이 되었으며, 소진랑은 황우양에게 쫓겨 성황당의 신이 되어 행인들이 뱉어내는 침을 받아먹고 살게 되었다.[경기본]

집을 짓는 방법에 대해 주로 묘사하고 있는 동래본은 신화학적 용어로 교술무가라 하며, 여기서는 많이 축약하였지만 집을 짓는 데 필요한

집宇집宙

연장과 건축 방법 등이 매우 상세하게 묘사되어 있어 건축학계에 많이 알려져 있다. 경기본은 황우양이 어떻게 해서 성주신으로 좌정하게 되었는지의 내력을 밝히고 있어 서사무가라 하는데, 선과 악의 대립과 징치라는 서사 구조가 뛰어나 국문학계에 많이 알려져 있다. 신화란 상징과 암시의 총체이므로 그 해석도 시각에 따라 여러 가지가 있을 수 있으나, 두 신화에서 공통적으로 알 수 있는 것은 가신 중 최고의 주신으로 알려진 성주신이 실은 철기 시대 이후에 새로이 등장한 신격으로서, 청동기 시대의 여신과 성황신을 몰아내고 최고의 신격으로 자리잡았다는 것이다. 그 근거로는 세 가지를 들 수 있는데, 성주신이 집을 짓기 전에 먼저 철기를 벼린다는 신화소(동래본, 경기본), 청동기 시대의 주요 신이라 할 수 있는 성황신이 성주신보다 하위 신격으로 좌정하게 되는 내력을 설명한 점(경기본), 끝으로 성주신이 좌정하는 장소가 대들보 위라는

마을 입구의 성황당
나무에 늘어뜨린 색색가지 헝겊과 새끼줄, 종이 오래기 등이 신비스런 분위기를 연출한다. 본디는 청동기 시대의 마을신이었으나 성주신이 등장한 이후 비천한 하위 신격으로 전락했다.

점 등이다.

경기본과 동래본에서 공통으로 드러나는 신화소는 집을 짓기 전에 먼저 쇠를 벼려 연장을 만든다는 대목이다. 인간이 처음 집을 짓기 시작한 구석기 시대에는 석기를 이용해 막집을 지었고, 신석기 시대의 움집이나 청동기 시대의 반움집도 모두 석기를 이용해 지었다. 철기 시대에 이르러 수직 벽체를 갖춘 지상 주거가 가능해지면서, 성주신의 신화도 이 시기에 형성된 것으로 보인다. 특히 경기본에는 하늘 나라의 명을 받고도 연장이 없어 걱정하는 황우양에게 부인이 연장을 만들어 준다는 내용이 있는데, 여성이 쇠를 벼려 연장을 만든다는 것이 일견 생소해 보인다. 고온의 불가마에 쇠를 녹인 뒤 망치로 두드려 연장을 만드는 것은 강도 높은 노동이어서 실제로 여성이 담당했을 가능성은 희박하지만, 부인이 직접 쇠를 벼려 황우양에게 연장을 만들어 준다는 것은 그녀가 상당히 영향력 있는 여성 내지는 청동기 시대의 가모장이었을 가능성을 시사한다. 아마 그녀는 단군의 어머니인 웅녀처럼 본디는 여신이었다가 서서히 자신의 신화를 잃어버린 채 가부장제 속으로 편입되면서, 누에 고치로 비단을 짜는 것을 비롯한 가사에 전념하게 된 것으로 추정된다. 조선 시대 왕비들이 몸소 선잠례를 했다는 것에서도 알 수 있듯 누에에서 실을 뽑아 비단을 짜는 것은 여성이 해야 할 중요한 가사노동 가운데 하나인데, 이것이 철기 시대부터 시작되었음을 알 수 있다.

또한 악인인 소진랑이 황우양에게 쫓겨 성황신이 되었다는 대목이 있

집宇집宙

는데, 소진랑 또한 청동기 시대의 토속신이었다가 철기 시대에 나타난 황우양에게 쫓겨 비천한 하위 신격으로 밀려났을 가능성을 보여주고 있다. 성황당이란 앞서 청동기 시대의 주거에서 살펴본 바와 같이 투석전에 대비해 마을 입구에 쌓아두던 돌무더기다. 지금도 돌무더기 앞을 지날 때면 돌을 하나 올려두고 비손을 하거나 주머니 속의 쇠붙이(주로 동전)을 꺼내 바치고 침을 뱉는 행위를 하는데, 이때 침을 뱉는 것은 신을 모욕하기 위함이 아니다. 영육일체 사상을 신봉했던 청동기인에게 있어 침이란 자신의 영혼이 깃든 것이므로, 침을 뱉는 행위는 신에게 바치는 제무였다. 하지만 철기 시대로 오면서 성황신이 비천한 하위 신격으로 전락하고 침을 뱉는 의미 또한 남을 모욕하는 것으로 변형된 것으로 추정된다.

성주신의 신체는 무명실로 감은 한지나 가장의 웃저고리, 혹은 쌀을 담은 항아리 등 다양한데, 마루의 대들보 위에 모신다. 건물에서 대들보가 생기는 것은 철기 시대 이후의 일로서, 이는 성주가 철기 시대 이후에 만들어진 신이라는 가설을 뒷받침하고 있다. 성주 신화가 내포하고 있는 가장 중요한 의미는 철기 시대에 이르러 집을 짓는 일을 전문가 집단이 담당하게 되었다는 것이다. 최초의 집은 분명 비전문적인 사람이 지었을 것이며, 주로 여성이 담당했을 가능성이 높다. 토기 만들기나 옷감 짜기처럼 집을 짓는 일도 '집안일'이었기 대문에 여성이 담당하였으나 점차 집의 크기가 커지면서 건축 행위 또한 강도 높은 노동이 되어 남성이 담당하게 되었다. 철기 시대에 이르러 집의 구조가 더 커지고 복잡해지면서 건축을 담당하는 직능이 처음 생겼다는 것은, 하늘나라의 천하궁이 무너졌을 때 직접 개보수하지 못하고 훌륭한 목수라 알려진 황우양을 불러 온다는 점이 증거한다. 철기 연장을 만들어 주던 부인은 수수께끼의 인물인데, 신석기 시대에 집을 짓는 일을 담당했던 여성의 흔적인지도 모르겠다. 지금도 아프리카를 비롯한 많은 토속 건축에서는 집 짓는 일을 여성이 담당하고 있다.

　성주 신화는 집을 짓는 내용이나 건축의 신이 생기게 되는 내력뿐만 아니라, 철기 시대의 도래에 따라 기존의 가모장과 성황당 신앙이 쇠락하는 모습을 그리고 있다. 특히 여기서는 생략했지만 부엌을 관장하는 조왕신이 성주에게 매우 적대적인 것으로 그려지고 있다. 부엌의 신으

성주의 신체
성주는 일반적으로 대들보 위에 가장의 저고리를 걸어 놓는 것으로 모시는데, 경우에 따라서는 서까래에 가장의 사주를 적은 종이를 붙이기도 한다. 대들보와 서까래는 모두 철기 시대에 나타나는 건축 구조로서, 성주 또한 이 시기에 등장한 신임을 방증한다.

로 알려진 조왕은 본디 화롯불을 관장하는 신으로 가신 신앙 중에서 가장 먼저 생긴 신인데, 조왕을 몰아내고 뒤늦게 등장한 성주신이 집 안의 주신으로 자리잡게 되니 조왕이 성주를 좋게 볼 리가 없다.

부뚜막의 신, 조왕

부뚜막을 지키는 신은 '조왕'으로 보통 '조왕할매'라 부른다. 여기서 할매란 여성 연장자나 현녀(賢女), 가모장의 의미를 담고 있다. 조왕을 부엌의 신으로 알고 있지만, 정확히 말하자면 부뚜막을 지키는 신으로 본래는 불을 주관하던 신이다. 주택에서 가장 중요하고 본질적인 요소는 불이며, 조왕은 불과 그 불로 인해 생기게 된 가정의 평안을 지키는 신이었다. 이후 화롯불이 점차 부뚜막으로 변해가면서 조왕 또한 불의 신에서 부뚜막의 신으로 신격이 변하고 종당엔 부엌의 신이 되었다. 조왕은 주택에서 가장 오래되고 중요한 신이었지만, 철기 시대에 들어 성주신의 등장으로 그 신격이 하락한 것으로 추정된다.

조왕 신앙은 지금도 뿌리깊게 남아 있다. 조선 시대에 신축한 집에 들어갈 때 행하는 입택 의례 중 가장 중요한 것은 부뚜막에 불씨를 붙이는 것이다. 얼마 전까지만 해도 새로 이사한 집을 방문할 때는 성냥을 들고 가는 풍습이 있었는데, 이는 부뚜막에 처음 불을 지피던 관습이 성냥이 나타나자 변형된 것이다. 조왕 신앙은 후에 중국의 도교 신앙과 맞물리면서, 음력 12월 23일에 하늘로 올라가 한 해 동안 그 집에서 일어난 일을 염라대왕에게 빠짐없이 보고한 뒤 정월 초하루 새벽에 제자리로 돌아온다고 믿어졌다. 그래서 무언가가 켕기는 사람은 조왕이 승천하는 날 밤에 아궁이에 엿을 발라 두기도 했다. 엿이 끈끈하게 눌어 붙어서 조왕이 승천을 못하거니와 승천을 했더라도 입이 붙어 염라대왕 앞에서 말을 못하도록 한다는 뜻이다. 조왕에게서 인간 세상의 이야기를 들은 염라대왕은 나쁜 일을 한 사람에게는 벌로 그 수명을 단축시킨다. 인간에게는 본디 120세의 수명이 주어졌지만 자신의 악행으로 인해 천수를 누리지 못한다는 것이 도교의 믿음이다. 입택 의례에서 부뚜막에 불씨를 앉히는 점이나, 연말에 하늘로 올라가 염라대왕에게 인간 세상의 일을 고한다는 것은 조왕이 주신이었을 가능성을 시사하고 있다. 성주신이 주신이라면 응당 그가 하늘로 올라가 세상의 일을 고하는 것이 옳을 것이다. 조왕신의 내력으로는 제주 지방의 무가가 전하는데, 간략히 살펴보면 다음과 같다.

남선 고을의 남 선비와 여산 고을의 여산 부인이 부부가 되어 살았는데, 아이들이 일곱이나 되어 가난했다. 궁리 끝에 아내는 남편에게 배한 척을 마련해 주고 곡식 장사를 하도록 하여, 남편은 배에 곡식을 싣고 오동 고을로 떠났다. 그런데 거기서 주막집 딸인 노일자대의 유혹에 넘어가 곡식과 배를 빼앗기고 눈까지 먼 채 노일자대의 남편으로 구차하게 살게 되었다. 한편 남편을 기다리던 여산 부인은 오동 고을로 찾아가 남 신비를 찾아 내었는데, 노일자대가 여산 부인을 연못가로 꾀어 내어 등을 떠밀어 죽게 하고는 눈먼 남 신비에게는 자신이 여산부인인 척 하였다. 둘은 남선 고을로 되돌아왔지만 이상한 낌새를 눈치챈 아이들에 의해 노일자대의 정체가 탄로나고 도망을 가다가 결국 측간에서 목을 메고 죽었다. 아이들은 오동 고을의 연못에서 어머니 여산 부인을 건져 내어 서천 꽃밭의 환생꽃을 얻어다가 어머니를 살려 냈다. 이에 옥황상제가 여산 부인은 조왕신이 되게 하고 노일자대는 뒷간을 지키는 측도 부인이 되게 하였다. 집을 지을 때 부엌과 측간을 가능한 멀리 떨어뜨려 짓는 것은 이런 이유 때문이다.

서사 구조를 살펴보면 불이나 부뚜막, 부엌 살림과는 큰 관련이 없던 여산 부인이 말미에 가서 별안간 조왕신이 되고 첩이 측간 귀신이 된다는 점에서, 측간과 부엌을 떨어뜨려 짓는 이유를 설명하기 위해 비교적 후대에 만들어진 이야기라는 것을 알 수 있다. 청동기 시대에는 집안 내에 부엌이 따로 분리되지 않아서 집 전체가 곧 부엌이었고 측간은 마을 공동으로 사용했다. 부엌이 따로 분리되고 집마다 개별로 측간을 두기 시작한 것은 철기 시대의 일로서, 이 이야기 또한 불의 신이자 가정의 평안을 지키던 조왕이 비천한 부엌데기 신으로 전락한 이후에, 또한 부권의 강화와 함께 처첩제가 확립되기 시작한 이후에 윤색된 것이다. 엄밀히 말해 제주 지방에 전하는 조왕 신화는 불완전한 것이라 할 수 있다. 조왕은 본디 부뚜막의 신인데 제주의 부엌에는 부뚜막이 없기 때문에 부뚜막이 아닌 부엌의 신으로 등장하고 있다. 이는 본디 내륙에 조왕의 신화가 있었을 것이나 고등 종교의 유입에 따라 그 신화가 사라지고, 다만 제주 지방에서만 불완전한 모습으로 떠돌다가 20세기에 간신히 채록된 것으로 보인다.

조왕의 신체는 부뚜막의 뒷벽 한가운데 작은 턱을 만들고 그 위에 물을 담은 종지를 올려 놓는다. 지방에 따라서는 쌀을 담은 항아리나 백지, 헝겊 조각, 한지를 접은 것, 명태 등으로 신체를 모시는 경우도 있지만, 정화수가 가장 보편적인 점에서 조왕 신앙이 매우 오래되었음을 시사하고 있다. 일반적으로 성주를 비롯한 가신의 신체는 쌀을 담은 항아리가 가장 많은데 이는 농경이 시작된 신석기 시대 이후에 모시게 된 신이고, 조왕신은 집에 불을 놓기 시작한 구석기 시대부터 신앙화되었을 가능성이 크다. 구석기 시대에 인간은 아직 곡식을 재배하지 않아서 곡식을 신체로 모실 수가 없었다. 부뚜막에 관련해서는 속신이 많은데, 불씨를 꺼뜨리면 집에 재앙이 온다는 것을 비롯해서 부뚜막 앞에서 옷을 벗거나 노래를 부르거나 욕을 하면 벌을 받는다. 칼과 도끼 등의 위험한 물건을 부뚜막 위에 올려 놓거나 생강이나 파처럼 냄새가 강한 채소를 썰면 안 된다 등이 있다. 부뚜막을 신성하게 여긴 데서 나온 것임을 알 수 있다.

집宇집宙

조왕의 신체

부뚜막 위에 작은 턱을 만들고 종지에 물을 담아 놓는다. 곡식
이나 옷감이 아닌 물을 담아 놓는다는 점에서 가장 원초적인 신
앙임을 알 수 있다.

남성화된 조왕

충남 동학사에는 부뚜막에 조왕 신상을 걸어놓고 끼니마다
이곳에도 공양을 드린다. 수염을 달고 칼을 든 모습으로 남
성성이 많이 강조되어 있지만, 사찰에서 조왕 신상을 모시는
것을 보면 이것이 얼마나 뿌리깊은 신앙인가를 알 수 있다.

조왕은 불을 관장하는 신이자 가정의 평안을 지키는 신으로, 그리스
의 헤스티아(Hestia) 여신과 신격이 같다. 특히 부뚜막과 부엌은 여성이
이용하는 곳이어서 과거에는 남자가 이곳에 들어오면 안 된다는 금기까
지 있었는데, 드물게 조왕이 남신으로 등장하는 곳도 있다. 사찰에서는
공양간에 조왕의 그림을 모셔 두고 아침저녁으로 공양을 올리는데, 충
남에 있는 동학사의 조왕은 남성이며 이름조차 조왕대감이다. 주신이자

여신이던 조왕은 사회가 발달하고 여성의 지위가 하락하면서 두 가지 길을 걷게 되었다. 비천한 부엌데기 신으로 전락하거나 과거 불의 신, 부뚜막의 신이라는 신격을 유지한 채 남신으로 변화하여 조왕대감이 된 것이다.

안방에 좌정하는 삼신, 그 외에 다른 신들

삼신은 아이의 점지와 탄생, 양육을 책임지는 신으로 산신(産神) 혹은 '삶 신'이 변화한 것으로 안방에 좌정한다. 영아 사망률과 출산 중의 산모 사망률이 높았던 과거를 생각해 볼 때 삼신의 중요도는 매우 높았다고 볼 수 있다. 아이를 갖지 못하는 여인이 삼신 할미에게 비손을 하는 장면을 영화나 소설에서 자주 볼 수 있고, 요즘은 많이 없어졌지만 아이를 낳은 집에서는 미역국 세 그릇, 쌀밥 세 그릇, 초 세 개와 실타래를 준비하여 삼칠일 동안 안방에 삼신상을 차리며 집 밖에는 잡인의 출입을 금한다는 금줄을 친다. 삼신은 아이가 대략 열다섯 살까지, 즉 아동기를 완전히 벗어날 때까지의 양육도 책임진다고 믿었기에, 대부분의 집에서 삼신을 모셨다. 신체와 모시는 방법은 지방에 따라 차이가 있지만, 일반적으로 쌀을 담은 바가지나 항아리를 안방 시렁 위에 둔다. 아이를 잉태하고 낳고 기르는 공간이 바로 안방이기 때문이다.

　삼신은 옛날 명진국의 천왕보살(아버지)과 지왕보살(어머니)의 딸로,

소녀시절에 옥황상제의 명을 받아 여성의 출산을 담당하게 되었으며 이후 나이가 들어 할머니가 되었다. 남색 저고리에 흰 바지를 입고 자주색 치마에 분홍 장옷을 걸친 모습인데, 한 손에는 탯줄을 자르기 위한 은 가위를, 또 한 손에는 수명을 상징하는 실타래를 들고 있다. 한 가지 재미있는 일은 삼신이 결혼을 하거나 출산을 해 본 적이 없는 처녀신이라는 점이다. 그리스 신화에서도 출산을 담당하는 여신은 아르테미스(로마신화에서는 다이아나)로서 그녀는 곧 달의 신이기도 하다. 어머니가 달의 신 아르테미스와 태양의 신 아폴로를 쌍둥이로 임신하고 있었는데, 아르테미스는 태어나자마자 곧바로 동생 아폴로를 순산하도록 어머니를 도왔다고 한다. 그녀 역시 아버지 제우스에게 평생 순결을 약속한 처녀신이다.

삼신상
미역국과 쌀밥, 촛불, 실타래를 모두
셋씩 마련해 놓았다.

주택에서 가장 주요한 공간이라 할 수 있는 마당·마루·안방·부엌에 지신·성주·삼신·조왕이 각각 좌정하고 앉아서 중요한 신직을 행사하는 것 말고도 주택의 모든 요소에는 각기 신이 존재한다. 철륭신은 장독간을 지키는 신이다. 간장과 된장을 직접 담가 먹던 시절, 장맛을 유지하는 일은 매우 중요했다. 좋은 날을 받아 장을 담근 뒤 왼새끼에 숯·종이 오래기·붉은 고추 따위를 끼워 장독대에 금줄을 쳤다가 그 장이 익은 뒤에야 거둔다. 보통 검은 탈을 쓴 노인의 모습으로 나타나는데, 신체는 항아리에 쌀을 담아 장독대 옆에 두고 볏짚으로 덮어 둔다. 철륭은 조왕·성주와 함께 설과 대보름·한가위에 제사를 받아, 가신 중에서는 중요한 비중을 차지한다.

문에는 문신이 지키고 있다. 조왕이 된 여산 부인과 남 선비 사이에서 태어난 일곱 아이들 중 막내인 녹두생이가 앞문을 지키고 여섯째 아들은 뒷문을 지키는데, 푸른 옷을 입은 귀여운 소년의 모습이다. 먼저 태어난 다섯 아이들은 집터의 오방을 지키는 신이 되었다. 동쪽의 청제 장군, 서쪽의 백제 장군, 남쪽의 적제 장군, 북쪽의 흑제 장군, 중앙의 황제 장군이 그들인데, 음양오행 사상의 도입과 함께 비교적 후대에 덧붙여진 이야기로 보인다. 이외에도 마구간과 외양간을 지키는 마부왕, 곳간의 재물을 지키는 업왕신, 우물이나 샘물을 지키는 용신이 있다. 측간에는 남 선비의 아이들에게 쫓기다가 목을 매어 죽은 노일자대가 측신이 되어 살고 있다. 신경질이 많고 노여움을 잘 타는 성격으로 측간에

집宇집宙

측간
남 선비의 첩이었던 노일자대가 측신
이 되어 머물고 있기 때문에, 측간 앞
에서는 반드시 헛기침을 해야 한다.

앉아 긴 머리를 풀어헤쳐 놓고 머리카락 세기를 좋아하는데, 사람이 갑자기 문을 열면 놀라서 화를 내기 때문에 측간 앞에서는 반드시 헛기침을 해야 한다. 때로는 우리가 시골 화장실에서 일을 볼 때 나타나서 "빨간 종이 줄까, 노란 종이 줄까" 하고 묻기도 한다.

이 많은 신들은 과연 누구인가

주택이 마당과 마루를 비롯하여 안방, 부엌, 창고, 광, 측간, 외양간 등 많은 요소로 이루어진 것처럼, 가신들 또한 각 공간을 주관하는 신이 따로 있었다. 이렇게 많은 신들은 고등 종교가 이 땅에 들어오기 전 우리의 일상을 지배했던 토속신앙으로 볼 수 있다. 삼국 시대 즈음에 이르러 불교가 유입되면서 기존의 토속신앙은 중심 위치에서 밀려나고, 이후 유교가 도입되면서 음사라 하여 그 지위가 더욱 격하되었다. 근현대에 이르러 기독교가 들어왔을 때와 박정희 정권이 등장했을 때는 미신으로 치부되었다가, 현대에 이르러 민속과 전통 문화란 이름으로 간신히 명맥을 유지하게 되었다. 하지만 그것은 이미 본 모습을 잃은 채, 종교가 아닌 민속 문화가 되고 말았다.

각 공간을 주관했던 신들에게는 각각의 신직과 신격이 있는데, 그 중 요성은 시대에 따라 변하거나 때로는 더 강한 신이 나타나 기존의 신을 밀어내고 격하시키기도 했다. 예컨대 집터와 마당을 지키는 터줏대감의 근본은 지모 여신(地母女神)으로서, 본디 여신이었으나 후대에 남성의 권력이 강해지면서 신격이 여신에서 남신으로 변화되었다. 조왕신은 불의 신이자 가정의 평안을 지키는 신이었으나 청동기 시대에 집이 부엌과 방으로 나뉘면서 부뚜막을 지키는 신이 되었다가 이후 강력한 가부장의 출현과 함께 성주신이 나타나면서 부엌데기 신으로 전락하고 말았다. 경우에 따라서는 아예 신격이 남신으로 바뀌기도 했다. 성주신은 철기 시대에 나타난 신으로 추정되는데, 기존의 조왕신을 몰아내고 가신 중에서 최고의 자리에 오르면서 청동기 시대의 성황 신앙도 하위 신격으로 전락시켰다. 삼신은 아이의 잉태와 출산에 관여한다는 신직의 특성 덕에 남신으로 변화하거나 하위 신격으로 밀려나는 일이 없이 고유의 자리를 지키게 되었다.

요즘 우리는 신화를 아이들 동화쯤으로 치부해 버리거나 환상적이고 상징적인 서사 구조 때문에 문학의 소재나 전자 게임의 캐릭터와 스토리보드의 소재로 이용하기도 하지만, 신화란 고대인의 우주 해석이자 역사적 발달 단계에 있었던 중대한 일의 기록이다. 인류 탄생 초기부터 지금까지 수십만 년에 걸친 인류의 우주 자연에 대한 인식과 해석의 발전 단계는 경이와 공포의 시기, 천신만귀(千神萬鬼)의 잡신(雜神) 시기, 유일무이한 천신(天神) 시기, 자연 법칙적 파악과 인식의 시기로 나누어 볼 수 있는데, 이 중 신화란 잡신 시기에서 천신 시기로 넘어가는 단계의 우주 해석이자 당시 있었던 역사적 사실의 상징적 기록이라 할 수 있다. 따라서 일견 황당해 보이고 건축과는 큰 관련이 없어 보이는 가신 신화 또한 이 시기의 건축과 관련된 일련의 사건을 암시한다고도 볼 수 있다. 지금까지는 고대 건축을 연구하는 방법으로 문헌 탐구와 유구 발굴에 의존해 왔다. 하지만 문헌 자료는 문자가 발명된 역사 시대 이후의 것이며, 문자 이전의 건축 역사에 대해서는 유적 발굴이 유일하다.

유적 발굴은 고대 주거의 직접적인 흔적이라는 점에서 훌륭한 자료가 될 수 있으나 또한 그것은 사실을 가장 쉽게 왜곡시킨다. 예를 들어 석기 시대의 도구라 할 수 있는 석기와 골각기, 토기의 파편이 주로 동굴 속에서 발굴되고 있어, 이 시기의 주거도 대개 동굴집이었을 것으로 생각하고 있다. 하지만 동굴 속에 그러한 유물이 남아 있는 이유는 외부에 노출되지 않아 과거의 유물이 온존할 수 있었기 때문이지, 석기 시대 사람들이 모두 동굴 속에서 살았기 때문이 아니다. 원시 주거를 대개 동굴 주거로 알고 있지만, 이처럼 큰 오해도 없을 것이다. 동굴은 주로 깊은 산속에 있는데, 사람들은 해안가나 강가에서 살았지 깊은 산속에서 살지는 않았다. 무엇보다 산속 동굴에는 곰이 살았기 때문에 이런 곳을 기웃거리다가는 곰의 습격을 받게 된다. 99%의 사람들이 막집에서 살았고 단 1%의 사람만이 동굴 속에서 살았다 하더라도, 오랜 시간이 흐르면 얼기설기 지은 막집은 사라지고 동굴만이 남아 그 시절의 흔적을 말해 줄 것이다. 따라서 고대 건축의 유적 발굴은 일반적인 예가 아닌, 어떤 특정한 사례일 가능성이 높다. 일례로 지금 우리는 신라 건축을 첨성대와 불국사, 안압지, 황룡사 등으로 알고 있지만 이는 소수 특권층만이 이용할 수 있었던 건축물이며, 일반 민중들이 살았던 '초가삼간'은 "달아 달아 밝은 달아, 이태백이 놀던 달아, 저기저기 저 달속에 계수나무 박혔으니, 금도끼로 찍어내어 은도끼로 다듬어서, 초가삼간 집을 지어 양친부모 모셔다가 천년만년 살고지고"라는 노래 속에 남아 전하고 있다. 구석기 시대, 신석기 시대, 청동기 시대의 건축이 과연 어떠한 모습이었나를 알아내기 위해 건축계에서는 인류학과 문화인류학에서 그 방법론을 원용하고 있지만, 신화적 해석을 바탕으로 잊혀진 옛모습을 재현해 낼 수도 있을 것이다. 신비에 싸인 고대 건축의 모습을 찾아내 가는 과정에서 그것은 미처 생각하지 못한 중요한 단서가 될 수도 있다.

9장 신분이 나뉘다 | 초가삼간에서 아흔아홉 간까지

새주님을 모신 다음 문처장을 보자시라
죽창문을 달았나, 세살 맛다지를 달았나
아자亞字 영창을 달았나, 핫자 영창을 달았나
일공창을 달았나, 월공창을 달았나
인의예지 문 달았나, 순지건곤 문 달았나
요지일월 문 달았나, 태평과거 문 달았나
달고보니 맛다지, 열고보니 열다지라

지신밟기 노래 중 창호에 관한 부분 중에서

'아흔아홉 간 집'이라는 말이 있다. 고래등 같은 기와집을 말하는데, 넓이가 초가삼간의 서른세 배나 된다. 대개 조선에서는 99간까지만 집을 지을 수 있어서 민가에서 지을 수 있는 최대 크기로 지은 집을 99간 집이라고 알고 있지만, 실은 99간 자체가 이미 불법이다. 『경국대전』에서 신분과 품계에 따른 건축 제한을 국법으로 정하여, 대군은 60간 이내, 왕자군과 공주는 50간 이내, 2품 이상의 벼슬을 한 자는 40간 이내의 집만 지을 수 있었기 때문이다. 왕자나 공주의 신분으로 태어나기는 복권에 당첨될 확률만큼이나 드문 일이며, 요행 양반가에 태어났다 한들 정1품 영의정이 되기도 어려운데, 그런 영의정조차 40간 이내의 집에서 살아야 했다. 하여 99간 집이란 단순히 부잣집이 아니라 불법 호화 주택을 말하는 것이며, 이왕에 법을 어긴 바 100간이나 120간도 못 지을 것이 없었다. 그렇다면 이런 집이 어떻게 존재할 수 있었을까.

신라 시대, 가사를 제한하노라

주택을 지을 때 규모나 건축 재료에 제한을 두어 신분과 사회적 지위가 드러나도록 하는 가사규제(家舍規制) 혹은 가사제한(家舍制限)은 그 역사가 오래 되어서 삼국 시대로 거슬러 올라간다. 자신보다 낮은 지위의 사람이 더 나은 집에 살거나 좋은 옷을 입고 다니는 것을 보기 싫어하는 감정은 인간이라면 누구나 가지고 있을 터이니, 가사제한 역시 계급 사회가 도래한 청동기 시대부터 시작되었을 것이다. 앞서 살펴본 대로 청동기 시대에는 한 마을 안에 큰 집과 작은 집이 있었고, 또한 마을 안에 사는 사람과 마을 밖에 사는 사람이 있어 신분에 따른 집의 크기와 거주지 제한이 있었음을 확인한 바 있다. 그러나 그 구체적 내용이 어떠했는지는 기록이 없어 알 수가 없고, 명확한 기록이 남아 있는 것은 삼국 시대다.

사람은 상하가 있고 지위는 존비가 있어 명칭과 법식이 같지 않고 의복도 다르다. 그런데 풍속이 점점 각박하고 백성들이 앞 다투어 사치, 호화를 일삼고 다만 외래품의 진귀한 것만을 숭상하고 국산품을 저속하다고 싫어하니, 예절이 무너지고 풍속이 파괴되기에 이르렀다. 이에 예법에 따라 엄명을 내리는 것이니 그래도 만일 일부러 범하는 자가 있으면 국법으로 다스릴 것이다.

집字집舍

『삼국사기』 흥덕왕 조에 나오는 내용으로, 상하와 존비의 구별을 위해 의복을 비롯한 수레, 생활 집기, 주택에 이르기까지 신분에 따라 금지된 사용물품의 목록을 법제화하겠다는 취지를 밝히고 있다. 골품제에 의해 유지되던 신라는 가사제한도 이에 따라 정해졌으며 표로 정리해 보면 다음과 같다.

■ 신라시대 신분에 따른 가사제한

	진골(眞骨)	육두품(六頭品)	오두품(五頭品)	사두품 이하 백성
정침(正寢)의 전면 폭	24척 이내	21척 이내	18척 이내	15척 이내
기와	당와(唐瓦) 금지	당와 금지	당와 및 장식기와 금지	당와 및 장식기와 금지
박공 장식	현어의 장식 금지	현어 금지	현어 금지	현어 금지
건축 재료	금 · 은 · 유석 금지	백랍 금지	동랍 금지	산누릅나무 금지
계단	삼중계 금지, 숙석(熟石) 금지	이중계 금지, 숙석 금지	숙석 금지	화강석 섬돌 금지
담장	회랑 금지 석회칠 금지	회랑, 석회칠 금지 높이 8척 이내	회랑, 석회칠 금지 높이 7척 이내	회랑, 석회칠 금지 높이 6척 이내
대문		누문, 사방문 금지	솟을대문 금지 사밖문 금지	솟을대문 금지 사방문 금지
발과 병풍	고급직물 금지	고급직물 금지	고급직물 금지	
침상 재료	대모, 침향 금지	대모, 침향, 자단, 황양 금지		
말의 수		5필 이내	3필 이내	2필 이내

골품에 따라 사용할 수 있는 건축 자재뿐만 아니라 가구와 내부 장식재 및 마필의 수까지 소상하게 규정하고 있는데, 사용된 용어 가운데는 그 뜻이 생소한 것이 몇 가지 있다. 우선 정침(正寢)은 주가 되는 건물, 즉 가장의 침실이 있는 건물을 말하는 것으로 보고 있다. 신라의 가옥은 한 채에 여러 개의 방이 있는 것이 아니라, 한 채에 하나의 방이 있는 형식이 일반적이었으므로, 정침은 가장의 침실이자 가장 크고 주된 건물이었다. 따라서 정침의 폭만 제한하면 나머지 다른 채들의 크기도 제한할 수 있었다.

한편 당와(唐瓦)란 당나라에서 수입된 고급 기와로서, 핵도유(核桃油) 기와 즉 유리로 만들어 유약을 발라 구운 기와를 말하는데 성골을 제외한 진골 이하의 계층에서는 사용이 금지되었다. 현어(懸魚)란 지붕 끝에 물고기 모양으로 늘어뜨린 장식을 말한다. 요즘도 사찰에 가보면 풍경이라 하여 지붕 모서리에 물고기 모양이나 종을 드리운 것을 볼 수 있다. 금속으로 만들어 바람이 불 때마다 경쾌한 소리를 내며 흔들리는데, 신라 귀족의 집에는 이러한 장식이 많았다. 이에 진골 귀족은 현어를 허용하기는 하되 거기에 따로 귀금속으로 장식을 덧붙이는 것이 금지되었고, 육두품 이하는 현어 자체가 아예 금지되었다. 계단 사용에 있어 이중계나 삼중계가 무엇인지는 아직도 논의가 진행 중인데, 통상 기단으로 해석하고 있다. 전통적으로 한옥은 기단 위에 세워지는데 기단의 수가 많을수록 권위적으로 보이므로 신분에 따라 쌓을 수 있는 기단의 수를 제한해야 했다. 지금도 기단의 수에 따라 외벌대, 두벌대, 세벌대라는 용어를 쓰는데, 세벌대는 왕가 건축에서만 사용되고 두벌대는 반가 건축에서만 허용되고 있다. 왕궁 건축에서는 기단을 특별히 월대(月臺)라고 하는데, 경복궁의 근정전은 이중의 월대가 사용되었지만 자금성은 그보다 많은 삼중의 월대를 두고 있어 천자국과 제후국의 위계를 엿볼 수 있다. 또한 숙석(熟石)이라 함은 돌을 둥글게 다듬고 쪼아서 무늬를 새긴 것을 말한다. 근정전의 월대에는 계단이 설치되어 있는데, 그 중 임금만이 사용할 수 있는 가운데 계단은 꽃봉오리 모양으로 둥글게 다듬어 놓은 주추가 사용된 것을 볼 수 있다. 이와 같은 숙석은 궁궐과 사찰에서만 사용이 가능했고 민간에서는 금지되었다.

　건축 재료뿐만 아니라 실내 장식도 제한을 하였는데, 발과 병풍에 채색 비단이나 수입 비단 같은 고급 직물을 사용할 수 없었다. 사두품 이

품계별 집 크기
품계별로 전면 폭이 3자씩 차이가 나고, 기단의 개수가 정해져 있기 때문에 진골 귀족의 집은 넓이와 높이에서 6두품 이하의 주택을 압도하게 된다.

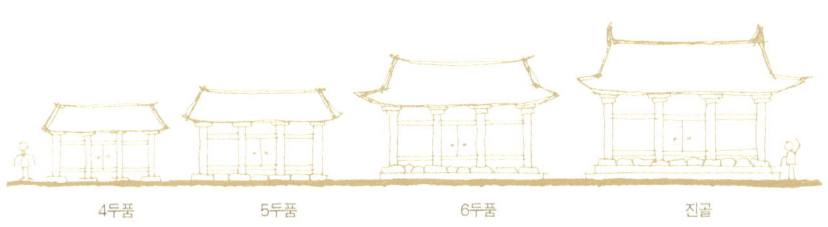

| 4두품 | 5두품 | 6두품 | 진골 |

하의 백성은 발과 병풍의 사용에 대한 항목이 빠져 있어, 사용 자체가 금지된 것으로 보인다. 침상도 마찬가지여서 진골과 육두품만 제한 내용이 나와 있고 오두품 이하는 침상 사용이 아예 금지되어 항목에서 빠져 있다. 또한 소유할 수 있는 마필의 수가 정해져 있고, 진골 이하의 모든 민가에서는 지붕에 부연(附椽)을 사용한 겹처마와 단청이 금지되었다.

이렇듯 소상한 가사제한의 내용은 진골 이하 계층에만 적용되므로 성골 귀족은 전혀 가사제한을 받지 않았음을 알 수 있다. 그렇다면 이들의 집은 과연 어떠했을까. 우선 가장의 침실인 정침의 폭은 27척(8미터) 남짓, 당나라에서 수입한 유리기와를 얹은 지붕 아래에는 오색단청으로 채색된 부연(附椽)이 있으며 처마 끝에는 눈과 꼬리 부분에 금장식을 덧붙인 현어가 늘어져 있다. 연꽃무늬를 새겨 넣은 숙석으로 장식된 세 칸의 기단을 올라 방안으로 들어가니 침향나무로 만든 침상이 놓여 있고 그 주위에는 중국에서 수입된 무늬 있는 비단으로 만든 발과 병풍이 늘어져 있다. 방안에서 마당을 내려다보니 담장은 하얗게 회칠이 되어 있는 가운데, 문고리와 돌쩌귀에 사용된 금과 은이 희끗희끗 빛나고 있었다. 이 정도라면 왕실과 다를 바 없는데, 성골 귀족이 왕실과 직접적인 혈연관계에 있으면서 고관 요직을 독차지했던 것을 생각해 보면 극히 당연한 일이라고도 할 수 있다. 하지만 왕궁이라 할지라도 건축 재료에 금, 은을 사용한 예가 없는 조선과 비교해 볼 때 무척 화려하고 사치스럽다. 고대국가로 갈수록 빈부의 격차가 크며 신분에 따른 의식주 제

1. 근정전 길대

경복궁의 근정전은 이중의 월대를 설치하였는데, 자금성에
는 삼중 월대를 설치하여 제후국와 천자국의 위계를 두었다.

2. 근정전 숙석

임금이 디디는 계단에 구름 무늬를, 난간에는 해태의 모습을
새겼다.

3. 세벌대

깨끗하게 다듬은 장대석을 세 개 놀려놓아 만든 기단으로 왕
가 건축에서 주로 사용된다.

4. 두벌대

장대석을 두 개 올려 만든 기단으로 양반가에서 사용된다.

5. 막돌쌓기

민가 건축에서는 장대석을 사용할 수 없었기 때문에 막돌을
쌓아 올려 기초를 다진다.

한이 엄격함을 가장 극명하게 보여주는 예라 하겠다.

조선 시대, 도성에 살기 위하여

현재 가사제한에 대한 기록이 남아 있는 것은 신라와 조선이며, 백제나 고구려도 가사제한이 있었을 것으로 추정되나 기록이 없어 정확한 내용은 알기 어렵고 이는 고려도 마찬가지다. 그런데 조선에 이르러 가사제한은 좀더 조직적이고 구체적으로 이루어져서, 건축 재료나 장식재보다는 집터의 크기 및 주택 규모의 제한, 신분과 직업에 따른 거주지 제한 그리고 사후의 집이라 할 수 있는 무덤과 묘지의 크기를 제한하는 데 중점을 둔다. 즉 신라의 가사제한이 화려한 건축재의 사용을 금지하여 신분차를 나타내는 데 초점을 맞추었다면, 조선의 가사제한은 도성 안의 인구 밀집에 따른 면적 제한이라는 데에 그 특징이 있다.

조선은 개국과 동시에 개성에서 한양으로 천도하고 도시 계획을 수립한다. 성을 쌓아 경계를 만들고 성 내부를 구획한 뒤 궁궐과 관청, 시장, 주택지의 자리를 정하는데 이때 한정된 택지를 공평하게 분배하는 문제가 대두되었다. 왕조 국가에서 도성이란 특별한 의미를 가진다. 그곳은 아무나 들어가서 살 수 있는 곳이 아니었으며, 또한 그곳에 사는 사람들은 도성을 떠나 살 수도 없는 사람들이었다. 왕과 종친, 벼슬아치와 그 가족들에게 있어 도성 안에 사는 것은 권리이자 의무 사항이기도 했다.

집宇집宙

요즘은 교통 기관과 통신 수단이 발달하여 교외에 살면서 도심지로 출퇴근하는 일이 크게 문제되지 않지만, 교통과 통신을 오로지 인력에 의지할 수밖에 없었던 당시의 관료들은 궁궐과 가까운 도성 안에 살아야 했다. 종친 또한 국가 권력이 강력하게 미치지 않는 지방에서 모반을 도모할 지도 모르는 일이어서 도성 밖을 떠나 사는 것이 허용되지 않았다. 그리하여 이들에게 집터를 제공해 주기 위해 한정된 땅을 공평하게 분배해야 했고 이 과정에서 집터의 크기를 제한하는 가대규제(家垈規制)가 필요하게 되었다.

건국 초기에는 정1품의 개국공신에게 60부(負)의 주택지를 나누어 주었으나 태조 3년에 벌써 택지의 부족을 호소하는 상소가 잇따라 이를 재조정하게 된다. 그에 따르면 대군과 공주의 집이 60부, 정1품이 35부, 정2품이 30부, 이하 한 품계마다 5부씩 줄여 6품은 10부, 서인은 2부의 주택지를 배정하였는데 여기서 부(負)는 40평 정도에 해당한다. 따라서 대군의 집터가 2,400평, 정1품 영의정의 집터가 1,400평에 이르는 반면, 일반 서인의 집터는 80평에 불과했다. 대부분 아파트에 사는 지금은 80평 집터도 넓어 보일지 모르지만 전통 가옥의 특성상 절반 이상을 마당으로 할애해야 하므로 실제 주택의 면적은 20∼30평 내외가 되니 이는 현대의 도시 샐러리맨이 사는 소형 아파트 크기와 별 차이가 없다.

그런데 시간이 흘러 행정 조직이 완비되면서 관리의 수가 많아지고 종친의 수도 증가하여 성종 조에는 가대규제를 다시 한번 축소 조정하게 된다. 이에 따라 대군과 공주의 집이 30부, 왕자군과 옹주의 집이 25부, 정1·2품이 15부, 정3·4품이 10부, 정5·6품이 5부로 절반 가까이 축소되었고, 다만 서인의 경우는 더 이상 축소할 수가 없어 2부로 계속 유지되었다. 또한 묘역의 제한도 있어서, 종친의 묘역이 사방으로 100보 이내, 정1·2품의 묘역이 사방 90보 이내, 정3품이 80보 이내 등으로 신분과 품계에 따라 묘역의 크기가 정해져 있었다. 이렇듯 택지와 묘역의 크기를 제한한 것은 정해진 도성의 면적 안에서 필요한 사람들이 다같이 살아가기 위해 필수적인 조치였다.

불법 호화 주택의 비밀

조선 시대 가대규제가 택지의 크기를 제한하는 방법이라면, 가사제한은 주택의 크기를 제한하는 방식이었다. 그리고 이것이 사치품의 사용을 금지한 신라의 가사제한과 다른 점이다. 실록에 의하면 세종 12년에 '가사고제(家舍古制)'에 의거해 새로 가사규제를 정한다고 하였는데, 가사고제란 가사제한에 대한 고려 시대의 법제를 말하는 것으로 구체적 내용은 밝혀지지 않았으나 조선과 비슷했을 것으로 추정할 수 있다.

이에 정해진 가사제한에 따르면 대군의 집은 60칸, 왕의 친형제와 공주·왕자군·옹주의 집이 50칸, 2품 이상의 집이 40칸, 3품 이하의 집이 30칸, 서인의 집이 10칸으로 정해져 주택의 규모를 정확히 명시한 것을 볼 수 있다. 이때 '칸(간)'이라고 하는 것은 전통 건축에서 자주 쓰이는 용어로서, 현대 건축에서의 유니트(unit)나 모듈(module) 개념으로 해석할 수 있다. 전통 가옥은 목재로 집을 지으므로 방을 하나 만들려면 사방에 나무 기둥을 세우고 '인방(引枋)'이라는 수평 부재를 가로질러 틀을 짠 다음 그 사이를 황토로 메워야 한다. 따라서 방은 기둥이라는 수직 부재와 인방이라는 수평 부재로 만들어지는데, 이렇게 해서 만들어진 방이 바로 한 칸이다. 방은 기둥 네 개를 세워 한 칸으로 만들 수도 있지만 두 칸을 이어 두 칸짜리 방을 만들 수도 있고, 가로로 두 칸, 세로로 세 칸을 통합하여 여섯 칸짜리 큰 방을 만들 수도 있다. 때문에 대군의 집이 60칸이라고 하면 방의 개수가 60개라는 것이 아니라, 전체 칸수를 말하는 것이다. 대개 큰 부잣집에서는 안방을 네 칸, 대청을 여섯 칸 정도로 만들지만, 서민의 집에서는 한 칸짜리 방, 한 칸짜리 마루가 일반적이어서 방의 개수와 칸의 개수를 동일시하게 된 것뿐이다. 하여 '초가삼간'이라고 하면 부엌 한 칸, 방 한 칸, 마루 한 칸으로 이루어진 집이고, '단칸방'이란 한 칸으로 구성된 아주 작은 방을 뜻하는 말이다.

그렇다면 한 칸의 넓이는 어느 정도였을까. 방의 넓이는 기둥과 기둥 사이 곧 인방의 길이에 의해 결정된다. 고려 시대까지만 해도 인방의 길이는 여섯 자에서 아홉 자까지 편차가 심했는데, 여섯 자 방은 가로 세로가 각각 1.8미터인 아주 작은 방이며, 아홉 자 방은 가로 세로가 2.7미터가 되는 큰 방이다. 그런데 목재는 굵고 큰 것이 비싸서 부잣집에서는 아홉 자 큰 나무를 쓰고 가난한 집에서는 여섯 자 작은 나무를 써서 집을 지으므로 똑같은 한 칸이라 해도 그 면적의 차이가 심하다. 그래서 세종 22년에는 한 칸의 길이를 영조척(營造尺) 8척으로 정하였는데, 영조척이란 건물을 지을 때 사용하는 척도로 대략 30센티미터, 따라서 한 칸은 가로세로가 각각 2.4미터인 방이며 이는 5.76제곱미터, 곧 1.74평이다. 대개 '한 칸이 곧 한 평이다'라는 말을 하기도 하는데, 이는 잘못된 말이다. 가난한 집에서 제일 작은 여섯 자 나무를 사용하여 집을 지으면 이때의 한 칸 넓이가 3.24제곱미터, 곧 한 평이 되므로 '한 칸이 한 평이다'라는 말이 나온 모양인데, 세종 22년 이후 한 칸은 8척으로 지정되었다. 따라서 한 칸이 한 평이라는 것은 여섯 자 나무를 쓰는 서민의 집에 국한된 이야기일 뿐 일반적인 현상이 아니다.

대군의 집이 60칸, 공주 · 군 · 옹주의 집이 50칸, 2품 이상이 40칸, 3품 이하가 30칸 그리고 서인이 10칸인 이 규정은 조선 후기까지 꾸준히 지켜졌다. 이것을 지금의 평수로 환산해 보면 대군의 집이 104평, 공주의 집이 87평, 2품 이상 벼슬의 집이 70평, 3품 이하 벼슬의 집이 52평, 그리고 서인의 집이 17.4평으로 현재 서울 시내에 짓는 최고급 아파트와 중산층 아파트 그리고 서민 아파트의 평수와도 대충 일치한다. 또한 세종 22년에는 한 칸의 길이뿐만 아니라 기둥의 높이, 들보와 서까래의 길이까지도 세세하게 정해졌으며, 전체 규모 중에서도 마루와 방의 비율까지 정해졌다. 이를테면 대군의 집 60칸에는 마루를 10칸, 방을 50

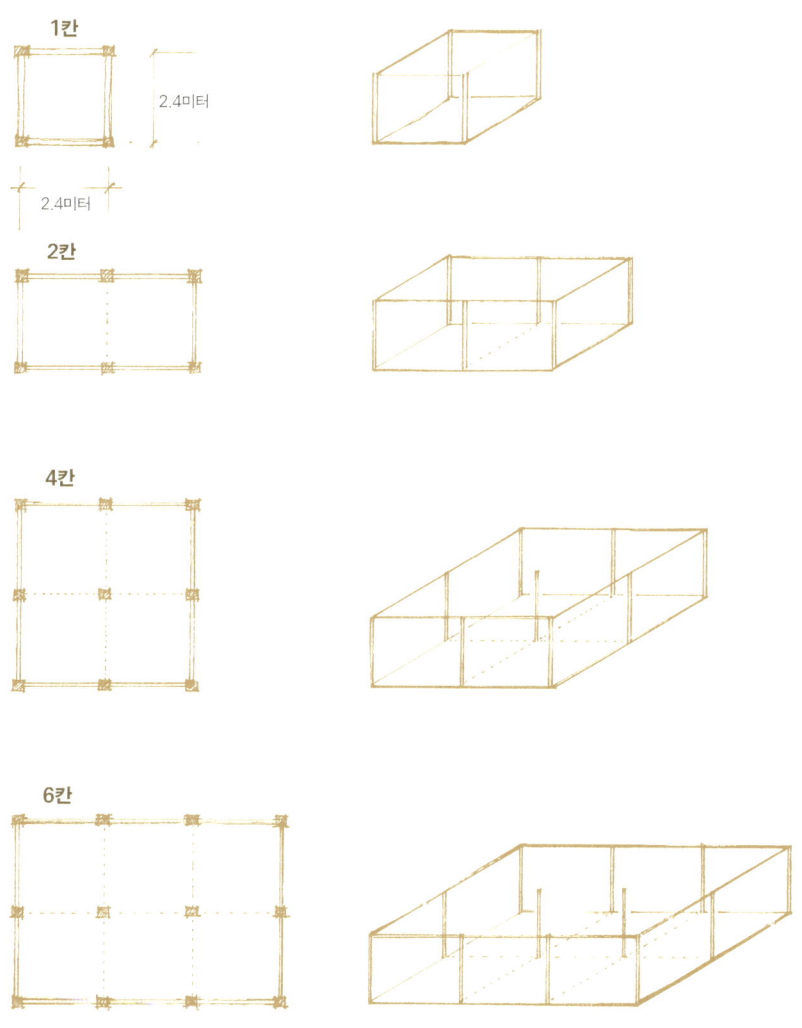

1칸

2.4미터

2.4미터

2칸

4칸

6칸

똑같은 하나의 방이라도, 한 칸이나 두 칸 혹은 네 칸이나 여섯 칸으로도 만들 수 있다.

칸 이하로 두어야 했으며, 공주의 집 50칸에도 마루를 8칸, 방을 42칸, 서인의 집 10칸에도 마루를 3칸, 방을 7칸 이하로 두어야 했다.

이상에서 살펴보면 신라의 가사제한이 고급 건축재와 화려한 장식의 사용을 금하는 데 주력한 반면, 조선에서는 규모에 제한을 두었음을 알 수 있다. 물론 신라도 정침의 넓이를 품계에 따라 구분하기는 하였으나, 조선은 전체 규모를 칸수로 정하고 마루와 방의 칸수까지 세부 규정을 두었다. 따라서 조선의 사대부가는 아무리 신분이 높고 벼슬이 높다 한들 60칸 이상은 지을 수가 없었는데, 대체 어떻게 아흔아홉간 집이 존재하는 것일까.

어느 나라, 어느 사회에서고 규칙과 법률은 정해지지만 그것은 제대로 지켜지지 않는다. 오늘날 우리나라에서도 갖은 탈세와 불법이 자행되고 있듯, 조선 시대에도 법망을 교묘히 빠져나가기 위한 갖은 방법들이 동원되었다. 그 중 하나는 집의 칸수를 헤아릴 때 부속 공간을 제외하는 방법으로, 이를테면 외양간과 부엌, 광, 행랑간 등 본채가 아닌 서비스 공간을 칸수에서 제외하는 것이다. 하지만 60칸이라고 하는 것은 주택의 전체 규모를 말하는 것으로 이는 부엌, 광, 외양간, 행랑간 등 모든 부속 공간을 포함한 칸수이다. 법규의 자의적 해석이라고 할 수 있는데 이 방법은 현재도 그대로 쓰이고 있다. 요즘에는 일정 면적 이상을 호화 주택이라 하여 중과세를 부과하고 때로는 신축 건물에 대한 준공 허가가 떨어지지 않을 때도 있다. 이에 대비하여 주택의 일부를 창고나

축사로 위장하여 준공 검사를 마친 다음 주택으로 개조하여 사용하는 예가 있는데, 이는 서비스 공간을 칸수에서 제외했던 방법과 같다.

한편 조선에서는 칸수 제한 아래 몇 가지 예외 규정이 있어 사당, 부모가 물려준 가옥, 사들인 가옥, 외방에 세운 가옥은 칸수에서 제외했다. 효(孝)가 국시였던 나라에서 조상의 혼령을 모시는 사당과 부모가 물려준 가옥에 대해 예외 규정을 둔 것인데, 여기에 부정과 편법이 개입될 소지가 많았다. 사들인 가옥에 대해서 칸수 적용을 하지 않은 것은, 개인이 넓은 집을 짓는 것을 제한하는 것이 중요했지 이미 지어진 집을 사들이는 것을 크게 문제되지 않았기 때문이다. 본디 가대제한과 칸수 제한이 한정된 도성 안에 많은 사람이 살기 위해 적용된 까닭이다. 하여 이 조항도 악용될 소지가 많았으니, 옆집을 사들인 다음 담장을 터서 한 집으로 사용하면 100간 집도 가능하다. 물론 이 방법도 현재 부유층에서 즐겨 사용하고 있는데, 세금 부담이나 여론을 의식해서 70평짜리 아파트 두 채를 서로 다른 명의로 구입하되, 나란히 이웃한 집으로 사서 보통 때는 터놓고 지내는 방법이다.

그리고 외방에 세운 가옥은 예외 규정을 둔다고 하였으니, 도성 안이 아닌 지방에서는 크게 가대제한과 면적 제한을 받지 않았다. 요즘도 경기도 일원에는 고급 별장촌이 있는데, 서울 시내에 그런 집을 짓자면 땅값도 비쌀 뿐 아니라 여론의 표적이 되기 십상이어서 한적한 경기도에 그런 집을 짓는 것이다. 그리고 무엇보다 왕조 국가의 특성상 종친은 별

233

거리낌 없이 넓은 집을 지을 수가 있었다. 대군이 100간의 집을 지었다 한들, 모반이나 대역죄가 아닌 이상 왕의 아들을 잡아다가 문초하기란 쉬운 일이 아니다.

압구정동에는 압구정이 없다

어느 전직 대통령은 재산이라곤 주머니에 든 현금 몇 십 만원뿐이라고 하면서 세금을 포탈하고 있지만, 부인과 자녀, 손자 명의로 된 각종 부동산이 공개되어 문제가 된 적이 있다. 그는 지금 부인 명의로 된 연희동의 호화 빌라에 살고 있는데, 사실 권력과 호화 주택과의 밀접한 상관성은 그 뿌리가 매우 깊은 일이다. 조선 시대 권력과 호화 주택의 밀착 관계로 대표적인 예가 바로 한명회(韓明澮, 1415~1487년)와 압구정이다.

　한명회는 세조의 책사로, 단종으로부터 왕위를 찬탈하는 데 지대한 공헌을 하여 세조의 두터운 신임을 받았고, 두 명의 딸을 각각 예종과 성종에게 시집보내 2대에 걸쳐 국구(國舅, 왕의 장인)가 되었다. 세조 이래 성종 조까지 고관 요직을 독점하다시피 하며 막대한 부를 축적하여 도성 안에 가옥 18채를 소유하였고, 말년에는 권좌에서 물러나 한가로이 지내고 싶어 한강 연변의 경치가 좋은 곳에 압구정(狎鷗亭)이라는 정자를 지었다. '압구정'이라는 이름 또한 청백리로 알려진 황희 정승이 말년에 임진강가에 세운 반구정(伴鷗亭)이라는 정자를 모방한 것으로 갈매기와 더불어 한가하게 지내겠다는 뜻이다. 그런데 민가 건축에서 금지된 단청과 숙석을 사용하여 세간의 눈총을 받았을 뿐더러 조정에서는 물러났지만 이곳에서 여전히 부원군의 자격으로 정사를 조정한 까닭에 갈매기와 벗하는 것이 아니라 권력과 벗하는 곳이라는 비아냥거림도 함께 받았다. 한명회가 죽은 뒤, 연산군에 의해 부관참시를 당하는 와중에서도 압구정은 의연히 그 자리를 지키고 있다가 400여 년 후, 박영효(朴泳孝)의 소유가 된다.

구한말 개화파의 일원이었던 박영효는 '강화도령'으로 알려진 철종의 사위이기도 하다. 강화도령 이원범은 사도세자의 후손인데 농군으로 살다가 18세에 왕이 되어 궁에 들어왔으며, 재위하는 15년 동안 부인 여덟을 두었지만 후손으로 영혜 옹주 하나만을 남겼을 뿐이다. 옹주는 12세에 박영효에게 출가했는데 그 후 3개월 만에 죽는 바람에 그는 13세의 나이로 홀아비가 되었다. 본디 조선에서는 왕의 부마(駙馬)가 되면 부인이 일찍 죽더라도 재혼하지 못하도록 되어 있어 박영효 또한 평생 '수절'해야 하는 처지였지만, 왕조가 무너지고 시대가 바뀐 덕에 후에 재혼한 것으로 보인다. 이후 박영효는 갑신정변(甲申政變)에 참여했지만 이것이 삼일천하로 끝나자 분노한 민중들이 박영효의 소유인 압구정을 불태워 버려 다만 지명으로만 남았으니 압구정동이 그곳이다. 이 자리는 현재 아파트가 들어서 있는데, 현대 아파트 72동 옆에 작은 표석이 있어 옛 위치를 알리고 있다. 한편 박영효의 생가는 당시에 서울 8대가 중에 하나로 알려질 만큼 유명한 집이었는데, 안채와 행랑채는 그 자리에 남아 현재 인사동 경인미술관이 되었고, 사랑채는 남산골 한옥마을로 옮겨져 보존되고 있다. 사람은 가도 건축물은 길이 남아 옛이야기를 전하고 있다.

신라 시대부터 조선에 이르기까지 신분에 따른 가대규제나 가사제한은 꾸준히 있어 왔다. 물론 이것은 두목과 부두목, 행동대장 등의 위계에 따라 사용할 수 있는 승용차의 차종을 정해 놓은 폭력 조직의 내규처럼 어이없어 보이기도 하지만, 인간 사회에서 이런 일은 항상 있어 왔고 그것이 반드시 건축에만 국한된 일도 아니다. 고대 사회로 갈수록 집을 비롯하여 의복과 음식의 사용이 신분에 따라 제한되어 있었으며 가장 가시적인 효과를 낼 수 있는 의복에서 그 정도가 심했다. 전근대 사회에서는 의복에 사용된 옷감과 색상, 장신구의 형태만 보아도 그가 어느 계층의 사람인지를 쉽게 알 수 있었다. 또한 왕과 왕비는 열두 가지의 반찬이 놓이는 12첩 반상, 후궁과 왕세자는 9첩 반상을 받았던 반면 민가에서는 사대부가가 7첩 반상이고 그 이하 서민은 5첩이나 3첩 반상으로, 먹을 수 있는 반찬의 수까지도 제한되어 있었다. 하지만 이러한 직접적인 신분 표출은 후대로 접어들면서 보다 간접적이고 교묘하게 적용된다. 앞서 조선 후기의 부농 주거를 살펴보았듯이, 민가 건축에서 금지된 단청과 숙석, 장대석 기단 등이 농가주택에서 사용되고 이에 대한 제재도 거의 유명무실해지기 시작한다. 일례로 조선 후기 궁궐 안에 지은 사

집우집宙

대부가인 연경당의 칸수는 109칸이다. 대군의 집이 60칸을 넘을 수 없다고 국법에 명시되어 있어서 그것을 가장 모범적으로 지켜야 할 궁궐에서조차 100칸이 넘는 호화 주택을 지은 것이다. 대신 이 시기의 신분 표출은 의식주가 아닌 개인의 행동 규범으로 옮겨가는 현상을 보인다.

조선 후기의 대표적 풍자 소설 「양반전」은 재력을 축적한 농민이 양반의 족보를 사는 과정을 통해 양반 사회의 허와 실을 그리고 있다. 그에 의하면 양반이 되기 위해서는 새벽에 일어나 부모님께 조석문안 드린 후에 사랑으로 물러나와 코끝을 내려다보며 사서삼경을 읊조릴 것이며, 추워도 곁불을 쬐지 않으며 수염에 막걸리가 묻어도 빨지 않는다는 등 양반으로서 가져야 할 행동 규범에 대한 이야기가 주를 이룬다. 조선 후기 양반 주택에서 각 공간의 위상을 측정한 결과에 따르면 노비가 머무는 행랑채에 비해 주인이 머무는 사랑채와 안채는 외부에 쉽게 노출되어 있음을 알 수 있다. 즉 양반의 일거수일투족이 가내 노비들에게 쉽게 드러나도록 하였다. 사생활을 중시하는 현대인의 눈에는 일견 이해할 수 없어 보이지만, 당시의 신분 과시가 주로 행동 규범에 의해 이루어졌음을 생각해 보면 쉽게 이해할 수 있다. 이러한 일은 같은 시기 프랑스의 루브르궁에서도 똑같이 일어났다. 루이 14세는 침대에서 일어나서 잠자리에 들 때까지 심지어 옷을 갈아입거나 용변을 보는 일까지도 공식적인 행사로 지정하여 귀족들에게 공개했다. 뿐만 아니라 그는 일명 궁정 문화라고 하는 까다로운 예의범절로 귀족들을 통제하려 했다.

신분제가 무너진 현대 사회에서도 사회적 지위를 암시하는 일련의 행위는 결코 사라지지 않았다. 가대규제나 가사제한은 없어졌지만 우리가 주택을 선택함에 있어 완전히 자유로운 것은 아니다. 자본의 지배를 받는 현대 사회에서 집을 고를 때 가장 크게 영향을 받는 것은 경제력이며, 아파트의 가격은 지역, 학군, 평형, 교통의 편리성, 시공 연도 및 시공사의 대외 인지도 등에 따라 정확히 수치로 계산되고 있다. 신라 시대 사람들이 골품에 의해, 조선 시대 사람들이 품계에 의해 집터와 면적 제한을 받았듯이 우리 또한 자본에 의해 매우 명확하게 계량된 틀 속에서 살고 있다. 전근대 사회에는 사람들의 옷차림이 그의 신분을 알게 하는 도구였듯, 현재 또한 '어느 곳에 사느냐'는 그의 사회적 지위를 쉽게 가늠해 볼 수 있는 하나의 잣대가 되고 있다.

집字집當

10장 충을 피하다
산 아래 낮고 순한 집을 짓다

남문안 큰 모전에 각색실과 다 있구나
청실뢰 홍실뢰 건시 홍시 조홍시며
밤 대추 잣 호도며 포도 경도 외얏시며
석류 유자 복숭아며 용안 여지 당대추다

상미전 좌우가가 십년지량 쌓았어라
하미 중미 극상미며 찹쌀 좁쌀 기장쌀과
녹두 청태 적팥과 마태 중태 기름 틸다
되를 들어 자랑하니 민구구색 좋을시고

수각다리 너머서니 각색 상전 벌였어라
면빗 참빗 널레빗과 씸지 줌치 허리띠며
총전 보료 모담지며 간지 주지 당주질다

「한양가」중 육의전의 모습

우리의 전통 건축은 온돌에 의한 바닥 난방, 실내에서 신을 벗는 생활, 2층집이 없다는 점 등에서 독특한 특징을 갖는다. 온돌과 신을 벗는 생활이 서로 밀접히 연관되어 있음은 앞서 설명한 바 있고, 한국 건축의 가장 큰 특징이자 의문은 왜 2층집이 없는가 하는 점이다. 2층 이상의 적층(積層) 구조는 서양의 형식이고, 중국과 일본을 비롯한 동아시아의 전통은 단층이라고 생각하는 사람이 많지만 반드시 그런 것만은 아니다. 일본에서는 '나가야(長屋)'라고 하는 2층 상가주택이 에도(江戶) 시대부터 도시 주거의 일반적인 형식이었고, 중국에서는 '토루(土樓)'라고 하여 오늘날 아파트와 형태가 비슷한 3~4층 높이의 공동주택이 있다. 그럼에도 불구하고 유독 우리나라에서만 적층의 주거 형식이 없다는 것은 큰 의문이다.

때로 여행에서 "우리나라에는 2층집을 지을 만한 기술이 없었다"라는 말을 듣기도 했지만 잘못된 말이다. 통일신라 시대의 황룡사 9층 목탑은 그 높이가 225척에 달했다고 하니 요즘으로 따지면 13층 높이의 고층 건물이며, 무엇보다 그것은 상징적 조형물이 아니라 실제 사람이 들어가 생활할 수 있는 9층의 건축물이었다. 물론 우리나라에 적층 구조가 전혀 없었던 것은 아니다. 경복궁의 광화문과 경회루를 비롯하여 덕수궁의 석어당 등도 적층 구조이며, 대형 사찰의 대웅전이나 성문, 망루 등도 적층이지만, 주거 건축으로 적층은 매우 드물다. 그 이유는 대체 무엇일까.

산이 드물면 높은 집을 짓고, 산이 많으면 낮은 집을 짓느니

신라 말에 수입된 풍수지리는 왕건이 고려를 건국하고 수도를 정하는 것뿐 아니라 「훈요십조」의 내용 중 세 개 항목이 풍수에 관련된 것일 정도로 지대한 영향을 미쳤다. 당시에는 과거 시험에 지리업(地理業)을 두었고 지리박사와 지리생을 등용하여 풍수 전문가를 국가적으로 양성하였다. 뿐만 아니라 조선을 건국한 이성계도 도읍을 정하는 데 있어 풍수 전문가인 무학의 조언을 따랐으며, 특히 중기 이후로는 개인의 주택지나 조상의 묘지를 선정할 때도 풍수가 뿌리깊게 작용했다. 묏자리가 없어진 지금은 납골 공원을 비롯하여 아파트 단지를 광고하는 선전지에도 "좌청룡, 우백호의 명당에 자리 잡았다"라는 문구를 심심찮게 볼 수 있고, 인테리어 잡지에서는 집안 내부에 가구를 두는 방법에 대해서도 좌청룡, 우백호의 원칙을 따르라고 조언하기도 한다. 우리나라에 풍수 사상을 최초로 전한 사람은 신라 말의 승려였던 도선(道詵)으로, 노년 에 『도선밀기(道詵密記)』라는 책을 남겼지만 현재 전해지지 않고 다만 『고려사 절요』에 그 편린이 전한다.

『도선밀기』에는 산이 드물면 높은 집[高樓]을 짓고, 산이 많으면 낮은 집[平屋]을 짓는다고 한다. 산이 많은 것은 양(陽)이요, 산이 드문 것 은 음(陰)이며, 높은 집은 양이요, 낮은 집은 음이다. 우리나라는 산이 많아, 만일 높은 집을 지으면 자손의 쇠퇴를 초래한다고 하였다. 따라 서 태조 이래 궁궐 안에서 집을 높게 짓는 것을 막았을 뿐 아니라 심지 어 일반에게도 이를 금지하였다. 지금 들으니 조성도감에서 상국(上 國, 중국)의 규모를 따라 층루의 고옥을 지으려 한다니, 장차 불의의 재화가 있을까 두렵다.

산이 많고 높은 우리나라의 지형을 감안할 때 고층보다는 저층의 평 옥을 짓는 것이 음양의 조화에 맞으니 궁궐과 민가에서는 높은 집을 짓 지 말라는 내용이다. 현재 고려 시대의 가사제한 내용이 구체적으로 전 해지지는 않지만 2층집의 건축을 금지하는 항목이 포함되어 있었을 것 으로 추정되며, 이는 조선 시대에도 계속되었다. 앞서 살펴본 대로 조선 의 가사제한은 집터의 크기와 건물의 규모뿐 아니라, 전체 건물의 높이,

한 칸의 크기, 기둥의 높이, 서까래의 굵기와 길이까지 상세히 규정하였다. 세종 22년에 정해진 가사제한에 따르면 민가에서 쓸 수 있는 기둥의 높이는 대군이 13척(3.9미터), 2품에서 9품까지가 12척(3.6미터), 서인이 7척(2.1미터) 등으로 품계에 따라 정해져 있었고, 누각의 경우도 대군이 18척(5.4미터), 2품에서 9품까지가 13척, 서인이 12척 등으로 전체높이가 정해져 있어 후기까지 이 원칙이 지속되었다. 2층집을 짓기 위해서는 건물의 높이가 최소한 20척(6미터) 이상이 되어야 하는데, 가장높은 건물의 전체 높이를 18척으로 제한했기 때문에 굳이 2층집을 짓지말라는 규정이 없어도 높이 제한 때문에 2층 건축이 불가능했다. 풍수지리와 그에 따른 가사제한, 이것이 바로 우리나라에 2층집이 없었던첫 번째와 두 번째 이유다.

층층이 온돌을 들일 수 없으니

우리의 고유한 주거 문화인 온돌은 실내에서 신을 벗는 생활을 비롯해많은 것에 영향을 미쳤을 뿐 아니라 2층집의 출현을 어렵게 했다. 온돌은 그 구조상 부엌의 아궁이와 맞붙어 있어야 하는데, 부엌은 신을 신은채 들어가는 흙 바닥이지만 온돌은 신을 벗고 들어가는 매우 이질적인공간이다. 만일 2층 이상의 공간에 온돌을 놓는다면 층층마다 아궁이와구들을 설치한 어색하고 불편한 구조가 될 것이며, 1층에서 2층으로 갈

경회루

외국 사신을 맞아 연회를 베푸는 장소로 사용되었는데, 1층에는 기둥이 촘촘히 박혀 있어 서비스 공간으로 사용되고 연회는 2층에서 베풀었다.

문루

공공건물의 입구에는 2층의 문루를 설치하여 외부인의 침입을 감시하는 역할을 하기도 했다. 1층은 통로 부분으로 할애하고 실질적 공간은 2층만 사용하였다.

때도 방을 나와 부엌에서 신을 신고 계단을 올라 다시 부엌을 지나 신을 벗고 방에 들어가야 하는 등, 실내에서도 신을 신고 벗는 행위가 반복될 것이다.

　현존하는 2층 건물 중 대표적인 것은 경회루, 광한루, 촉석루 등의 누각인데, 1층은 전돌로 마감하고 2층은 마루로 되어 있어 온돌 난방을 하지 않는다. 또한 덕수궁의 석어당이나 남한산성 내의 수어장대와 같이 임진왜란과 병자호란 등 비상시에 지어져 임시 궁궐이나 군사 지휘소로 사용되던 건물도 1층은 전돌로, 2층은 마루로 마감되어 바닥 난방을 하지 않는다. 그 외에 광화문이나 남대문 같은 망루나 성문도 마찬가지다.

대산루

경북 상주군 소재. 주거 건축으로는 드물게 2층 구조가 사용
된 예이긴 하지만 2층 온돌방의 아랫부분은 구들이 설치되어
주거가 불가능하다. 왼쪽 사진은 대산루 2층방의 모습, 오른
쪽은 2층 온돌방의 아랫부분.

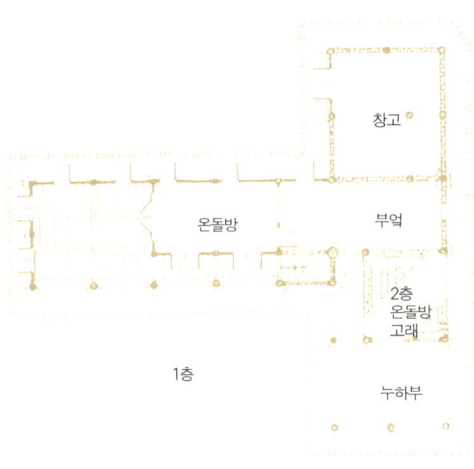
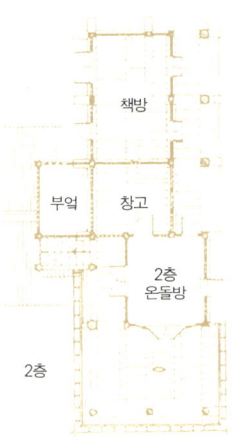

창고

온돌방　　부엌

2층
온돌방
고래

1층　　　　누하부

책방

부엌　창고

2층
온돌방

2층

이러한 건물은 누각이나 군사 지휘소, 망루, 성문 등과 같이 특수한 건물들로서 1층은 전돌 바닥, 2층은 마루로 되어 있어 바닥 난방을 하지 않는다는 공통점이 있다.

공공 건물이 아닌 민가 건축에서 2층집이 지어진 예는 경북 상주의 대산루(對山樓, 경상북도 유형문화재 제156호), 경북 영덕의 화수루(花樹樓) 등이다. 경북 상주군 외서면 우산리에 소재한 대산루는 조선 중기의 학자 정경세의 사랑방 겸 서재로 사용되던 곳으로, 2층에 온돌방과 마루가 있고 그 아래에 창고와 부엌 등 비주거 공간이 있다. 경북 영덕군 창수면 갈천리 소재의 화수루는 문중 서당의 공부방으로 쓰이던 건물인데, 역시 2층에 온돌방이 있다. 이 건물들은 모두 서재형 사랑채라는 점과 1층에 서당으로 쓰는 마루방이 있고 2층에 온돌방이 있다는 공통점을 갖는다. 하지만 2층의 온돌방 아래는 구들이 있어 다른 용도로는 사용할 수 없는 빈 공간이다. 즉 공간이 2층으로 되어 있다는 것뿐 층층이 방과 마루로 사용되는 것이 아니므로, 진정한 의미의 2층이라고 보기에는 조금 무리가 있다.

겨울이 길고 추운 우리나라 기후를 생각해 볼 때, 온돌이 없는 집이란 존재할 수 없다. 건물을 2층 이상으로 지어 층층이 온돌을 들이는 것은 구조적으로 몹시 어렵다. 온돌을 들이자면 층고가 높아져야 하며 온돌 자체가 돌과 흙으로 구성되어 있어 목구조로 받치기에는 상당한 무리가 따르고 일일이 땔감을 들고 올라가서 불을 때기가 쉬운 일이 아니다. 따라서 2층집은 성문이나 누각, 궁궐, 서당 등 온돌 난방을 하지 않는 일부 건물에만 사용되었다. 즉 온돌 난방은 우리나라에 적층의 주거 형식이 없는 세 번째 이유다.

인구가 많아지면 이층집을 짓느니

건축물의 형태를 결정짓는 것은 한 가지 요소만이 아니다. 그 지방의 기후, 흔히 얻을 수 있는 산물 등과 같은 물리적인 요소가 있는가 하면, 종교나 관습, 풍습과 관련된 이유도 있으며 법규나 정책적인 이유도 있다. 흔히 말하는 '초가삼간'도 이 모든 것의 총합으로 나타난 결과다. 겨울과 여름의 기온차가 큰 기후의 특성 때문에 흙벽이라는 소재가 가장 적당하며, 벼농사를 짓는 까닭에 볏짚이 흔해 이것으로 지붕을 이었다. 뿐만 아니라 가사제한에 민서(民庶)는 기와 지붕을 사용할 수 없다는 규정과 칸수 제한이 있어 세 칸짜리 초가집 즉 초가삼간이 된 것이다. 우리나라에 2층집이 없는 이유도 풍수지리와 같은 종교적·관습적 이유, 가사제한이라는 법적인 이유, 온돌 때문에 구조적으로 2층집이 불가능하다는 기술적인 문제 등이 얽혀 있다. 그리고 또 하나 도시맥락주의적인 이해가 있다. 건축물은 푸른 초원 위에 외따로 존재하는 것이 아니라 도시 속에서, 거리 속에서, 인간 속에서 존재한다. 운전을 한다는 것은 단순히 자동차의 작동 능력만을 말하는 것이 아니라, 각종 신호 체계와

집宇집宙

도로 체계의 이해 능력, 다른 운전자와 보행자와의 소통 능력, 교통 법규와 행정에 대한 이해와 대처 능력 등을 모두 포함하는 것이다. 마찬가지로 건축물 또한 벽체와 바닥, 지붕이 있어 무너지지만 않으면 되는 단순한 구조물이 아니라 도시와 사회 구조의 지배를 받은 개체다.

유럽을 비롯하여 중국이나 일본에서 2층집이 발달한 것은 도시의 고밀과 관련이 있다. 어느 고장이 산업화나 공업화 내지는 기타 이유 때문에 인구가 갑자기 많이 몰리게 되면 심각한 고밀과 함께 주택난이 발생하는데, 그 과정에서 주택은 우선 집합화가 이루어지고 뒤에 적층화가 나타난다. 마당을 끼고 한 채씩 외따로 떨어져 있던 집들이 연립주택처럼 서로 벽을 공유하면서 맞붙는 것이 집합화이며, 건물이 2~3층으로 고층화되는 것이 적층화다. 이 현상은 한적한 지방 읍내를 보면 알 수 있다. 새로 생긴 간선 도로를 중심으로 주변에 하나둘 상가가 생기는데, 처음에는 단층짜리 건물이 촘촘히 늘어서 있다가 이후에는 그것이 점차

적층화

집합화

집합화 · 적층화
단층 주택을 한 채씩 짓던 주거 유형은 인구가 고밀해짐에 따라 점차 집합화 · 적층화가 이루어진다.

고층화되는 것을 볼 수 있다. 그 반대 현상, 즉 적층화가 먼저 이루어진 후에 집합화가 이루어지는 예는 거의 없다. 우리나라에 적층주거가 없었던 이유는 심각한 고밀을 겪지 않았기 때문이다.

고대 이집트와 메소포타미아의 주거 유적지를 살펴보면 도심에 인구가 밀집하면서 집합주거와 적층주거가 발생하는 것을 알 수 있다. 기원전 2400~2100년경의 것으로 알려진 메소포타미아의 텔 아스마르(Tell Asmar) 주거 유적은 상공업이 발달한 도시의 모습을 보여 주는데, 각 세대가 서로 벽을 공유한 채 맞물려 있어 집합화 현상을 보이지만 아직 적층화는 일어나지 않았다. 기원전 2000년경 무렵에도 메소포타미아나 이집트에서 적층화는 일어나지 않았으나 기원전 1500년경부터는 서서

텔 아스마르 유적
메소포타미아. 기원전 2400~2100년경.
각 세대가 서로 벽을 공유한 채 맞물려 있
는 것이 마치 ㅁ자 한옥과 흡사하다. 도심
에 인구가 밀집하면 필연적으로 주거의
집합화가 발생한다.

집宇집宙

인슐라
로마제국의 기원 무렵. 로마 근교의 오스티아에서 대량 발굴된 인슐라의 유적을
모형으로 복원한 것이다. 1층에 상가가 있고 2,3,4 층은 주거 시설로 사용되었다.

히 적층화가 시작된다. 도심의 인구 집중으로 인해 이 시기에 벌써 2층
집을 짓기 시작한 것이다.

기원 무렵이 되면 도심 주거는 점차 고층화되어 5~6층의 아파트가
들어서게 된다. 로마 제국의 수도 로마에는 1층에 상가가 있고 2~4층
에 주택이 있는 인슐라(insula)라고 하는 일종의 주상복합 아파트가 즐
비했다. 로마는 콘크리트를 발명하여 고층 건물이 가능했는데, 네로 황
제는 붕괴를 방지하기 위해 시내에 짓는 건물에 대해 7층 이하로 층수
를 제한해야 할 정도였다. 제국의 수도이자 상업의 집결지였던 국제 도
시 로마에는 일자리를 찾아 몰려드는 사람을 수용하기 위한 7층 아파트
가 늘어서 있었지만, 아기 예수가 태어나던 베들레헴은 한적한 시골 마

을이었으므로 건물은 모두 단층이었다. 즉 건물이 고층이냐 단층이냐
하는 것은 기술의 문제가 아닌 상공업의 발달과 그에 따른 인구의 밀집
과 깊은 관련이 있다.

　20세기에 들어와 처음 생긴 것으로 생각되고 있는 마천루는 중세에도
이미 존재했다. 이탈리아의 토스카나 지역에 위치한 산 지미냐노(San
Gimignano)는 현재 인구 7,600명의 작은 도시지만, 12세기 말 백포도주
와 사프란을 생산하여 부유해진 이곳은 자치권을 인정 받아 번성했던
자유 도시였다. 중세에 자유 도시가 된다는 것은 특별한 의미가 있었다.
성주나 영주에게 예속되어 세금을 바치지 않는 대신, 도시의 자유민이
낸 세금은 시민의 복지와 도시의 발전에 고스란히 쓰였다. 물론 그 세금
도 성주나 영주에게 내는 것보다 훨씬 가벼웠다. 시민으로 인정 받기 위

해서는 그 도시에 오래 거주해야 했으므로 자연 인구가 많이 모여들었고 차츰 고밀화되기 시작했다. 경제적으로 부유하고 인구가 늘면 도시는 필연적으로 고층화된다. 7~8층의 건물과 높은 성탑들이 도시의 경관을 형성해 갔던 이곳은 14세기에 들어 전쟁과 흑사병으로 인해 황폐해졌지만, 당시의 마천루는 지금도 남아 매일 수천 명의 관광객들을 불러 모으고 있다.

유럽에서뿐만 아니라 중국과 일본에서도 인구가 밀집한 곳에서는 2층집이 생겼다. 일본의 나가야(長屋)나 마찌야(町屋)는 2층의 연립주택이 길게 늘어선 형태로서, 그 역사가 오랜 도시 주거다. 일본에서는 일찍이 상공업이 발달하여 상인 계층에서는 그들만이 쓰는 언어 체계가 발달할 정도로 독특한 문화를 낳았다. 상점의 이름은 가문의 이름을 따라 그대로 지었고, 그곳에 근무할 때는 주인과 종업원 모두가 가문 이름이자 상점 이름이 적힌 '한텐(はんてん)'이라는 반소매 옷을 입었다. 아들이나 사위가 분가하여 따로 개업할 경우에는 같은 상호를 사용할 수는 있지만 그 앞에 '분(分)'자를 써서 분점임을 명시해야 하며 본점에서 일정 거리 이상 떨어진 곳에 개업해야 한다는 원칙이 있었다. 현대적 의미의 브랜드 네이밍과 프랜차이즈, 유니폼 착용이 확립될 징도로 상공업이 발달했던 에도(江戸, 도쿄의 옛 지명)와 교토(京都)의 거리에는 나가야와 마찌야가 즐비했다. 이는 주로 1층이 상가이고 2층이 주택인 건물로서, 상공업에 종사하는 일가족이 거주하는 주상복합 건물이다.

일본 교토의 나가야

장옥(長屋)이라는 이름답게 양 옆으로 길게 늘어선 일종의 연립주택이다.

일본 교토의 마찌야

주로 번화가에 나타나는 유형으로 1층에 상점을 두고 2층에 주거 시설을 두는 일종의 상가 주택이다.

집宇집宙

중국의 고층 주거는 조금 다른 이유로 발생했다. 대표적인 고층 주거는 토루(土樓)로서 이는 껴가(客家)라 불리기도 한다. 중국 남동부의 푸젠성(福建省)에 밀집되어 있는 이것은 거대한 사각형 혹은 원형으로 이루어진 4층 정도의 공동주택이다. 이곳에는 50~60세대의 확대된 내가족이 모여 살며, 300여 명의 거대 가족들은 가부장의 지시에 따라 공동 생활을 하는 것으로 알려져 있다. 중앙에 있는 조당(祖堂)은 조상의 신위를 모신 사당이자 회의실과 집회 장소로 사용되며, 그 옆에 있는 객청(客廳)은 손님을 맞이하는 용도로 사용된다. 둥그런 집의 1층은 부엌, 축사, 창고 등으로, 2~4층은 침실로 사용된다. 세계적으로 그 유례가 드문 대가족으로 모여 사는 이들은 한족(漢族) 중에서도 객가족(客家族)으로서 오랜 기간에 거쳐 중원에서 남방으로 이주하여 현재의 거주지인 광둥성, 푸젠성, 장시성 등지에 정착한 것으로 알려져 있다. 이민족의 지배 체제에 대한 저항 의식 때문에 산간 벽지에 거주하면서 고립되어 살아온 생활 방식은 폐쇄적인 건축 형태에 그대로 드러난다.

주거 건축이 고층화되는 이유는 두 가지가 있으니, 하나는 인구 밀집에 따른 도심 고밀화의 결과로 나타나는 것으로, 일본의 나가야와 마찌야를 비롯해 고대 메소포타미아, 이집트, 로마 등에서 관찰되는 현상이다. 또 하나는 이민족의 침입이나 혹독한 기후 등으로 폐쇄적인 주거 환경이 요구될 때 나타나는 형식으로, 중국의 토루가 대표적인 예다. 넓은 땅에 단층으로 지어진 집이 여러 채 있는 것보다는 좁은 땅에 수직으로

토루

중국 푸젠성. 거대한 사각형이나 원형으로 이루어진 공동주택으로, 마치 소형 아파트와도 같다. 50~60세대의 가족들이 사는
데 이들은 모두 친족 집단으로, 가부장의 지시에 따라 공동 생활을 하고 있다.

토루 내부

토루의 단위 주호 입구와 실내. 개별 주호로 들어가는 입구는 아파트의 현관문과 흡사하다. 실내에는 살림살이와 중국식 침상
인 와탑이 보인다.

집字집宙

높게 한 채를 짓는 것이 방어에 유리하기 때문이다. 예를 들어 우리나라의 농가는 부엌과 안방이 있는 안채 외에 외양간과 곳간이 있는 부속채를 별도의 건물로 지었지만, 유럽의 농가주택은 1층에 양을 재우는 우리가 있고, 2층에 침실이 있으며 3층에 곡물 창고를 둔 예가 있다. 안채와 바깥채로 이루어진 집보다는 3층짜리 한 채가 방범에는 유리할 것이다. 우리나라에 2층집이 없는 것은 극심한 고밀을 겪지 않았으며, 폐쇄적인 주거 환경이 절실하게 요구되지 않았기 때문이기도 하다.

대동법, 상업도시의 출발

적층의 주거는 인구가 밀집한 도시에서 발생한다. 도시는 그 특징에 따라 두 가지로 나눌 수 있는데, 도읍이나 도성과 같이 관청이 밀집하여 행정의 중심이 되는 행정도시와 상공업이 발달하여 무역과 상거래의 중심이 되는 상업도시가 있다. 그 중 인구가 밀집하여 적층의 주거가 발생하는 도시는 상업도시인데, 전통적으로 우리나라의 도시는 행정도시가 주를 이루었으므로 인구의 고밀을 겪지 않아 2층집이 발달하지 않았다고 볼 수 있다. 상업도시가 성장하려면 제조업과 상업이 분리되고, 화폐경제가 우선 발달해야 하는데, 우리나라는 자급자족에 의존하여 조선 초기까지 물물교환에 의한 상거래가 유지되었다. 화폐는 고려 말부터 주조되기는 했으나 일반화된 것은 조선 중기 대동법의 실시 이후로, 그 전까지는 이렇다 할 상업도시가 발달하지 않아 그에 따른 적층주거의 필요성도 크게 대두되지 않았다고 볼 수 있다.

우리나라에 상업도시가 발달하지 않은 이유는 '5일장'이라는 독특한 제도 때문이다. 교역을 하기 위해서는 시장에 나와야 하며 시장이란 클수록 흥성하게 마련이어서, 상업도시는 점차 성장해 간다. 하지만 모든 지방에서 골고루 5일장이 섰으므로, 굳이 시장에 나올 필요가 없어 상업도시도 출현하지 않은 것으로 볼 수 있다. 그러나 임진왜란이 끝난 뒤 사회는 변한다. 더욱이 경제 제도에 큰 영향을 미친 것은 대동법의 실시였다.

조선 시대 세금 중에는 지방 특산물을 바치는 공납(貢納)이 있었다. 이는 해당 지방 관청에 현물로 내게 되어 있는데, 이 과정에서 많은 문제가 발생한다. 일례로 베의 경우 똑같은 한 필이라 해도 그 질이 천차만별이다. 베는 올이 곱고 조밀할수록 고급인데, 과도한 조세 부담에 시달린 백성들이 올이 굵고 성긴 엉터리 베를 내는 경우가 더러 있었다. 관아에서는 모든 물건의 품질을 일일이 검사하자니 번거롭고, 백성들의 입장에서는 공납품의 품질이나 규격을 잘 알지 못해 일껏 공납을 마련하고도 퇴짜를 맞는 수가 흔했다. 이에 상인들이 관아 앞에서 규격에 맞는 물품을 미리 준비해 놓고 백성들에게 쌀을 받고 파니 그것이 바로 방납(防納)이다. 하지만 방납업자와 관아의 이속들이 미리 짜고서 값싼 물건을 내놓고 비싼 값에 팔아 문제가 많았다. 이에 그 폐단을 막고자

集字集宙

방납을 양성화하여 특산물 대신 쌀로 내는 것이 대공수미법(代貢收米法), 곧 대동법이다.

숙종 때 전국적으로 실시된 이 제도는 단순히 수취 제도의 개선뿐만 아니라 경제 제도의 일대 개혁을 가져왔다. 현물 경제가 화폐 경제로 전환한 것이다. 소매 유통업을 전담하는 보부상의 등장과 함께 도매업과 대부업을 담당하는 객주와 여각이 출현하고, 안성, 강경, 원산 등과 같은 상업도시가 발생하면서 처음으로 주상복합 주거가 나타나기 시작했다. 현재 안성에는 과거의 사례가 거의 남아 있지 않지만, 근래에 조사된 북한 지역의 민가 중에는 이러한 주상복합 주거가 몇몇 남아 있어 학계의 주목을 끈다. 도로에 면한 부분은 주막이나 상점으로 이용되고 뒷면에 있는 별채가 살림집으로 사용된 예인데, 이웃집끼리는 서로 벽을 공유한 채 맞붙어 있어 집합화가 시작되고 있음을 알 수 있다. 그리고 구한말이 되면 드물긴 하지만 한양의 도심지에 2층집이 들어서기 시작하면서 적층화되는 현상을 볼 수 있다.

서울시 종로구 가회동 유적은 1920~30년대에 지어진 한옥군으로, 지붕과 지붕이 서로 처마를 맞대고 있어 독특한 운치가 있다. 'ㅁ자 집'이라 알려진 이것은 도시의 인구밀집과 함께 새롭게 나타난 유형으로, '도시형 한옥'이라 불린다. 우리의 전통 가옥은 一자나 ㄱ자형의 집을 한 채씩 떨어뜨려 짓는 것이 원칙이지 처마가 서로 맞닿도록 지어 안마당을 마치 우물 안처럼 만들어 놓는 것이 아니었지만, 인구의 밀집과 함

가회동 한옥

1920년대 조성. 가회동의 한옥군은 일명 'ㅁ자 집'으로 알려진 도시형 한옥의 집산이다. 처마를 서로 맞대고 경사지에 촘촘히 지어진 모습이 우리의 전통 주거와는 거리가 있지만, 자생적으로 발생한 도심 주거라는 점에서 큰 의의가 있다.

께 집합화가 시작되면서 이러한 주거 유형이 나타났다. 그리하여 가회동의 한옥군을 우리의 전통 주거와는 거리가 먼 것으로 생각하는 이들도 있지만, 그와 반대로 도시 주거의 근대적 특색이라 할 수 있는 집합화와 적층화가 외세의 압력이 아닌 자생적으로 발생했다는 점에서 더 큰 의미를 둘 수도 있다. 분명 가회동 한옥군은 집합화 양상을 보이고 있었다. 그렇다면 그 다음에는 적층화되어 2층의 한옥집이 발생했을 가능성도 있다. 지금도 북촌이나 삼청동을 비롯한 서울의 유서 깊은 동네를 걷다 보면 가끔 주상복합이나 2층의 한옥이 눈에 띈다. 때로 어색하고 생경해 보이기도 하지만 자생적으로 발생했던 한옥의 적층화는 이후 일제의 침입에 의해 고사되고 만다. 내선일체의 기치 아래 서양식 건물들이 들어오면서 늦게나마 뿌리내리기 시작한 적층화의 모습은 그 싹이 말라 버린 것이다.

2층 한옥
벽돌조에 기와 지붕을 한 2층 상가 건물. 서울시 삼청동 소재. 가회동 한옥이 집합화를 보였다면 드물긴 하지만 적층화를 보이는 주거가 있다. 1층에는 병원을 두고 2층에는 주택을 둔 일종의 상가 주택이다.

한옥 상가
서울시 삼청동 소재. 기존의 주택을 상가로 개조했다. 도심이 상업화되면서 나타나는 현상이다.

온돌이 없었다면 … 대동법이 더 일찍 시작되었다면?

우리나라에 2층집이 없는 이유는 대략 네 가지로 생각할 수 있다. 풍수지리 사상에 따라 고층 건물을 꺼린 점, 가사제한이 있어 고층을 지을 수 없었던 점, 2층 이상에 온돌을 들이기가 어려웠던 점 그리고 상업도시가 미처 발달하지 않아 도심 고밀을 겪지 않은 점 등이다. 지금까지 학계에서는 풍수지리와 가사제한을 큰 이유로 꼽았으나, 좀더 현실적인 이유는 온돌의 발달과 상업도시의 미발달이다. 건축물의 모습을 결정짓는 것은 한두 가지가 아닌 많은 요소의 총합이다. "산이 많고 험한 지형적 특성상 고층 건물을 지으면 음양의 조화가 맞지 않아 자손이 번성하기 어렵다"라는 다소 모호하고 추상적인 이유 단 한 가지 때문에 모든 백성들이 오랜 동안 아무도 2층집을 짓지 않았다고는 생각하기 어렵다. "궁궐을 비롯하여 민가 건축에서 고층건물을 짓지 마라"라는 가사제한 또한 그다지 실효성이 없다. 법규나 제도가 대단한 것 같아 보이지만 일시적이고 제한적인 것에 불과해서, 제아무리 추상 같은 법이라도 사회의 변화와 민의 요구에 따라 바뀌게 마련이다.

건축 기술적인 문제, 구조적인 문제라 할 수 있는 온돌은 오랫동안 2층집의 출현을 막았지만, 1층에는 온돌을 두고 2층에는 구들이 필요 없는 마루를 두면 가능하다. 실제 우리나라에 있는 몇 안 되는 2층집들은 모두 이런 식으로 지어졌다. 기술적인 문제는 시간이 지나면 해결되게 마련이어서, 1960~70년대에 지어진 초기 아파트들은, 층층이 연탄 아궁이를 두어 온돌 방을 만들었다. 끝으로 상업도시의 미발달로 인해 도심의 고밀을 겪지 않는 것은 사회적·도시맥락적 이유라 할 수 있다. 물론 이것도 대동법의 실시 이후 화폐 경제의 발달과 함께 상업도시가 번성하면서 주상복합 건물의 출현과 주거의 집합화와 적층화의 맹아를 보았다.

역사에서는 가끔 '만약에~'라는 가정을 한다. 만약에 신라가 아닌 고구려가 삼국을 통일했다면 어떻게 되었을까, 만약에 이성계가 위화도에서 회군을 하지 않았다면 어떻게 되었을까 하고. 만약에 우리나라에 풍수지리가 보급되지 않았다면 2층집이 즐비했을까. 가사제한 중에 높이 제한이 없었다면 2층집을 지을 수 있었을까. 무엇보다 대동법이 조선 초기부터 도입되어 상업도시가 발달했다면 어떻게 되었을까. 초기 자본주의가 더 일찍 시작되고 그에 따라 실사구시, 이용후생의 학풍이 더 일찍 전파되었다면 어떻게 되었을까. 그렇다면 외세의 침략도 받지 않았을 테고 주택 또한 외세의 압력에 의하지 않은 자생적 근대화가 이루어졌을 것이다. 가끔 북촌이나 삼청동에서 어색하게 만나게 되는 생경한 2층집 대신 좀더 우리 멋과 맛을 살린 적층주거가 출현했을지도 모른다.

그러나 어찌 보면 우리나라에 2층집이 없었던 것을 아쉽게 생각하는 것 자체가 제국주의 침략에 따른 피해의식일 수 있다. 고층 건물이 근대화와 함께 들어온 탓에 고층이 세련되고 진보된 것이요, 단층이 열등한 것이라는 무의식이 우리를 지배하는지도 모른다. 현재 저층 아파트보다는 고층 아파트를, 저층 건물보다는 고층 건물을 부의 상징으로 보고 있지만, 이것은 엘리베이터가 발명된 이후의 일이고 그 전에는 고층이 오히려 빈곤의 상징이었다. 엘리베이터는커녕 상하수도와 화장실이 마련되지 않아 물동이를 양 손에 들고 일일이 계단을 오르내리며, 어두운 밤을 틈타 오물과 구정물을 창 밖으로 쏟아 버리는 것이 가난한 고층 주거의 실상이었다. 고대 로마 제국이나 이탈리아의 부유한 자유 도시에서 고층 건물이 출현했다는 것을 언급한 바 있지만, 중요한 점은 부자가 단층에 살고 빈자가 고층에 살았다는 점이다. 인슐라의 7층 꼭대기에 살던 사람은 일자리를 찾아 로마로 이주한 노동자들이었고, 부자들은 도무스(domus)라고 하는 널찍한 단층 주택을 짓고 살았다. 또한 동일 건물이라 하더라도 주인은 2층에 살고 3층과 4층, 5층으로 올라갈수록 점차 빈자가 사는 이른바 '주거의 수직계층화'는 17세기 파리의 모습을 묘사한 그림에도 잘 나타나 있다.

비슷한 예는 현재 우리나라에서도 찾아볼 수 있다. 산동네에 사는 것은 산동네 자체가 좋아서가 아니라 평지에 지어진 집을 구할 수 없는 서민들의 어쩔 수 없는 선택이다. 경사지에 건물을 짓는 것은 경사지 자체가 좋아서가 아니라 넓은 건물을 지을 만한 평지가 없어서이기 때문이듯, 고층 건물을 짓는다는 것은 제한된 땅 위에 필요한 용적을 모두 채

파리의 5층집

17세기 파리의 5층집. 1층에는 마부와 문지기가 살고, 2층에는 무료하고 심심한 상류층, 3층에는 시민계급의 중산층이 사는 반면, 4층에는 집세를 걱정하는 서민층이, 5층에는 가난한 예술가와 하층민이 살고 있다. 주거의 수직계층화를 볼 수 있다.

우기 위해 발생한 차선책이었을 뿐이다. 20세기에 엘리베이터가 발명되고 집집마다 상하수도가 놓여 손가락만 갖다 대면 꼭대기 층에서도 물이 펑펑 쏟아지게 된 후에야 비로소 고층 건물은 이전의 불편함과 빈민주거라는 오명을 함께 벗을 수 있었다.

이제 마지막 결론을 내릴 때가 왔다. 우리나라에 2층집이 없는 이유는 도심의 고밀로 인한 심각한 주택난, 열악한 자연 환경, 혹독한 사회 환경을 겪지 않은 덕에 굳이 2층집을 지어야 할 필요가 없었기 때문이라고.

11장 도시를 계획하다 |
어화 벗님네야 한양 구경 가자스라

국호는 조선이요 도읍은 한양이라,
단군의 구족舊族이요 기자의 유풍遺風이라
의관도 화려하고 문물도 거룩하다.
여염은 억만가億萬家요 성첩城堞은 사십리라,
동편은 종묘되고 서편은 사직이라
경복궁 창덕궁과 창경궁 큰 전각이
반공半空에 솟았으니 만호천문萬戶千門 깊을세라

남편은 숭례문과 동편은 흥인문과
서편은 소의문과 북편은 창의문이
사관四關이 되었으니 수문장이 호군부장
수문군守門軍 영통領統하여 칼을 꽂고 신칙申飭한디
팔로八路를 통하였고 연경燕京 일본 닿았구나

「한양가」중 일부, 19세기 중엽

사회제도는 건물과 밀접한 관계를 갖는다. 인간이 모여 살기 시작하면서 집단을 유지하기 위한 제도가 발생하는데, 건물은 그 제도를 유지하고 실행 가능하게 하는 물리적 장치이기 때문이다. 예를 들어 주택은 가족제도를 유지하는 장치이며, 병원은 의료제도를, 학교는 교육제도를 가능, 실행하게 하는 장치다. 현재 우리나라의 일반적 주거 형태인 아파트 역시 일종의 사회제도다. 그것은 도시민에게 안정적인 주거를 제공하는 동시에, 거기에 함께 묶인 장기할부나 주택담보대출 등은 도시민들로 하여금 집과 직장만을 온순하게 오가도록 만든다. 이번 달에 월급을 받아 융자를 갚고, 조금 남은 돈으로 주말에 아이들과 여행을 하고 외식을 하다보면 사회나 정치 등의 복잡한 문제들은 점차 관심 밖으로 밀려난다.

건물과 제도의 관계는 매우 밀접하며, 이는 인간이 만든 제도 중 가장 정교하고 치밀한 제도라 할 수 있는 국가 통치 체제와 이를 뒷받침해주는 도성 계획에서 두드러진다. 흔히 국가 건축의 백미를 왕궁으로 생각하나, 전근대 국가에서 도성은 곧 왕궁과 동일시되었다. 도성은 왕과 종친 및 그 측근들만이 살 수 있었던 확대된 왕궁이었다.

신라 경주, 우주를 담다

도시의 형태를 분류하는 방법에는 여러 가지가 있지만 현재 가장 널리 알려진 것은 케빈 린치(Kevin Lynch)의 방법이다. 도시는 우주적 모델(cosmic model), 실용적 모델(practical model), 유기적 모델(organic model)로 나눌 수 있는데, 유기적 모델이란 자연발생적으로 생긴 도시로서 도시의 여러 부분들이 서로 유기적으로 결합된 형태로 중세 도시나 상업도시 등이 이에 해당한다. 실용적 모델이란 기능과 의도가 명확한 부분들이 기계적으로 모인 도시로서, 정연한 도시 계획에 따라 건설된 신도시나 식민 도시 혹은 기업 도시들이 이에 해당한다. 우주적 모델이란 우주적 질서를 지상 위에 구현하려는 노력으로 이루어진 도시 형태로서, 권력의 정교한 상징과 사회적 위계질서를 공간적으로 재현한 도시인데, 고대 국가의 도성들이 이에 해당한다. 예를 들어 피라미드는 도시는 아니지만 동서남북의 정확한 방위와 기하학적 형태 등이 우주적 질서를 표현하고 있다. 영국의 스톤헨지는 둥글게 둘러선 거대한 석재 기둥이 하지와 동지, 계절의 순환 등을 상징하며, 종교 시설로 사용되었

으리라 추정된다. 이렇듯 고대의 기념비적 건축물은 당시 사람들이 가지고 있던 우주관을 표현하고 있으며, 고대 국가의 도성은 그 우주관이 보다 거대한 형태로 지상 위에 구현된 것이다.

우리의 전통적인 도시 계획은 중국에서 유입된 것으로 수나라와 당나라의 도성이었던 장안성(長安城)이 모델이 되었다. 이는 도시 전체를 사각형으로 만들어 동서 방향으로 18개의 리(里)로 나누고, 남북 방향으로 15개의 리(里)로 나누어 바둑판 모양으로 만든 것인데, 이때 생긴 하나의 블록을 방(坊)이라 하고 이러한 계획 수법을 방리제(坊里制)라 불렀다. 『삼국사기』 자비마립간 12년(469년)의 기사 중에는 "서라벌에 방리의 이름을 정했다"라는 기록이 있으며, 고구려의 장안성 또한 수나라의 도성제를 참고로 하여 만들었다는 기록이 있는 것으로 보아 신라와 백제, 고구려 모두 방리제를 따랐던 것으로 보인다. 또한 발해의 수도인 상경 용천부도 당의 장안성을 본떠 만든 것으로 알려져 있어 방리제는 당시 도성 건축의 전형이었을 것으로 추정된다. 『삼국사기』와 『삼국유사』의 기록에 따르면 서라벌의 면적은 긴 변이 3,075보(3,690여 미터), 짧은 변이 3,018보(3,620여 미터)였으며, 사방을 55리로 나누어 모두 1,360방이 있었다. 가구수는 178,900여 호여서 경주와 그 주변부에 50~60만 명의 인구가 살았음을 알 수 있으며, 귀족들의 호화 주택이었을 것으로 추정되는 35호의 금입택(金入宅)이 있었다.

최근의 유적 발굴에 의해서도 경주가 바둑판 모양으로 구획된 계획도시였음이 밝혀지고 있다. 1987년부터 연차적으로 발굴이 시작된 경주 동천동 유적은 방리의 흔적과 집터가 발굴되어 당시의 모습을 생생하게 전해주고 있다. 서라벌의 변두리 지역이었던 이곳은 방(坊) 하나의 크기가 남북 방향으로 160미터, 동서 방향으로 125미터여서 요즘 아파트 단지 하나의 크기와 비슷하며, 방로의 폭은 6.5미터 정도로 지금의 2차

집宇집宙

배수로

건물지

입구시설

배수로

우물

남북도로

건물지

우물

입구시설

동천동 유적

경주 동천동 유적 부분 배치도. 도로에
면해 주택과 우물이 질서정연하게 자
리잡고 있어 경주가 계획도시였음을
알 수 있게 해준다.

배수로

담장

선 도로와 같은 넓이다. 또한 방 안에는 각 주택으로 진입하기 위한 3미
터 폭의 작은 도로가 있었고 한 집에 우물이 하나씩 발견되는데, 이 우
물이 남북 내지는 동서 방향으로 나란히 줄지어 있는 것으로 미루어 보
이 상당히 질서정연하게 집들이 자리잡았음을 알 수 있다. 집터의 정확
한 크기는 알 수 없으나 다만 집 사이의 간격이 좁게는 7미터에서 넓게
는 14미터 내외로 나타나 협소해 보이는데, 도성 안에 많은 인구가 밀집
해 있었음을 보여주는 예라 하겠다. 주택의 형태는 아직 움집인 형태도
있지만 큰 집터에는 주춧돌의 흔적도 보여서, 움집에 사는 가난한 사람

과 주춧돌을 번듯하게 세운 부잣집과의 빈부격차를 엿볼 수 있다. 이들 주택의 한 구석에는 쪽구들을 설치하기 위한 아궁이를 두었다.

서라벌 내에서도 이러한 빈부격차가 있었으니 도성과 지방의 격차는 더 컸다고 볼 수 있고, 이를 방증하는 기록이 하나 전한다. 통일신라 전성기였던 헌강왕 9년(880년) 가을, 임금은 신하들을 데리고 서라벌이 한눈에 내려다 보이는 월상루(月上樓)에 올라 시내를 내려다보았다. 깔끔한 기와집들이 머리를 맞대고 늘어선 가운데 땔나무 대신 숯을 사용하여 밥을 지으니 지붕이 연기에 그을리지 않아 깨끗하기 그지 없었다. 이에 신하들은 임금의 덕을 칭송하고, 임금 또한 신하들 덕이라고 서로 흡족해했다는 기록이 있다. 하지만 그로부터 9년 후인 889년에는 전국적인 농민 봉기가 일어나 신라의 멸망을 재촉하게 되니, 도성 밖에서는 농민들이 흉년과 굶주림에 시달리고 있을 동안, 서라벌에서는 성골과 진골 귀족들이 기와집에서 숯으로 밥을 해 먹을 정도로 호화로운 생활을 하고 있었다는 이야기다.

경주에서 빼놓을 수 없는 주거 유적으로 김유신 장군의 생가인 재매정택(財買井宅)이 있다. 서라벌의 서른다섯 금입택 중의 하나이기도 한 이곳에는 물 맛이 좋기로 소문난 재매정(財買井)이라는 우물이 있어 이름조차 재매정택이 되었는데, 이에 얽힌 일화가 전한다. 선덕여왕 13년(644년) 9월에 장군이 군사를 이끌고 백제의 일곱 개 성을 치러 나가 크게 승리하고 이듬해 3월 집으로 돌아오던 중, 백제군이 반격해 온다는 급보를 받았다. 집이 바로 눈 앞에 있어 가족들이 문밖에 나와 장군을 기다리는데, 전령이 달려와 지금 다시 전쟁터로 나가라는 급보를 전한 것이다. 이에 장군은 종자를 시켜 자기집의 우물물을 한 그릇 청했다. 말에서 내리지도 않은 채 물을 마시고 난 후, 물 맛이 변함이 없으니 집 안에도 별 탈이 없을 것이라는 말 한마디만을 남긴 채 곧바로 전쟁터로 떠났다고 하니, 그때 마셨던 물이 바로 재매정의 물이다. 경주시 교동에 있는 재매정은 1976년에 사적 246호로 지정되었으며, 얼마 전까지도 근처 민가에서 우물물을 식수로 사용했다고 하나, 사적으로 지정된 후로는 일반인의 접근이 금지되어 현재 그 물은 마실 수가 없다.

고려 송악, 자연을 품다

역사학계에서는 "고려(高麗)는 아직 고려(考慮)의 대상"이라는 말을 농담 삼아 하곤 한다. 고대 국가인 삼국이나 근세인 조선에 비해 사료가 부족하여 알려지지 않은 사실이 많다는 이야기가 되겠는데, 이 말은 건축 역사에서도 그대로 적용된다. 자료가 부족하여 가장 덜 알려진 것이 고려 시대의 건축이며, 또한 수도였던 개성이 지금 북한에 속해있어 답사나 유적 발굴이 불가능한 것도 한 몫 한다. 개성은 본디 이름이 송도 혹은 송악인 것에서도 알 수 있듯이, 소나무가 울창한 산악지대였다. 따라서 너른 평야 지형인 장안성이나 서라벌과 같이 격자형 방리제를 채

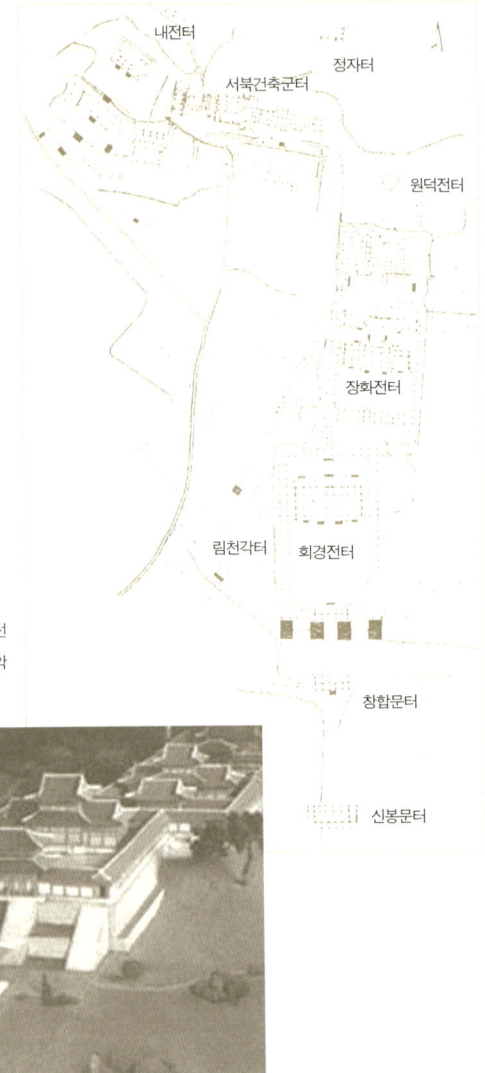

고려의 궁궐 만월대

궁궐은 자금성이나 경복궁과 같이 명확한 축선
을 갖는 것이 특징이지만, 송악의 만월대는 산악
지형에 순응하여 지어졌음을 알 수 있다.

내전터

정자터

서북건축군터

원덕전터

장화전터

림천각터   회경전터

창합문터

신봉문터

집宇집宙

택하는 것이 사실상 불가능하였다. 도성의 전체 모습도 질서정연한 기하학적 형태가 아니라 지형에 따라 성을 쌓고 길을 내어 만든 도시였으므로 우주적 모델이 아닌 유기적 모델에 가까웠다. 서긍의 『고려도경』에 묘사된 송도의 모습을 보자.

성의 둘레는 60리인데, 산이 사방을 둘러싸고 있으며 흙과 돌을 섞어 지형에 따라 축조하였다. 성 외부에는 참호가 없으며, 성벽에는 여담을 설치하지 않고 집을 이어 랑(廊)을 이룬 것이 마치 적루(敵樓)와 같다. 주요 가로에는 수백 간의 장랑(長廊)이 이어져 있고, 관청, 사찰, 객관들이 지형의 높고 낮음에 따라 여기저기 산재하고, 민가들은 수십 호씩 단위를 지어 취락을 이루고 있다.

방리제에 의한 질서정연한 도시 계획과는 달리 산악 지형에 맞게 들어선 송악의 모습을 조금 얕잡아 보는 투로 기술해 놓고 있다. 하지만 도시가 입지하고 건물이 들어섬에 있어 반드시 우주적 질서를 표현하고 기하학적으로 완결한 형태를 유지해야 하는 것은 아니다. 오히려 지형에 순응해서 그곳에 맞는 건물과 도시를 계획하는 것이 바람직하다고 할 수 있다. 고려의 궁궐이었던 만월대(滿月臺)는 입지 환경에 조화롭게 적응한 새로운 건축 방법을 보여주는 사례라 할 수 있다. 송악산을 배경으로 한 채 남북 방향으로 길게 배치된 이곳은, 전면의 회경전(會慶

殿) 영역과 그 뒤의 장화전(長和殿) 영역으로 크게 나뉜다. 그런데 회경전 영역과 장화전 영역의 축이 서로 엇갈려 비껴 있는 것을 볼 수 있다. 대개 궁궐과 같은 기념비적 건물을 축조할 때는 강한 축선을 사용하는데, 이렇게 축선이 서로 엇갈려 비낀 것은 산악 지형에 순응하여 건축된 것으로 신라나 조선에서는 좀처럼 볼 수 없는 특징이다. 고려의 건축은 나름의 독창적인 면이 있었으나, 현재 도성의 모습이나 주거 형태를 정확히 파악할 수 있는 문헌 자료나 유물, 유적 등이 부족하여 고려의 건축이 아직도 고려 상태인 것이 매우 유감이라 하겠다.

조선의 궁궐, 남향을 하다

조선을 건국한 태조 이성계는 송악에서 즉위한 후 곧바로 한양 천도를 계획했다. 본디 한양은 고려 문종(1046~1083년) 이래 여러 차례 이상적 도읍지로 지목되어 왔던 터라, 고려 시대부터 궁성을 짓고 남경이라 이름하고 있었다. 송악은 이제 지기가 쇠퇴하였다는 풍수지리적 해석에 따라 지기가 왕성한 한양이 도읍으로 선정된 후, 한양 내에서도 궁궐지를 어디로 정할 것인가가 문제가 되었다. 한양에는 북쪽에 자리잡은 북악산, 동쪽에 낙산(혹은 낙타산), 남쪽에 남산 그리고 서쪽에 인왕산이 있었다. 풍수지리에서 '좌청룡, 우백호, 남주작, 북현무'라는 말을 자주 쓰는데 이는 본디 중국 도교에 나오는 네 가지 신령한 동물인 바, 풍수

집字집宙

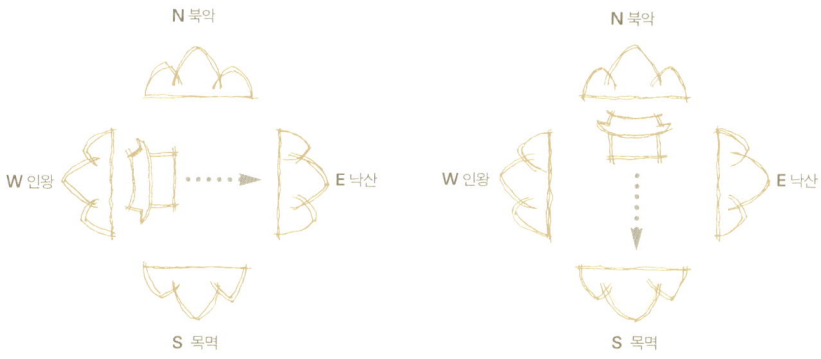

지리에서는 북현무가 주산, 남주작은 안산으로 원용되었다. 즉 가장 좋은 자리는 주산(현무)을 배경으로 등지고 앉아서 왼쪽에 청룡을, 오른쪽에 백호를 두며, 맞은 편에 안산(주작)을 두고 보는 자리인데, 이런 곳을 혈(穴)이라 했다.

한양에 있는 북악산, 낙산, 남산, 인왕산 등 네 개의 산을 두고, 무학대사는 서쪽에 위치한 인왕산을 주산으로 삼고, 북악산을 좌청룡, 남산을 우백호로 삼으려 했는데 이렇게 되면 궁궐은 동향이 되어 낙산을 안산으로 바라보게 된다. 하지만 정도전은 다른 견해를 제시한다. 제왕은 남면이 원칙이므로 궁궐 또한 동향이 아닌 남향을 해야 하며, 따라서 북쪽에 위치한 북악을 주산으로, 좌청룡은 낙산, 우백호는 인왕산 그리고 안산은 남산이 되어야 한다는 것이다. 궁궐의 향을 두고 무학과 정도전이 길항하였을 때, 태조는 제왕남면의 원칙에 따라 정도전의 의견을 따랐고 그렇게 해서 지어진 것이 바로 정궁인 경복궁이다.

이 이야기는 단지 궁궐의 입지와 좌향을 정하는 문제라기보다는 무학으로 대표되는 보수적 승려세력과 정도전으로 대표되는 신진사대부 세력간의 세대교체로 해석할 수도 있다. 본디 불교 사찰은 동향을 원칙으로 하며 불교의 영향을 많이 받았던 고려의 궁궐도 동향이나, 유교의 기본 입장은 제왕남면이므로 궁궐도 남향이어야 하는 것이다. 건국 초기, 고려의 낡은 질서와 조선의 새로운 질서가 한창 헤게모니 싸움을 할 때였다. 이후 중종 조에 이르러 송도삼절의 일화가 나오는데, 기생 황진이의 유혹에 승려인 지족선사는 넘어갔지만 유학자 서경덕은 넘어가지 않았다는 이야기는 사실의 진위 여부를 떠나 보수적 승려 세력이 민심을 잃고 유교적 소양을 갖춘 신진사대부 계급이 새로운 핵심 계층으로 떠오르기 시작했다는 사실을 상징적으로 보여주는 예라 하겠다.

중국의 황제는 하늘의 아들, 곧 천자라 불리는 까닭에 황제는 온종일 태양을 바라보며 일기를 관찰할 수 있도록 남향을 하고 앉아야 한다. 따라서 황제가 머무는 궁궐도 정남향이어야 하며 조선의 경복궁도 이에 따라 남향을 했다. 이때 해가 뜨는 방향인 동쪽은 왼쪽이 되며 그 반대인 서쪽은 오른쪽이 되니, 문치 국가인 조선에서 문반을 왼쪽 곧 동쪽에 세우고 무반을 오른쪽 곧 서쪽에 세웠다. 조선은 모든 관청이나 벼슬을 둠에 있어 좌우로 균형을 맞추는 경향이 있었는데, 이때 왼쪽을 오른쪽보다 중히 여기는 관습이 있다. 이를테면 삼정승 중에서 좌의정이 우의정보다 더 비중있는 자리였다. 오른손을 바른손이라고도 하듯이 오른손은 곧 '옳은 손'이며, 영어에서 오른손을 뜻하는 right hand 역시 정의로운 손, 올바른 손이란 뜻이다. 오른손을 바르게 왼손을 그르게 여기는 것은 동서고금이 여일하지만, 중국과 한국을 비롯한 동양권에서 신체 사용을 제외한 면에서 왼쪽을 더 중하게 여기는 이유가 바로 이것이다.

15세기 양반 사대부가의 일상을 천착한 『미암일기(眉巖日記)』에는 미암 유희춘이 장가가는 손자에게 몇 가지 당부하는 대목이 있는데 그 중에는 "중문에 들어설 때 왼발을 먼저 들여 놓을 것, 기러기의 머리를 왼쪽으로 할 것, 절을 할 때는 왼쪽 발을 먼저 꿇을 것, 잔을 받을 때는 왼손을 먼저 내밀 것, 왜냐하면 매사에 왼쪽이 길한 방향이기 때문이다"라는 내용이 있어, 철저히 왼쪽을 우위에 둠을 알 수 있다. 물론 이것은 현재도 마찬가지다. 결혼식 사진을 보면 항상 신랑이 왼쪽에 신부가 오른쪽에 있으며, TV 뉴스에서도 남성 앵커가 왼쪽에 여성 앵커가 오른쪽에 앉아 있다. 왼쪽은 곧 동쪽이며 이는 양의 방향이자 남성을 상징하기 때문이다.

남향을 하고 앉은 경복궁은 좌묘우사(左廟右社)라 하여, 왼쪽에 종묘를 두고 오른쪽에 사직단을 두었다. 종묘란 역대 제왕의 신위를 모신 곳

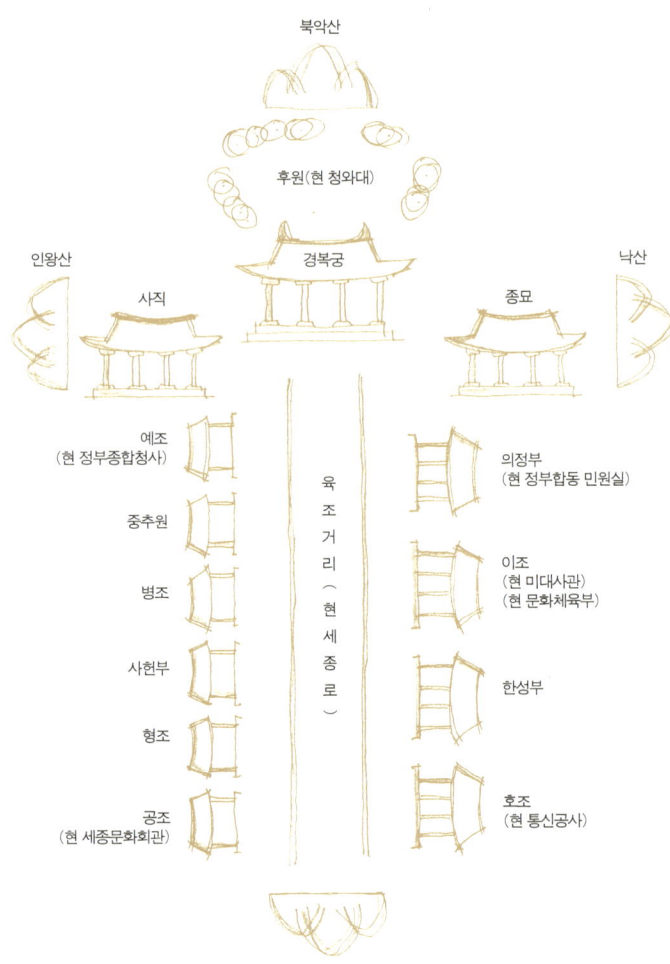

북악산

후원(현 청와대)

인왕산   경복궁   낙산

사직   종묘

예조
(현 정부종합청사)

의정부
(현 정부합동 민원실)

중추원

이조
(현 미대사관)
(현 문화체육부)

병조

육조거리(현 세종로)

사헌부

한성부

형조

공조
(현 세종문화회관)

호조
(현 통신공사)

남산

좌묘우사 · 전조후시
주산인 북악산을 등지고 경복궁
이 앉아 있고 왼쪽에는 낙산과
종묘를 두고, 오른쪽에는 인왕산
과 사직단을 두었다. 앞쪽으로는
남산을 바라보며 육조거리를 두
고 그 좌우에 각종 관청을 벌여
놓았다. 이것이 바로 동양의 전
통적 도시 계획 수법이다.

이고, 사직이란 토지의 신과 곡식의 신에게 제사를 지내는 곳인데, 왕조
국가의 체제를 갖춘 조선에서 종묘가 더 우선시되었기에 왼쪽에 두었
고, 토착신앙적 성향이 강한 사직은 오른쪽에 둔 것이다. 지금은 경복궁

집宇집宙

의 광화문 앞길에 미국 대사관을 비롯하여 문화체육부, 세종문화회관 등이 들어서 있지만 당시 이곳은 이·호·예·병·형·공의 육조 관청이 있던 명실상부 육조 거리였다. 구체적으로는 광화문 밖의 왼쪽에 제일 먼저 의정부가 있고(현재 정부합동민원실 소재) 그 다음에는 이조(현재 미국 대사관과 문화체육부 소재), 한성부, 호조(현재 통신공사 소재)가 있었고 오른쪽에는 예조(현 정부종합청사 소재), 병조, 형조, 공조(현재 세종문화회관 소재)가 있어서, 여기서도 왼쪽부터 이·호·예·병·형·공의 순서로 자리잡았음을 알 수 있다.

좌묘우사와 함께 중요시되었던 도성 구성의 수법은 전조후시(前朝後市)였다. 이는 앞쪽에 조정을 두고 뒤쪽에 시장을 두는 원칙으로, 그에 따라 경복궁 뒤편에 시장이 있었다. 앞서 살펴본 대로 과거에 시장이라 함은 국가간에 공무역이 일어나던 곳을 말하는데, 고대 국가에서 중요시되었던 조공 무역은 조선에 와서 그 형태가 조금 변하고 또한 육의전(六矣廛)이라는 국가 공식 상점이 생겨 경복궁 뒤편의 시장은 점차 그 의미를 상실하게 되었다. 하여 조선 시대에는 이곳에 경복궁의 후원이 있었다. 비원은 창덕궁의 후원으로 본디 이름은 금원(禁苑)이다. 경복궁이 정궁이었던 반면 창덕궁은 별궁이어서 그 크기나 구성이 경복궁에 훨씬 못 미치는데도 후원의 규모가 그 정도임을 감안한다면, 경복궁의 후원은 비원을 훨씬 능가했을 것이다. 하지만 옛 모습은 알 길이 없고 현재 이곳은 청와대가 자리잡고 있다. 한양이 고려 시대부터 남경으로 정해져 궁궐이 있었다는 것을 상술한 바 있는데, 고려 시대의 궁이 바로 청와대 자리에 있었다. 청와대를 관람하다 보면 '천하제일 명당'이라는 푯말이 붙은 곳을 볼 수 있는데 이곳이 과거 고려의 궁이 있던 자리였고, 해방 후에는 경무대가 들어서 있다가 지금은 일반에게 공개되고 있다.

한양의 뒷골목 풍경

경복궁을 중심으로 전조후시, 좌묘우사를 지나 육조 거리까지 지나면 민가들이 들어서는데, 도성 안의 모든 민가는 북향이 원칙이었다. 왕조 국가에서 임금을 제외한 모든 백성은 그의 신하이므로, 임금이 남향을 하고 있으면 백성은 임금과 마주보기 위해 북향을 해야 하며, 경복궁이 남향을 하고 있으므로 도성의 민가는 북향을 해야 했다. 하지만 이것은 조선 초기에만 지켜졌고 중종 이후로는 잘 지켜지지 않은 채 실리적인 이유로 남향을 하는 집이 많아졌는데, 조선 후기의 학자 이긍익이 저술한 『연려실기술(燃藜室記述)』에는 이러한 세태를 비판하는 글이 눈에 띈다. 도로 체계 또한 육전조례에 의해 정해져 있어서 도성 안의 모든 도로는 그 넓이에 따라 세 가지로 나뉘는데, 대로가 56자, 중로가 16자, 소로가 11자였다. 오늘날의 미터 단위로 바꾸어 보면, 대로가 16.8미터로 대략 6차선 도로에 해당하고, 중로가 4.8미터로 2차선 도로, 그리고 소로가 3.3미터로 1차선 도로에 해당한다. 오늘날에는 서울시의 특별시민이 되는 것이 어렵지 않아서 누구라도 이사를 와서 전입신고를 할 수 있지만, 조선 시대에는 한양의 주민이 되는 것이 쉽지 않았다. 당시의 성내 주민은 지금의 서울 시민과는 그 성분이 달라서, 왕과 그 일가 및 종친, 문무백관과 이들에게 서비스를 제공해 줄 군졸, 상인, 의관을 비롯한 기타 기술직 종사자와 노비들이었다. 당시 성안은 소수 지배계층을 위한 도시였으므로 아무나 들어와 살 수 있는 곳이 아니었다. 무당과 판수, 화랑, 유녀는 성내 거주가 금지되었고 승려는 며칠 동안의 유숙조차 금지되었다.

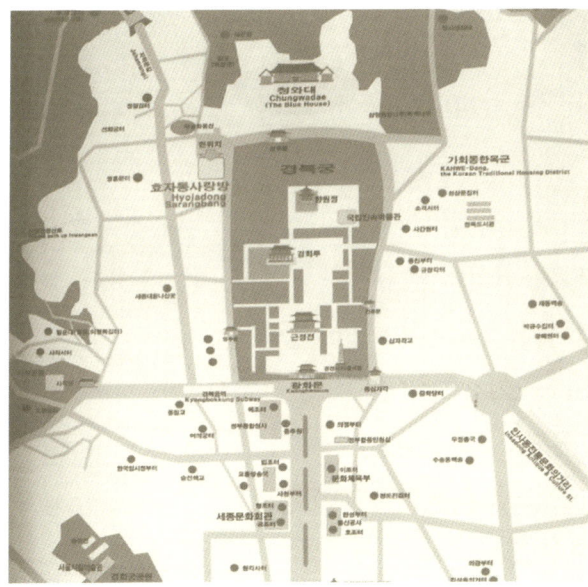

한양의 구성
경복궁의 북쪽에는 궁궐로 출퇴근하는 고위 관료들이 살았던 반면, 오른쪽의 효자동에는 환관들이, 갈현동에는 궁녀들이 살았다. 도성 안의 주민은 경복궁을 중심으로 신분과 소임에 맞게 나누어 살았다.

현재 대한민국의 서울에도 강북과 강남의 소득 수준에 격차가 있으며, 또한 어느 동네에 사는지에 따라 그 사람의 사회적 지위를 얼추 가늠할 수가 있다. 왕조국가이면서 엄연히 반상의 차별이 존재하는 조선에서 신분에 따른 거주지 구분이 없었을 리가 없다. 당시 한양은 크게 북촌과 남촌, 서촌, 동촌으로 구분이 되어 있었는데, 북촌이란 북악산 밑의 팔판동, 삼청동, 가회동, 재동, 계동, 사간동, 송현동, 안국동 등지로 주로 정권을 잡은 세도가나 명문 사대부가 사는 동네였다. 특히 팔판동이란 여덟 명의 판서가 나와서 이름 붙여졌다는 유래가 있듯이 한양에서도 대표적인 부촌에 속했다. 남촌이란 지금의 남산동과 회현동 일대를 말하는데, '남산골 샌님'이라는 말도 있듯 벼슬을 하지 못한 가난한 양반과 무반들이 주로 살았다.

　　동촌은 동대문 북쪽의 낙산 아래 있던 동네로, 이화동, 동숭동, 원남동, 연지동, 충신동 일대가 해당하는데, 동숭동에는 갖신을 주로 만드는 갖바치, 충신동에는 물건을 만드는 공장인과 이를 판매하는 방물업자, 혜화동과 명륜동에는 도살업에 종사하는 백정 등이 주로 살았다. 성균관이 있던 혜화동과 명륜동에 하필 백정이 살았던 이유는 성균관을 비롯한 종묘와 사직의 제사에 쓸 소와 돼지를 잡기 위해서였고, 그 부산물인 가죽으로 신을 만들기 위해 갖바치는 근처 동숭동에 살았으며, 또한 사직이 있던 사직동에는 제례 음악을 연주하는 나례군과 악인이 모여 살았다. 서촌은 인왕산 밑 서소문 근처의 동네로 지금의 서소문동, 홍제

집우집宙

한성전도

18세기 후반에 제작된 한양의 지도를 보면 성곽과 사대문으로 둘러싼 도성이 있고 그 너머에 커다란 한강이 흐르고 있음을 알 수 있다. 이때 도성 밖과 한강 사이의 지역이 바로 성저십리였다. 영남대학교 박물관 소장.

동 등이 이에 속하는데, 인왕산 밑에는 별감이나 이속과 같이 궁중에 드나드는 하급 관리들이 주로 살았고 특히 갈현동은 나이가 들어 퇴궐한 궁녀들이 모여 사는 곳이었는데, 지금도 갈현동에는 '궁말'이라는 지명이 있어 이 사실을 뒷받침하고 있다. 얼마 전《효자동 이발사》라는 영화가 나오기도 했던 효자동에는 주로 환관들이 살았으며(물론 이들이 임금의 이발도 담당했을 것이다), 지금의 청계천에 해당하는 장교동, 관철동, 수표동, 관수동 일대에는 기술직 중인들과 시전상인들이 모여 살아서 오늘날 청계천 시장의 원조가 되었다. 그리고 당시 변두리에 속하는 왕십리 일대에는 물장수와 잡상인들이 있었다. 이렇듯 한양은 궁궐과 육조거리, 북촌 일대가 중심가를 이루고 나머지는 이들을 위한 서비스업에 종사하는 사람들이 소임과 신분에 맞게 살았음을 알 수 있다. 한양은 궁궐과 북촌, 육조거리를 중심으로 한 거대한 동심원 구조였는데, 이 커다란 특수도시를 보호하기 위한 특별한 장치가 하나 더 있었으니 바로 성저십리(城底十里)다.

조선의 그린벨트, 성저십리

성저십리란 글자 그대로 한양성 사대문을 기점으로 약 십리까지의 외곽 지역을 말한다. 요즘 서울 외곽을 수도권이라 하며 서울 권역으로 생각하는 것과 같이, 조선에서도 4대 문안만이 아닌 성저십리까지를 모두 포함하여 한성부라 일컬었다. 구체적인 위치로는 동쪽으로는 동대문에서 마장동 인근 중랑천까지, 서쪽으로는 서대문에서 마포와 망원동까지, 남쪽으로는 남대문에서 용산과 한남동까지, 북쪽으로는 북대문에서 북한산 인수봉 아래까지를 말하니, 1970년대의 서울 강북 지역에 해당한다고 하겠다. 성저십리의 주민들은 각종 건축규제와 개발제한에 시달려야 했으니, 마치 오늘날 그린벨트의 주민과 흡사하다.

　우선 산을 깎아 묘지를 쓰거나 나무를 베는 일, 돌을 채굴하는 일 등의 삼림훼손 행위와, 집을 새로 짓거나 논밭을 개간하는 등의 개발 행위

집宇집宙

가 금지되었다. 일없이 산에 올라가서도 안 되었고, 기근이 들었을 때조차 이곳의 나무 뿌리를 캐 먹는 일은 금지되었고, 특히 소나무의 벌목이 엄중히 금지되었다. 성저십리의 소나무는 특별히 금송(禁松)이라 하였는데, 가끔 정권을 잡은 세도가에서 주택을 신축할 때 금송을 베어다가 쓰는 일이 있어 탄핵의 대상이 되곤 했다. 요즘은 그린벨트 안에 고급 주택을 짓고 사는 것을 선호하지만 조선에서는 성저십리에 집을 짓기보다는 그곳의 금송을 베어 쓰는 일이 자주 있었다. 성저십리에 묘를 쓰거나 집을 짓거나 금송을 베는 일 등은 모두 처벌의 대상이어서, 「형법대전」에 그 구체적 처벌의 내용이 소상하게 명시되어 있었다.

조선에서 성저십리를 둔 까닭은 요즘 그린벨트를 둔 이유와 같다. 우선 인구의 과밀을 막고 자연 환경을 보존하여 성내 주민에게 쾌적한 주거 환경을 제공하기 위함이었고, 둘째로는 잡인의 접근을 막아 성내 방어에 유의하기 위함이었다. 무엇보다 이곳은 왕과 사대부를 위한 사냥터로 자주 이용되었다. 당시의 사냥은 지금과 그 사회적 의미가 다르다. 고대 국가에서 사냥은 중요한 국가 행사였다. 고구려의 온달이 삼월삼짓날 사냥 대회에서 국왕의 눈에 띄어 장수로 천거된다는 이야기에서 알 수 있듯이, 군사 훈련을 겸하면서 군신간의 화합을 다지는 자리이자 무예 실력을 겨루는 자리이기도 했다. 조선에 이르러 군사 훈련의 의미는 퇴색했지만 군신간의 화합을 다지는 중요한 의미를 가졌다. 과거 1970~80년대 골프가 아직 대중화되지 않았던 시절에 그것이 스포츠나

레저라기보다 정치적 의미가 강했던 것과도 같다. 그 시절 서울 변두리 너머에 그린벨트가 있고 그 너머에 다시 골프장이 있던 것처럼 조선에도 도성 밖에 왕의 사냥터로 이용되는 성저십리가 있었다.

각종 건축규제와 개발제한에 시달렸던 성저십리의 주민들은 주로 야채를 재배하며 살았다. 지금 그린벨트의 주민들이 서울 사람의 식탁을 풍성하게 해 줄 꽃과 과일을 키우는 근교 농업에 종사하는 것과 마찬가지로 성저십리의 주민들도 성안의 아흔아홉 간 집을 먹여 살리기 위해 초가삼간에 살며 근교 농업에 종사했다. 그리하여 아현동에서는 미나리를, 용산과 이태원에서는 호박과 수박을, 뚝섬에서는 무와 배추 등을 재배하였는데, 이들 채소는 해방 후에도 한동안 서울 시민들의 식탁에 자주 올랐다.

신라 경주의 방리제부터 조선 한양의 좌묘우사, 전조후시의 원칙까지, 도성을 구성하는 데는 일정한 질서와 원칙이 있었고 주민 또한 민서(民庶)와는 성분이 달랐다. 고대 국가에서 도성은 하늘의 신성한 공간과 땅 위의 세속적 공간 사이를 완충하는 일종의 신성 구역이었으며, 중세 국가인 고려와 조선에서도 그곳은 특수 계층의 사람만이 살 수 있는 그야말로 '특별시'였다. 도시를 수직과 수평으로 가로지르는 명확한 도로 체계와 질서정연하게 늘어선 집들을 상상하며, 우리는 과거의 도시들이 얼마나 깨끗하고 아름다웠나를 감탄하고 나아가 지금의 서울이 얼마나 무질서하고 혼란스러운가를 개탄하지만, 기실 그렇게 깨끗한 도시

집宇집宙

의 모습은 강력한 권력의 손길에 의해 정돈된 것이다. 지금의 서울은 분명 과거의 한양에 비해 무질서하고 혼란스러울지 모른다. 그러나 그 무질서와 혼란을 단칼에 바로잡을 권력의 손길이 없다는 것이 또한 다행스러운 일이기도 하다. 세계적인 도시로 알려진 뉴욕이나 파리가 진정 아름다운 이유는 강력한 권력에 의해 손질되지 않았으면서도 자율에 의해 질서가 유지된다는 점이다. 한양 천도 이후 600여 년의 나이를 먹은 서울이 그 나이에 걸맞는 진정 아름답고 노회한 도시로 다시 태어나기를 기대해 본다.

12장 체제를 따르다 |
시대를 닮고 역사를 담는 집

춘당대 높은 언덕 영화당 넓은 뜰에
배설방排設房 군사들과 어군막御軍幕 방직房直이가
삼층 보계판補階板을 광대하게 널리 두고
십칠량十七樑 어차알御遮日을 반공에 높이 치고

선비의 거동보소, 반물 들인 모시 청포
검은 띠 눌러 띠고 유건儒巾에 붓 주머니
적서 복중積書服中 하였으니
수면앙배粹面央背 하는구나
기상이 청수하고 모양이 조촐하다

집춘문 월근문과 통화문 흥화문에
부문을 하는구나 건장한 선접군이
짧은 도포 젖혀매고 우산에 공석 쓰고
말뚝이며 말장이며 대로 만든 등燈을 들고
각색 글자 표를 하여 등을 보고 모여섰다
밤중에 문을 여니 각색 등이 들어온다
줄불이 펼쳤는 듯 새벽별이 흐르는 듯
기세는 백전일세 빠르기는 살 같도다

「한양가」 중 과거시험장 전경

경부 고속도로 경주 톨게이트의 외관은 팔작지붕과 솟을대문을 합성한 듯한 형상을 하고 있어 여느 곳과는 사뭇 다르다. 역사와 전통의 도시인 경주의 이미지를 극대화하기 위해 그러한 톨게이트를 만든 모양이지만, 실상 팔작지붕과 솟을대문은 조선 중기 이후의 산물로 신라 시대에는 그런 모습이 존재하지 않았다. 신라의 도시에 천 년 세월을 뛰어넘은 조선의 건물이 들어서 있는 셈인데, 이는 백제의 고도 부여를 비롯한 다른 지방 도시에서도 그대로 나타난다. 경기도 용인에 있는 한국 민속촌이 우리 전통 건축의 모든 것을 보여주고 있다고 생각하지만, 기실은 18~19세기에 유행했던 건축 양식을 보여주고 있을 뿐이다.

일반적으로 사회가 안정되어 난숙해질수록 의식주를 비롯한 각종 문화 현상이 인간의 본래 모습을 왜곡하거나 비정상적인 극단으로 치닫는 경향이 있다. 서양 무용의 대표격인 발레는 루이 14세와 16세 시절 화려한 궁정 문화의 소산으로, 신체의 자연스런 움직임을 극도로 억압하여 훈련된 무용수들만이 출 수 있는 춤이다. 우리가 명절이나 혼례 때 예복으로 입는 한복도 실은 조선 후기의 복식이다. 치마 말기를 허리가 아닌 겨드랑이 밑에서 졸라매고 저고리 길이가 소매 배래보다 더 짧아 여성의 신체와 활동을 억압하는 이 옷은 조선 후기 난숙한 사회에서 유행했던 옷이지, 우리 민족이 유구하게 입어 왔던 옷이 아니다. 마찬가지로 솟을대문을 비롯하여 사랑채, 사당, 종가, 선산과 씨족 마을 등 전통 건축이라고 알고 있는 대부분의 것들은 모두 조선 후기의 건축물일 뿐, 우리의 오랜 전통을 대표하는 것이 아니다. 단언해 말하자면 이것들은 조선 중기 사림파의 집권 이후 난만했던 사회에서 잠시 꽃 피었다가 스러져간 짧은 유행에 불과하다.

최초의 여당과 야당

조선의 정치사를 두고 당쟁과 사화로 얼룩진 붕당 정치였다고 말하기도 하지만, 근대적 의미의 정당 정치의 전신이었다고 긍정적인 의미를 부여하는 이들도 있다. 왕조 국가에서 절대권력을 견제하기 위한 장치로 붕당이나 정당이 필요했으며, 그 과정에서 당리당략을 앞세운 정쟁이나 당쟁이 전혀 없었다고는 말할 수 없겠다. 현재 국회가 야당과 여당으로 나뉘어 있어 여소야대니, 거대여당 견제론이니 하는 이야기를 자주 하듯이, 조선 시대에도 집권당인 여당과 재야 인사로 이루어진 야당이 존

집宇집宙

재했다. 이들의 존재는 개국 초기로 거슬러올라간다.

　고려 말 혼란한 사회 속에서 신진사대부 계층이 등장한다. 신진(新進)이라는 수식어에서도 알 수 있듯이 이들은 유교적 소양을 바탕으로 한 새로운 지식인 계층으로서, 권문세족들의 부패한 정치를 개혁하고자 했는데 그 방법론의 차이에 따라 두 계파로 갈라지게 된다. 하나는 고려 왕조 자체를 타도하고 새로운 왕조를 개창하자는 급진 세력으로서 정도전, 하륜, 조준 등이 주축을 이룬 '역성혁명파'였고, 또 하나는 기존의 질서 안에서 개혁과 정화를 실시하자는 온건 세력으로서 정몽주, 길재, 이색 등이 주축을 이룬 '온건개혁파'였다. 역사는 역성혁명의 손을 들어주었다. 여진 정벌과 왜구 토벌 등으로 두각을 나타낸 신흥 무장 이성계와 손을 잡은 역성혁명파가 고려 왕실을 무너뜨리고 조선을 개창하자, 정몽주를 비롯한 온건개혁파들의 처지는 불을 보듯 뻔한 것이었다. 개국공신의 칭호와 함께 봉작과 노비, 공신전이 역성혁명파에게 주어질 때, 온건개혁파에게 주어진 것은 선죽교에 숨어 기다리고 있던 자객의 철퇴뿐이었다. 이때 철퇴를 피해 지방으로 내려간 온건파는 삼림 속에 묻혀 선비를 자처하며 사림파(士林派)가 되었으며, 조선을 건국한 공훈을 인정 받아 한양에 머물며 집권한 역성혁명파는 훈구파(勳舊派)가 되었으니, 이들이 바로 최초의 야당과 여당이다.

　이후 훈구파가 '훈구 대신'이라는 이름의 국가 원로가 되어가는 동안, 지방으로 내려간 사림파는 자신들의 토지가 있는 고향에서 학문을 연마

하면서 중소 지주라는 신분을 이용해 향촌 사회를 장악하였다. 90여 년의 세월의 흐른 후 9대 임금인 성종 때부터 이들이 서서히 정계에 등장하기 시작하면서, 조정은 훈구파와 사림파의 대결로 접어들게 된다. 그리고 이 무렵 사화가 급증하게 되는데, 사화란 기득세력인 훈구파가 신흥세력인 사림파를 탄압하기 위해 일으킨 정변으로, 연산군 때의 무오사화(1498년), 갑자사화(1504년)를 비롯하여 중종 때의 기묘사화(1519년), 명종 즉위년의 을사사화(1545년) 등 사대사화가 사림파의 등장 초기에 집중되어 있음을 알 수 있다. 14대 임금인 선조 대에 이르면 사림파는 훈구파를 완전히 축출하고 정권을 장악하게 된다. 그 뒤 이들은 서인과 동인으로, 다시 북인과 남인 및 노론과 소론의 이른바 사색당파로 분파되지만, 그 뿌리는 고려 말 역성혁명에 반대했던 온건파 사대부의 후예이자, 조선 초기 백 년 동안 초야에 묻혀 지냈던 사림파다.

온건혁명을 주장했던 수성파 사대부(온건개혁파)와 역성혁명을 주장했던 창업파 사대부(역성혁명파)는 몇 가지 다른 점이 있었다. 수성파가 충보다 효를 우선시하고 혈연 관계를 위주로 하는 친친(親親)을 중시한 반면, 창업파는 충을 우선시하였고 대의(大義)는 부모자식 관계에 앞선다는 대의명분론에 따라 사회적 관계를 중시하는 존존(尊尊)을 따랐다. 수성파 사대부들은 군신간의 관계도 부모자식간의 관계처럼 파악하였으므로 자식이 부모를 바꿀 수 없듯 신하가 군주를 바꿀 수 없다는 입장이었지만, 창업파 사대부는 군주는 대의명분에 합치될 때만 군주일 뿐

集字集宙

이라는 맹자의 뜻에 따라 군주라 해도 대의와 명분을 상실하면 역성혁
명을 통해 새로운 왕조를 세울 수 있다는 입장이었다. 한편으로는 수성
파 사대부가 당시의 기득권층이었고 창업파 사대부가 상대적으로 소외
계층에 속했기 때문에, 수성파는 기존의 질서를 유지하려 했고 창업파
는 그 반대 입장에 설 수밖에 없는 현실적인 이유도 있었을 것이다.

　인재를 등용함에 있어서도 차이가 있었다. 사회적 인간관계를 중요시
했던 창업파 사대부들은 객관적 평가 기준이라 할 수 있는 과거제도를
옹호한 반면, 수성파 사대부들은 혈연적 인간관계의 확대라 할 수 있는
좌주문생제(座主門生制)와 음서제(蔭敍制)를 옹호했다. 음서제란 조상
이 국가에 끼친 공덕으로 인해 자손이 관직에 나갈 수 있는 제도이며,
좌주문생제란 과거에서 시험관이었던 좌주와 응시생이었던 문생이 시
험 후에도 마치 부모와 자식처럼 서로 돌봐주고 공경하는 관습이다. 따
라서 기득권의 세력을 확대 재생산하는 장치로 악용될 소지도 있었지
만, 은혜와 의리에 기초한 인간관계가 국가의 건강성을 유지할 수 있다
는 것이 수성파의 생각이었다. 하지만 친친보다 존존을 중시한 창업파
사대부들은 건국 초기 좌주문생제와 음서를 대폭 축소하고 과거제를 실
시한다. 창업파 사대부들이 집권한 조선 초기는 새 왕조의 개창이라는
시대 분위기와 맞물려 매우 합리적이고 개혁적으로 돌아가고 있었다.
그러나 오랜 집권으로 초기의 참신함을 잃고 매너리즘에 빠지면서 사림
파에게 정계진출의 기회를 주게 된다.

사당과 서원, 사교육의 씨앗

백여 년의 기다림 끝에 훈구파가 만들어 놓은 과거제를 통해 정계로 진출한 사림파가 제일 먼저 한 일은 수성파의 시조라 할 수 있는 정몽주의 사당을 세워 자신들의 정체성을 확립하고 서원을 세워 후학을 가르치는 일이었다. 이로써 조선 유교 건축의 핵심이라 할 수 있는 사당과 서원이 세상에 모습을 드러내게 된다. 본디 조선의 지방 교육은 향교가 담당했다. 조선은 중앙집권과 그에 따른 지방 통제 및 유교 이념의 전파를 위해 초기부터 지방 중심지에 향교를 설립하고 중앙에서 직접 교수관을 파견했다. 향교 건물의 구성은 유교의 성현을 모시는 대성전(大成殿)과 교생(학생)들의 교육 공간인 명륜당(明倫堂)으로 나뉜다. 대성전에는 공자의 위패를 비롯하여 4성(안자, 증자, 자사, 맹자) 10철(공자의 수제자 10명) 송조 6현(송나라의 육현) 등을 모시는데, 규모가 큰 향교는 따로 동무(東廡)와 서무(西廡)를 설치하여 공문 72현(공자의 문하생 72현), 한당송 22현(한, 당, 송 나라의 22현), 동국 18현(우리나라의 18현) 등의 위패를 모시기도 했다. 명륜당은 교생들이 공부를 하는 공간이며, 그 앞에는 기숙사라 할 수 있는 동재(東齋)와 서재(西齋)를 양쪽에 배치했다. 그리고 사림파가 세운 사립 학교라 할 수 있는 서원도 그 구성은 향교와 동일했다.

향교는 국립 교육기관이었기 때문에 양반의 자제뿐 아니라 양인도 입

집字집宙

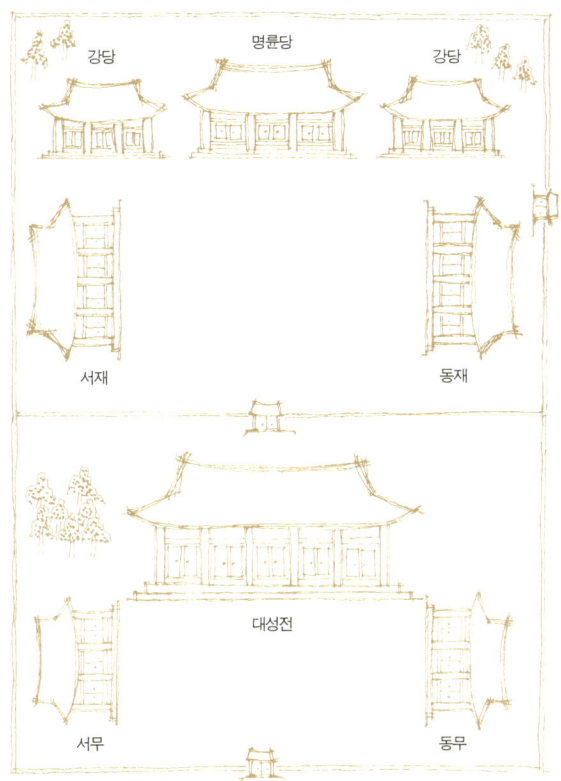

강당   명륜당   강당

서재   동재

대성전

서무   동무

나주 향교

전남 나주시 향교동 소재. 1407년 건립. 전면에는 공자를 비롯한 4성 10철의 위패를 모신 대성전이 있고, 양 옆에는 공문72현과 동국18현의 위패를 모시기 위한 동무와 서무를 따로 두었다. 강학 공간인 명륜당은 후면에 있고 그 옆에는 기숙사인 동재와 서재가 있다. 일반적으로 향교 건축은 전묘후학(前廟後學), 서원 건축은 전학후묘(前學後廟)의 경우가 많다.

학하여 공부할 수 있었지만, 서원은 양반의 자제만을 받았다. 향교는 낮은 녹봉 때문에 초기부터 교관 확보에 어려움을 겪었는데 후기로 갈수록 이 현상이 심화되어 교관의 질이 점차 낮아졌으며, 그리하여 교생들은 향교를 기피하고 서원으로 옮겨가게 되었다. 사교육이 공교육을 능가하는 것은 어느 시대, 어느 사회에서나 발생하는 것으로, 사립 학교이

301

던 서원은 곧 향교를 능가하게 되며 이는 결과적으로 사림의 기반을 공고히 하는 계기가 된다. 현재 우리나라에서 사교육의 비대로 인해 빈곤의 대물림이 그 싹을 보이고 있듯, 공교육인 향교의 쇠퇴에 따라 양인은 점차 교육의 기회와 그에 따른 주류 사회로의 편입 기회를 잃게 되었다. 서원의 시창기인 16세기 중반에서 17세기 초까지 설립된 서원의 수는 총 110여 개소였지만, 18세기가 되면 600여 개소로 증가하여 230여 개소에 불과한 향교를 수적으로 압도하게 된다.

이와 동시에 서원의 성격도 점차 변화하게 된다. 서원은 대성전과 명륜당으로 양분된 건물 구성에서도 알 수 있듯 명현의 배향과 교육의 기능을 동시에 가진다. 초기의 서원이 학문 탐구에 충실했던 반면 후기로 갈수록 교육 기능은 약해지고 문벌 위주의 제향 기능이 강화되면서, 강학 공간인 명륜당보다는 사당인 대성전이 점차 중요해지고 비대해진다. 또한 이렇게 비대해진 사당은 마침내 개인 주택에까지 건립되기 시작했다. 본디 사당이란 개인 주택에 사적인 용도로 설치하는 것이 아니라, 국가나 공공 기관에서 공적인 용도로 설치하던 것이었다. 향교에 설치된 사당은 공자와 4성 10철의 위패를 모시는 공간이었지만, 중기 이후 건립된 서원에서는 4성 10철보다는 자신들의 사상적 기반이 되는 명현의 위패를 모시는 사당으로 변하더니, 후기로 접어들면서 일부 사대부가에서 입향조나 중창조 내지는 단순히 조상을 모시는 사당을 건립하기 시작했다. 이와 함께 조상의 무덤을 동일한 장소에 두는 족분(族墳)과

302

집字집宙

노강 서원

충남 논산시 광석면 소재. 1675년 건립. 인조 때 이조참의를 지낸 윤황을 봉향한 서원이었으나 이후 파평 윤씨 일가의 가문 서원처럼 운영되었다. 전면에 명륜당과 동재, 서재가 있고 사당은 후면에 위치한다. 사당 영역이 비대했던 향교에 비해 중기 이후의 서원은 점차 강학 공간이 커지면서 장판각(출판실)이나 장서각(도서실)이 부가되는 경우가 많다.

가묘(家廟)가 유행하게 된다.

　지금도 시골 선산에 가면 몇 대조 할아버지의 무덤이 산 위에서부터 층층이 놓여 있고 그 아래 자신이 묻힐 자리까지 대충 정해져 있어, 이것이 우리 고유의 풍습이라고 알고 있지만 실은 조선 중기 이후의 산물에 불과하다. 고려 시대는 물론 조선 초기만해도 조상의 무덤을 한 군데에 모아 두는 일은 흔하지 않았다. 중기 이후 조상의 신위를 모시는 사당을 건립하기 시작하면서 그 시신도 함께 모아두는 족분이 유행하게 되었으며, 이는 또한 고려 시대부터 번지기 시작한 풍수지리와 맞물려 좋은 곳에 조상의 묘를 써야 후손이 복을 받는다는 기복신앙적 성격을 가지며 급속히 번지게 된다. 조선 시대에 대표적 사회 문제 가운데 하나였던 산송(山訟)은 조상의 묘지에 대한 소송으로, 명당에 무덤을 쓰려는 생각이 중기 이후에 일반화되었음을 보여주는 예라 하겠다.

서원이나 향교에 설치된 사당
본디 사당은 국가나 단체에서 건립하였으나 후기로 갈수록 씨족 마을의 입향조나 중창조 내지는 조상의 신위를 모시는 곳으로 변하게 된다.

붕당의 요람, 사랑과 서당

조상의 신위를 모셔 놓고 제사를 통해 후손들이 모여 결속을 다지는 것이 사당이라면, 사랑은 후손들이 보다 직접적이고 현실적인 방법으로 모이는 장소다. 사랑채의 건립은 조선 중기 이후에 두드러졌음을 앞서 밝힌 바 있으며, 사랑채의 대표적 유형이라 할 수 있는 서재형 사랑채나 서당형 사랑채, 사당형 사랑채 등은 친친을 중요시했던 고려말 수성파 사대부들의 생활 철학과 관련되어 있다. 객관적 인간관계보다는 사적인 인간관계, 좌주와 문생의 관계, 스승과 제자의 관계를 중시한 수성파 사대부에게 있어 사랑채란 사적인 인간관계를 맺는 장소였다. 다시 말해 안채가 실제 혈연으로 맺어진 가족중심적인 공간이라면 사랑채는 혈연에 준하는 친친 관계의 사람들이 만나는 장소였다. 사랑채에는 많은 식객이 머물렀는데, 이들은 18세기 프랑스의 살롱에 드나드는 손님처럼 공부도 하고 토론도 하면서 교류를 통해 그들의 인맥을 재생산해 나갔다.

사림파가 처음으로 붕당의 조짐을 보이는 때는 선조 7년(1574년)으로, 이조 정랑의 자리 다툼이 그 빌미가 되었다. 이조 정랑이란 이조에 소속된 직책인데, 정5품의 중간 관료에 불과하지만 인사임명권을 쥐고 있어 권력의 초점에 있었다. 당시 오건이란 자가 이조 정랑에 있었는데 자신의 후임으로 김효원을 추천하자 심의겸이 이를 반대하고 나서서 문제가 불거졌다. 김효원이 윤원형의 사랑에 드나들던 식객이었다는 이유다.

윤원형은 명종의 어머니인 문정왕후의 남동생이었는데, 부정축재로 한양 내에만 집을 15채나 가질 정도로 부패한 척신이었다. 따라서 그의 집의 식객이었다는 것은 치명적 결점이었고, 더욱이 인사권을 담당하는 중요한 자리에 이런 자가 임명되는 것을 반대하는 것은 심의겸으로서는 당연한 일이었다. 하지만 오건의 뜻대로 김효원은 이조 정랑이 되고 이후 이것은 김효원을 비롯한 소장파 사대부가 동인(東人)으로 심의겸을 주축으로 하는 노장파 사대부가 서인(西人)으로 갈라지는 계기가 된다.

그런데 김효원이 윤원형의 사랑에 드나들던 식객, 즉 윤원형 파의 사람이었다고 보기에는 조금 무리가 있다. 그가 윤원형의 사랑에 드나들던 때는 소년 시절로서, 윤원형의 사위이던 이조민과 어린 시절부터 동무되는 사이여서 찾아갔던 것이다. 당시 이조민은 윤원형의 집에서 처가살이를 하고 있던 차라 김효원은 사랑에서 잠을 잘 때도 자주 있었는데, 이것이 신의겸의 눈에 띄었던 것이다. 사림이 동인과 서인이라는 최초의 붕당을 일으키는 도화선이 된 데는 사랑채가 있었다. 사랑채는 표면적으로는 가장의 서재였지만 기실은 붕당의 사상적 기반이었다.

정권을 잡은 세도가가 도성 안에서 사랑채를 통해 권력의 발을 촉수처럼 늘어뜨리고 있을 무렵, 실권한 파들은 지방에 내려가 서당을 열고 후학을 양성하며 내일을 기약했으니 이것이 바로 서당형 사랑채다. 서당이란 단순한 초등 교육기관이 아니라 학통을 전수하여 미래의 인재를 양성하는 역할을 했다. 군사부일체라는 말도 있듯 학동들은 스승을 부

큰 사랑에서 바라본 작은 사랑
아버지의 손님이 머무는 곳이 큰 사랑이라면 작은 사랑은 아들
이나 사위가 머무는 곳이었다.

반가의 사랑채
많은 손님이 드나드는 사대부가에서 이들을 수용할 사랑채
는 필수적인 시설이었다.

모처럼 공경했으며, 학동들끼리 가졌던 형제와도 같은 동질감은 이후
이들이 성장하여 한양으로 과거를 보러 갈 때 공고한 결속력으로 나타
났다. 동인과 서인으로 갈라졌던 사림은 이후 북인과 남인, 노론과 소론
으로 갈라지며 환국을 거듭했기 때문에 오늘의 집권당이 내일 당장 실
각할 수도 있었다. 사림들은 실각에 대비하여 지방에 든든한 기반을 마
련해 두고 있어야 했으니 그것은 초등 교육기관인 서당의 운영과 향학
의 전파였다. 그들은 지방에서의 지도적 위치를 굳히기 위해 지방민들
에게는 자치 규약인 향학을 배포하고 어린 아동들에게는 소학을 교육하
여 일반 민중에게까지 유교 이념을 주입하기 시작했다.

　서원과 서당이 반가의 아이들을 교육하기 위한 장치였다면, 향학과 소학은 지방민을 교육하기 위한 장치였다. 상류 지배 계층에서만 통용되던 주자가례(周子家禮)가 이제 민의 생활에까지 빠르게 파급되기 시작한 것이다. 18세기 프랑스 궁정에서 루이 14세가 귀족을 통제하기 위해 까다로운 궁정 예절을 퍼뜨린 것처럼, 17세기 이후의 사림들도 지방에서 민을 통제하기 위해 복잡한 예학 중심의 주자가례를 퍼뜨렸다. 이제 농민들조차 2대 봉사니 4대 봉사니 하면서 몇 대조 조상의 제사를 드리게 되었으며, 어려운 제방과 축문을 쓰기 위해 향반에게 굽실거리며 대필을 부탁해야 했다.

조선에서는 가장을 기준으로 아버지, 할아버지, 증조 할아버지, 고조 할아버지의 제사까지 받드는 4대 봉사가 원칙이었던 것으로 알고 있지만, 실제로는 1대 봉사나 2대 봉사가 일반적이었다. 『경국대전』에 의하면 왕족인 경우에는 4대 봉사에 건국 시조인 태조를 포함하며 5대의 제사를 지내며, 1~3품이 4대 봉사, 4~6품이 3대 봉사, 7~9품은 2대 봉사 그리고 양인은 부모님의 제사만을 모시는 1대 봉사를 하는 것으로, 신분과 품계에 따라 제사에 차등을 두었다. 국민의 9할이 양인이었던 것을 생각해 볼 때 조선 초기의 대다수 백성들은 아버지, 어머니의 제사만을 모셨을 것이다. 하지만 사림파의 집권 이후 향학과 소학을 통해 민의 생활에까지 주자가례가 확산되면서 양반들은 품계에 관계없이 4대 봉사, 양인은 2대 봉사를 하는 것이 관행처럼 굳어지게 되었다. 그리고 해방 후 신분차별이 없어지면서 모두들 뼈대 있는 양반 가문이 되어 빈

集字集宙

부귀천에 관계없이 4대 봉사를 하다가 박정희 대통령에 의해 가정의례
준칙이 발표된 뒤 2대 봉사로 축소되었다.

씨족 마을의 고갱이, 종가

같은 성씨의 사람들이 모여 사는 집성촌, 이른바 씨족 마을도 실은 조선
중기 이후의 산물이다. 한국의 촌락사회사를 연구한 고승제는 경기, 충
청, 전라, 경상도 등에 현존하는 194개소의 씨족 마을을 조사한 결과 전
체의 66%에 달하는 114개의 씨족 마을이 임진왜란 이후 150여 년 동안
에 창설된 것임을 밝혀 냈다. 임진왜란이 선조 조에 일어난 것을 감안할
때, 사림의 집권과 그에 따른 붕당 정치가 씨족 마을 형성의 기폭제가
되었음을 알 수 있다. 씨족 마을은 대개 향촌에 위치하며 산과 강으로
둘러싸여 마치 청동기 시대의 마을처럼 생겼는데, 그 내부의 질서와 위
계도 청동기 시대의 그것을 방불케 한다. 마을 한가운데 족장의 집이 있
었던 것처럼, 씨족 마을의 한가운데 자리잡아 동네 전체를 통어했던 곳
은 종가였다.

씨족 마을의 구성원은 몇몇 계층으로 나뉘어져서, 종가를 비롯하여
같은 문중의 사람, 타성바지라 불리던 타성(他姓) 사람, 그리고 소작농
과 노비 등이 있었는데, 이들은 한 마을에 살더라도 미묘한 위계질서에
의해 주택지가 정해졌다. 종가는 마을에서 위계가 높은 곳이나 마을의

예천 권씨 종가
경북 예천 소재. 사진에 보이는 것은 안채의 모습인데, 건립 당시의 도면이 남아 있어 귀중한 자료가 되고 있다.

안동 권씨 재사
경북 안동시 서후면 소재. 1653년 건립. 재사란 제사 때에 문중 사람들이 묵어갈 수 있는 사랑, 회합 장소인 정자, 제사를 준비하는 공간과 그 하인들이 머무는 행랑채 등을 포함하는 복합시설을 말한다. 이러한 대규모 집회 장소에서 종가의 위상과 사회적 역할을 엿볼 수 있다. 왼쪽은 누각에서 바라본 사당 모습, 오른쪽은 누각인 추원루의 모습.

한가운데, 혹은 마을 전체를 조망할 수 있는 자리 등 지형과 형세에 따라 가장 좋은 자리를 차지하며, 그 주변의 비교적 좋은 위치에는 같은 문중의 사람이 자리를 잡는다. 다음으로는 타성바지들이 주변에 자리를 잡게 되는데, 씨족 마을에 타성바지가 있는 이유는 출가한 딸이 시집으로 가지 않고 사위와 함께 친정 근처에 살면서 생기게 된 것으로, 조선 중기 이전 친영제가 보편화되기 전부터 자리 잡았던 이들이다. 우리나라의 풍습은 결혼 후 남자가 처가 주변에서 머무는 것으로, 대개의 씨족 마을에 타성바지가 존재한다는 것은 이러한 풍습이 매우 일반적이었다는 것을 방증한다. 문중의 딸이 출가해 타성바지가 되었으므로 이들도 번듯한 양반가이기 때문에 그나마 마을의 중심부에 자리잡을 수 있지만, 소작농이나 노비들의 가옥은 마을 입구를 비롯한 주변부에 자리잡고 있다. 이들은 마을의 논밭을 경작하는 일을 하며 한 군데 따로 모여 살기도 했는데, 이 경우 아랫마을 혹은 바깥마을이라는 용어를 사용하여 마치 별개의 마을처럼 구분하는 경우가 많다. 씨족 마을에 자리잡은 일가는 시간이 흐름에 따라 규모가 커지거나 혹은 종가가 아닌 집에서 영달한 자손이 생기면 따로 소종가를 만들어 분파하게 되는데, 이때 소종가는 이웃에 있거나 혹은 개울이나 언덕을 하나 선너 또 나시 작은 마을을 형성하게 된다.

종가는 씨족 마을을 개창한 입향조의 직계 후손이 거주하는 집으로써, 종법제에 따라 문중의 재산을 장남이 단독 승계하여 부를 축적하고 조상에 대한 제사와 대소사를 주관하면서 일가를 통제하는 권한을 가졌다. 종가는 단순한 주택이라기보다는 여러 종류의 집안 행사를 치르는 복합시설로, 매년 치러야 했던 십여 차례의 제사 때마다 적게는 100여 명에서 많게는 200여 명의 문중 손님이 드나들었다. 이들이 먹고 잘 만한 방과 모여 앉을 수 있는 사랑방이 필수적이었고, 음식을 조리하고 갈무리하는 부엌과 광, 침구와 가재도구를 보관하는 장소, 족보와 문서를 보관하는 서재 등 많은 시설을 필요로 했다. 뿐만 아니라 규모가 큰 집에서는 문중 내의 아이들을 교육시킬 서당, 어른들이 모여 여흥을 즐기는 정자, 시조를 모신 사당과 그 관리를 전담할 재실 등의 공동 시설을 갖추기도 했다.

현재 지방문화재로 지정된 전국의 유명 종가들은 각각 특색을 가지고 있다. 경주 최부잣집은 "과거를 보되 진사 이상은 하지 마라, 재산은 만석 이상 모으지 마라, 만 석이 넘으면 사회에 환원하라, 과객을 후히 대접하라, 사방 100리 안에 굶어 죽는 사람이 없게 하라"라는 가훈답게 재산의 사회환원을 중시했다. 쌀 3,000석 규모의 1년 수입 중 1,000석은 가용으로 쓰고, 1,000석은 과객을 접대하는 데 쓰고, 나머지 1,000석은 주변의 어려운 이웃을 돕는 데 썼으므로 사랑채에는 언제나 많은 과객이 머물렀다. 신문이나 방송을 비롯한 대중 매체가 없던 시절, 이들은 단순히 손님이 아니라 사회 여론과 정보 수집의 채널 및 지방 문화 활성의 중추 역할을 했다.

현재의 종가는 1964년에 옮겨 지은 곳으로, 종택 안의 운장각에는 김성일의 유물을 전시하고 있다.

    대구 인흥리의 남평 문씨 세거지에는 '인수문고(仁壽文庫)'라고 하는 문중 문고가 있는데, 8,500여 권의 책을 소장하여 4,400여 권을 소장한 도산서원의 장서량을 뛰어넘는다. 본디 이곳에는 문중의 아이들을 교육하기 위한 서당이 있었는데, 1910년 경술국치를 당하매 만권당(萬卷堂)을 열었다. 일제가 점차 서당을 폐쇄하고 신식 학교를 세우려 한다는 낌새를 눈치채고 문중의 아이들을 제대로 교육하기 위해 만 권의 장서를 모아 서당을 연 것으로, 주로 역사서 위주로 모았는데 그 중에는 규장각 도서관에서도 보지 못한 희귀서가 많아 눈길을 끈다.

    문중 행사 때에 많은 손님을 접대하기로 유명했던 곳은 경북 안동의 학봉(鶴峯) 고택이다. 임진왜란 때 왜군과 싸우다가 전사한 학봉 김성

일의 고택으로, 그 후손인 13대 김용환도 일제시대에 독립운동의 자금을 대느라고 종가의 재산을 모두 탕진했지만 명성은 고스란히 남았다. 1900년 당시 11대 종손인 서산 선생의 장례식 때에는 전국 각지에서 찾아든 조문객이 4,000명에 이르렀으며, 1995년 서산 선생과 조부의 독립훈장 추서를 사당에 고유할 때에도 손님이 1,000명에 이르렀다. 지금도 행사 때면 1,000여 명에 가까운 손님들이 참석하는데, 이들은 종가를 비롯하여 인근의 친척집에서 숙식을 해결한다. 뿐만 아니라 1993년 14대 종부인 조필남 할머니가 작고하였을 때에는 문상을 가는 사람들이 꽃을 사가느라 안동은 물론 인근 대구 꽃 가게의 꽃까지 모두 동이 난 일이 있었다.

만 권의 장서, 천여 명의 손님, 1년 수입의 2/3를 과객 대접과 인근민의 구휼에 쓰던 일 등은 특정 종가의 극단적인 예라 볼 수도 있지만, 종가가 가졌던 위상과 사회적 의미를 되새겨 볼 수 있는 자료가 된다.

건축, 그 체제 순응의 역사

서양 건축사는 곧 종교 건축사라는 말이 있다. 이집트의 피라미드를 비롯하여 고대 그리스의 신전, 중세의 고딕 성당 등 역사적이고 기념비적인 거대 건축물은 거개가 종교 건축물이기 때문이다. 물론 동양도 예외가 아니어서 현존하는 우리나라의 유명 건축물도 불국사나 부석사, 화엄사, 법주사 등 사찰 건축이다. 조선 왕조가 들어서면서 숭유억불 정책에 따라 사찰 건축은 더 이상의 발전을 보지 못했지만, 성리학이라는 거대 지배담론에 의해 서원, 사당, 종가와 선산, 씨족 마을 등 이전까지 없었던 새로운 건축물과 주거 유형이 등장하게 된다.

사적인 인간관계와 친친을 중시했던 사림파에게 있어 사상적 기반이 되는 명현의 위패를 모시고 배향하는 사당은 반드시 갖추어야 할 시설이었으며, 이는 결국 개인 주택에까지 사당을 건립하게 된다. 향교라는 공교육 시설이 있었지만 양반 자제만을 위한 소수 엘리트 교육을 위해 서원을 설립하고, 이는 결국 공교육의 피폐와 양인의 교육기회 상실 및 기득권의 확대 재생산을 낳게 된다. 또한 재산의 균분 상속과 제사의 윤회봉사를 했던 조선 초기와는 다르게 문중의 재산을 장남이 단독 승계하는 종법제의 확립은 거대 문중이라는 주거 유형을 낳았으며 이는 종가라는 특수 건축물의 출현을 초래하게 된다. 나아가 종가가 마을 단위로 더욱 확대된 유형이 씨족 마을이라 할 수 있으며, 죽은 조상으로까지 그 지평을 확장한 것이 선산이라 할 수 있다.

건축의 역사는 곧 종교 건축의 역사라는 말을 흔히 하지만, 보다 엄밀히 말한다면 그것은 체제 순응의 역사라 할 수 있다. 건축은 그 시대의 거대 지배담론에 충실히 순응하여 그 사회의 제도를 담을 수 있는 건축물을 양산하고, 또한 기득권의 세력을 더욱 확대 재생산하는 데 충실히 기여한다. 앞서 살펴보았던 서원, 사당, 종가, 선산과 씨족 마을 등이 모두 성리학적 유교 질서를 물리적 환경으로 구현하기 위한 장치로 활용되면서, 더불어 기존 사림들의 기반을 더욱 공고히 하는 데 기능한 것을 보았다.

현대에 이르러 성리학적 유교 질서가 점차 사라지면서 건축물 또한 과거에 없었던 새로운 유형이 등장하고 있다. 1960~70년대 가정의례 준칙에 의해 신식 결혼이 장려되면서, 마당에서 혼례를 올리던 시대에는 전혀 필요 없었던 '예식장'이라는 새로운 건물이 등장했다. 또한 식목일의 제정과 함께 나무 심기 운동을 장려하다 보니 산림을 훼손해가면서까지 넓게 묘지를 쓰는 것이 시대착오적인 일이 될 뿐더러, 점차 공원묘지가 드물어지면서 시신을 화장하여 그 유골을 납골하는 '납골 공원'이라는 생소한 건물이 등장했다. 가족법의 개정에 따라 재산을 장남이 단독 승계하는 일이 없어졌기 때문에 노인들은 과거와 같이 자신의 노후를 전적으로 장남에게 의탁하는 것이 어려워지고, 대신 '실버타운'이라는 고급 유료 양로원에 가고 있다. 예식장과 납골 공원, 실버타운 등의 새로운 건축물들은 현 시대의 지배담론과 체제에 순응하여 나타난 결과물이지만, 이 또한 기존 사회 제도를 더욱 공고히 하는 데 일조한다. 전통 혼례를 올릴 수 있는 야외 혼례장보다는 신식 결혼을 하는 데 적합한 예식장이 도처에 흔하니 청춘 남녀는 예식장에 가서 손쉽게 웨딩드레스와 턱시도를 빌려 입는다. 묘지를 쓸 만한 땅이 부족한 대신 납골 공원이 흔하여 상주는 부모의 시신을 태워 그 유골을 항아리에 담아 납골하는 것이다. 노인 부부 또한 편리하고 고급스럽게 꾸며진 실버타운이 있기에, 자식에게 재산을 물려주는 대신 그곳에 가서 자신의 재산과 여생을 기탁한다.

건축물은 그 시대의 지배담론에 순응하며, 새로운 사회 제도가 나타나면 그 제도를 담을 수 있는 새로운 건축물이 발생한다. 또한 그것은 기존의 사회 제도를 유지하며 기득권의 세력을 확대 재생산하는 장치로도 이용된다. 우리는 흔히 건축은 생활을 담는 그릇이라 한다. 그렇다면 그 그릇 속에 담긴 것은 무엇인가. 둥근 그릇에 담긴 물은 둥근 형태를 띠고, 네모난 그릇에 담긴 물은 네모난 형태를 띤다. 즉 건축은 우리 일상의 모습을 기존의 사회 체제 안에 순응시키는 또 하나의 사회 제도인 것이다.

닫는 글

학교를 졸업하고 사회에 첫 발을 내디뎠을 때, 서울시 홍릉 부근에 있는 과학기술연구원에 가서 자료를 받아 오라는 심부름에 직접 차를 몰고 그 근처에 간 일이 있었다. 나는 당시 용인에 살았고 회사는 강남에 있었던 터라 강북의 지리에는 밝지 못했다. 이리저리 길을 물어 찾아가던 중 작은 골목길로 들어서게 되었고, 바로 그때 눈앞에는 놀라운 풍경이 펼쳐져 있었다. 낮은 처마가 서로 이마를 맞댄 채 늘어서 있는 길, 가게 앞마다 내 놓은 작은 평상, 두세 사람이 겨우 나란히 걸을 수 있을 만한 좁은 거리……. 그곳은 교과서에서만 배웠던 휴먼 스케일(human scale)이 실제로 적용되어 있던 거리였다.

같은 길이라 하더라도 차가 들어올 수 없는 3미터 이하의 골목길과 자동차 두 대가 서로 지나갈 수 있는 6미터 도로는 그 느낌이 전혀 다르다. 차가 다닐 수 없는 골목길은 이제 갓 걸음마를 시작한 젖먹이 아이들과 그 아이들을 돌보는 엄마들의 천국이다. 자동차의 소음이 없어 엄

마을 부르는 아이의 작은 목소리 하나라도 놓치지 않고 들을 수 있는 곳, 주변의 담장이 말없이 그늘을 드리워 주는 그곳은 또한 가난한 연인들의 천국이기도 하다. 누구에게나 첫 키스의 추억이 아련한 꽃물처럼 배어 있는 어둔 밤의 골목길, 난데없는 소낙비같이 거친 자동차의 헤드라이트 불빛도 그 곳만은 닿지 않는다. 하지만 6미터 도로에서는 걸음마를 시작한 아이들도, 이제 갓 세발자전거를 타기 시작한 아이들도, 가난한 연인들도 더 이상 다니지 않는다. 승용차와 트럭이 황망히 지나가는 가운데, 사람들은 길을 비키라는 자동차의 경적 소리에 쭈뼛쭈뼛 놀라며 바삐 걸어갈 뿐이다. 인간적인 크기로 만들어져 인간의 갖가지 행태를 있는 그대로 받아 줄 수 있는 곳, 그곳을 두고 휴먼 스케일이 사용되었다 한다. 교과서에서만 나올 뿐 한번도 실제로 보지는 못했는데, 나는 그곳에서 처음으로 휴먼 스케일을 본 것이다.

자동차로는 더 이상 갈 수 없는 작은 골목길 어귀에 차를 세우고 그곳을 직접 걷기 시작했다. 낮은 차양은 내 머리 바로 위에 닿을락말락하게 걸려 있었고, 길을 걷다 바로 앉을 수 있을만한 거리에 가깝게 자리한 평상들, 좁은 골목길에 즐비한 문 닫힌 상가들, 이렇게 작고 예쁜 거리건만 사람의 그림자 하나 찾아볼 수 없는 이 거리의 정체는 대체 무엇인가. 얼마를 걷다가 문득 깨달았다, 이곳은 하월곡동 588번지임을. 번지수가 특별한 의미를 가진 채 호명되는 그곳, '오빠, 놀다 가', '방 깨끗해, 자구 가' 라는 말이 일상에서 쓰는 말과 전혀 다른 의미를 갖는 그

집字집宙

곳, 밤거리의 꽃들이 왜 그곳에서는 아무렇지도 않게 지나가는 남자의 옷자락을 붙잡을 수 있는지를 깨닫는 순간이었다.

청와대 영빈관에서 대통령과 외국의 국가 원수가 나란히 앉아 카메라 세례를 받는 소파 세트와 부부침실에 놓인 소파 세트는 그 크기가 다르다. 영빈관에 놓인 소파 세트는 크기도 클 뿐더러 일정한 거리로 떼어놓기 때문에 대통령과 국가 원수는 대개 90센티미터의 거리를 두고 앉게 된다. 하지만 부부침실의 소파 세트는 크기도 작고 매우 가까이 두기 때문에 그곳에 앉은 두 사람의 간격은 30~45센티미터 안팎이다. 만약에 대통령과 국가 원수가 부부침실에 놓임직한 작은 소파 세트에 앉아 있다면 그 체면과 위신이 서지 않을 뿐더러 무언가 비밀스런 밀담을 나누는 게 아닐까 하는 의심마저 들 것이다. 반대로 부부가 90센티미터 간격으로 떨어진 크고 웅장한 소파 세트에 앉는다면 친밀한 대화를 나눌 수 없다. 큰 목소리를 내야만 서로에게 들리기 때문에 낮은 소리로 속삭일만 한 이야기는 할 수 없을 것이다. 좀 더 가까이 마주 앉을 때, 좀 더 얼굴을 가까이 들이댈 때 우리는 편안하고 은밀한 이야기를 할 수 있다. '방 깨끗하니까 자구 가'라는, 처음 보는 사람에게 여간 해서 하기 어려운 말이 너무도 쉽게 나오는 것은, 그 서리가 바로 휴먼 스케일이 사용되었기 때문이다. 홍등가라는 이름이 무색하게 거리에 등불 하나 켜져 있지 않던 한낮의 588번지는 진징으로 아름다운 거리였다. 인간의 행동을 있는 그대로 감싸 안을 수 있기에, 설령 그것이 잘못된 행위라 할지라도.

구석기 시대부터 조선 시대의 건축에 이르기까지, 인간이 집을 짓기 시작한 이래 7,000년에 가까운 역사를 살펴보면서 실로 많은 주거 형태, 많은 집들을 접했다. 그 중에는 법을 어겨 지은 아흔아홉 간 집이 있는가 하면 방 한 칸과 부엌 한 칸만으로 이루어진 가랍집과 호지집도 있었다. 방과 부엌이 구분되지 않아 아랫간에서 밥하고 윗간에서 잠을 자는 고려 시대의 봉당도 보았고, 남녀유별의 원칙에 따라 안채와 사랑채 사이에 단절이 있던 조선 사대부의 집도 보았다. 그러한 집들은 일견 모순되고 또한 그 간극이 매우 커 보이지만, 모두 당시의 지배담론에 충실히 순응하는 건축이라는 것이 공통점이다.

모든 건축은 그 시대의 지배담론과 지역성, 경제 상황, 특정한 목적 등에 충실히 순응하며 지어진다는 점에서, 산동네의 집이나 무허가 판자촌, 서울 강남의 초고층 아파트는 모두 동일하다. 상자를 뜯어 얼기설기 지었다는 뜻으로 일명 '하꼬방' 이라 불리는 판자촌도 한국 전쟁 후 난민의 증가에 따른 주거지의 부족과 물자의 부족 때문에 산동네 주변에서 쉽게 구할 수 있는 재료로 빠른 시일 내에 짓다보니 그렇게 된 것 뿐이다. 지금 상대적으로 잘 살게 되어 그러한 주거환경이 열악하고 불량해 보이지만, 빠른 시일 안에, 값싼 재료를 가지고 누구나 쉽게 지을 수 있는 집이라는 점에서 매우 훌륭한 집이다. 당시의 관점으로 보자면, 짓는데 오랜 시간이 걸리고 집값이 비쌀 뿐 아니라 유지 · 관리비가 많이 드는 강남의 초고층 아파트가 오히려 심각한 불량저질 주거가 될 것이

집字집齒

다. 불량 주거인가 양질의 주거인가의 차이는 그것이 시대 상황과 담론에 순응하는가 그렇지 않은가의 문제일 뿐, 절대적인 기준이 될 수 없다.

　작년에 첫 책인 『세상에서 가장 아름다운 집』을 펴내고 나서 자주 들었던 질문은 아름다운 집이란 과연 어떠한 집이냐 하는 것이었다. 이제 또 한번 그 질문을 받는다면 모든 건축은 다 아름답다고 말하고 싶다. 건축의 네 가지 요소는 바닥, 벽체, 지붕 그리고 불이다. 벽체가 있어 바람을 막아주고 지붕이 있어 비를 막아주며 바닥이 있어 몸을 누일 수 있고 불이 있어 실내를 따뜻하게 밝힐 수 있다면 세상의 건물들은 모두 다 아름답다. 배를 땅에 대고 기는 뱀과 두 발로 걷는 사람을 두고 어느 생물이 더 고등한가 열등한가는 논할 수 없다. 팔다리가 없어도 사람보다 더 빨리 이동할 수 있는 뱀이 더 고등한 동물일 수 있는 까닭이다. 한 배에 십여 마리의 새끼를 낳는 돼지는 한 번에 한 명의 아기밖에 낳지 못하는 인간보다 훨씬 더 우수한 동물일 수 있다. 하월곡동 588번지와 바로 그 옆에 있던 과학기술연구원 중에 어느 것이 더 아름다운 건물인가는 말할 수 없을 것이다. 산동네 판잣집과 강남의 초고층 아파트 중에 어느 것이 아름다운 집인가는 말할 수 없을 것이다. 생명 있는 생물체는 모두 아름답듯, 이 땅 위에 서 있는 건축은 모두 아름답기 때문이다.

참고문헌

1장 | 터를 닦다: 신은 인간을 만들고 인간은 집을 지었나니

D' Aulaire, Edgar, *Norse Gods and Giants*, 1967, 이창식 역, 『신과 거인의 이야기, 북유럽 신화』, 시공사

Glancey, Jonathan, *The Story of Architecture*, 2000, 강주헌 역, 『사진과 그림으로 보는 건축의 역사』, 시공사

Guidoni, Enrico, *Primitive Architecture*, 1987, Electa Editrice

Leakey, Richard, *Origins*, 1977, 김광억 역, 『오리진』, 학원사

Partsch, Susanna, *Wie die Hauser in den Himmel wuchsen*, 1999, 홍진경 역, 『집들이 어떻게 하늘 높이 올라갔나』, 현암사

강영환, 『한국 주거문화의 역사』, 2002, 기문당

조현설, 「동아시아 창세신화의 세계인식과 철학적 우주론의 관계」, 『구비문학 연구 13』, 2001, 한국구비문학회

서대석, 『한국의 신화』, 1997, 집문당

2장 | 마을을 이루다: 삶터가 나뉘니 권력이 달라지다

김용남 외, 『우리나라 원시 집자리에 관한 연구』, 1975, 사회과학 출판사

송호정 외, 『한국 생활사박물관-02 고조선 생활관』, 2000, 사계절

엄윤정, 「울산지역 청동기시대 취락과 주거의 건축적 특성에 관한 연구」, 1999, 울산대 석사논문

오홍석, 『삶과 죽음의 공간양식』, 2003, 도서출판 줌

임영진, 「움집의 분류와 변천」, 『한국 고고학보 17』, 1985, 한국고고학연구회

정승모, 『시장으로 보는 우리문화 이야기』, 1992, 웅진닷컴

조현설, 『동아시아 건국신화의 역사와 논리』, 2003, 문학과 지성

주강현, 『굿으로 보는 우리문화 이야기』, 1992, 웅진닷컴

한국역사연구회, 『삼국시대 사람들은 어떻게 살았을까』, 1998, 청년사

袁珂, 『中國神話傳說』, 1984, 전인초 · 김선자 역, 『중국신화전설』, 민음사

3장 | 온돌을 놓다: 집이 변하매 사람살이가 바뀌더라

Carcopino, Jerome, *Rome a l' apogee de l' Empire: la vie quotidienne*, 1939, 류재화 역, 『고대 로마의 일상생활』, 우물이 있는 집

Partsch, Susanna, *Wie die Hauser in den Himmel wuchsen*, 1999, 홍진경 역, 『집들이 어떻게 하늘 높이 올라갔나』, 현암사

Tayler, John S., *Commonsense Architecture*, 1983, 정무웅 역, 『세계의 건축문화』, 기문당

Watanabe, Takenobu, 『주거공간의 의미』, 1997, 임창복 역, 도서출판 국제

김광언, 『우리생활 100년-집』, 2000, 현암사

김용만, 『고구려의 발견』, 1999, 바다출판사

박명덕, 『한옥의 재발견』, 2003, 주택문화사

최성호, 『한옥으로 다시 읽는 집 이야기』, 2004, 전우문화사

4장 | 방을 나누다: 홀로 그리고 더불어 살아가는 법

Carcopino, Jerome, *Rome a l' apogee de l' Empire: la vie quotidienne*, 1939, 류재화 역, 『고대 로마의 일상생활』, 우물이 있는 집

Panati, Charles, *Panati' s Extraordinary Origins of Everyday Things*, 1987, 이형식 역, 『서양문화의 수수께끼』, 일출

Melchior-Bonnet, Sabine, *Histoire du Miroir*, 1994, 윤진 역, 『거울의 역사』, 에코리브르

Yarwood, Doren, *The Architecture of Britain*, 1980, Batsford

강영환, 『한국 주거문화의 역사』, 2002, 기문당

강영환, 『집으로 보는 우리문화 이야기』, 1992, 웅진닷컴

최서해, 「폭군」, 『탈출기』, 1996, 범우사

서윤영, 「주택의 동선형식과 조닝에 관한 공간통사분석」, 1996, 대한건축학회 논문집, 제16권 2호

5장 | 사랑을 두다: 안채와 사랑채 사이에 작은 샛문이 있었나니

김광현, 『기호인가 기만인가』, 2000, 열린책들

김기흥, 『천년의 왕국 신라』, 2000, 창작과 비평사

서정복, 『살롱 문화』, 2003, 살림

신명호, 『조선의 왕』, 1998, 가람기획

유희춘, 『眉巖日記』, 1567~1577, 정창권 역, 『홀로 벼슬하여 그대를 생각하노라』, 사계절

이진경, 『근대적 주거공간의 탄생』, 2000, 소명출판

정약용, 『雅言覺非』

주남철, 『한국의 문과 창호』, 2001, 대원사

허경진, 『사대부 소대헌 · 호연재 부부의 한평생』, 2003, 푸른역사

6장 | 마당을 들이고 마루를 높이다: 으뜸이자 높은 곳

손세관, 『넓게 본 중국의 주택』, 2001, 열화당

고영복, 『현대사회학』, 1972, 법문사

김경동, 「공업화 과정과 한국문화의 전통적 요소의 변화와 연속성」, 『산업사회와 대중문화』, 1988, 한국정신문화연구원

김상희, 「한국주택의 주양식과 근대화에 관한 연구-방과 마루의 관계를 중심으로」, 1989, 오사카 시립대 박사논문

7장 | 부엌을 마련하다: 부뚜막 위에 솥을 거니 살림의 시작이라

김문식 · 김정호, 『조선의 왕세자 교육』, 2003, 김영사

서윤영, 「한국 주거건축의 근대화에 관한 공간통사해석」, 1997, 명지대학교 대학원 석사논문

이순희 · 박용환, 「주거용 연료의 전환에 의한 주생활 변화에 관한 연구」, 1997, 7-9, 대한건축학회 논문집

집宇집宙

8장 | 신을 모시다: 신비에 쌓인 고대 건축을 만나는 길

Jacob, Heinrich.E, *Six Thousand Years of Bread*, 1943, 곽명단 · 임지원 공역, 『빵의 역사』, 우물이 있는 집

Hart, George, *Egyptian Myths*, 이응균 · 천경효 공역, 1993, 『이집트 신화』, 범우사

서정오, 『우리가 정말 알아야 할 우리 신화』, 2003, 현암사

이필영, 『마을신앙으로 보는 우리문화 이야기』, 1994, 웅진닷컴

장기근, 『중국의 신화』, 1997, 범우사

9장 | 신분이 나뉘다: 초가삼간에서 아흔아홉 간까지

강영환, 『한국 주거문화의 역사』, 2002, 기문당

백영흠 외, 『한국 주거역사와 문화』, 2003, 기문당

신명호, 『조선 왕실의 의례와 생활 궁중문화』, 2003, 돌베개

최윤경, 『사회와 건축 공간』, 2003, 시공문화사

한국전통건축 연구회, 『한국 건축사』, 2001, 서우

10장 | 층을 피하다: 산 아래 낮고 순한 집을 짓다.

최성호, 『한옥으로 다시 읽는 집 이야기』, 2004, 전우문화사

손세관, 『깊게 본 중국의 주택』, 2001, 열화당

강인호 외, 『주거의 문화적 의미』, 2001, 세진사

정승모, 『시장으로 보는 우리문화 이야기』, 1992, 웅진닷컴

11장 | 도시를 계획하다: 어화 벗님네야 한양구경 가자스라

James, Peter, *Ancient Mysteries*, 1999, 오성환 역, 『옛 분녕의 풀리시 않는 의문들』, 까치

Lynch, Kevin, *A Theory of Good City Form*, 1981, MIT Press

주강현, 『왼손과 오른손』, 2002, 시공사

유희춘, 『眉巖日記』, 1567~1577, 정창권 역, 『홀로 벼슬하여 그대를 생각하노라』, 사계절

임종국, 『한국사회풍속야사』, 1996, 서문당

강명관, 『조선의 뒷골목 풍경』, 2003, 푸른역사

김경훈, 『한국인이 잘 모르는 뜻밖의 한국』, 1998, 가서원

12장 | 체제를 따르다: 시대를 닮고 역사를 담는 집

이덕일, 『당쟁으로 보는 조선역사』, 1997, 석필

한국역사연구회, 『고려시대 사람들은 어떻게 살았을까』, 1997, 청년사

이기백, 『한국사신론』, 1977, 일조각

김호일, 『한국의 향교』, 2000, 대원사

김봉렬, 『서원건축』, 2000, 대원사

고승제, 『한국 촌락사회사 연구』, 1977, 일지사

조용헌, 『5백년 내력의 명문가 이야기』, 2002, 푸른역사

사진자료 도움을 받은 곳입니다.

- 아시아건축연구실(http://ata.hannam.ac.kr)

   P. 70(위), 130, 161, 246, 254, 256, 310

- *Achitecture without Architects*, Burnard Rudotsky

   P. 80

- 『우리생활 100년 – 집』, 김광언

   P. 85, 128, 209, 211

- 김대벽 사진

   P. 157

찾아보기

집宇집宙

집宇집宙

1판 1쇄 펴냄 2005년 1월 29일
1판 2쇄 펴냄 2008년 2월 29일

펴낸곳 궁리출판

지은이 서윤영
펴낸이 이갑수
편집주간 김현숙
편집 변효현
디자인 이현정, 전미혜
영업 백국현, 도진호
관리 김옥연

등록 1999. 3. 29. 제300-2004-162호
주소 110-043 서울특별시 종로구 통인동 31-4 우남빌딩 2층
전화 02-734-6591~3
팩스 02-734-6554
E-mail kungree@chol.com
홈페이지 www.kungree.com

ISBN 978-89-5820-024-6   03900

값 13,500원